KB211870

예수 없는
예수교회

예수 없는 예수 교회

저자_ 한완상

1판 1쇄 인쇄_ 2008. 12. 1
1판 8쇄 발행_ 2009. 1.27

발행처_ 김영사
발행인_ 박은주

등록번호_ 제406-2003-036호
등록일자_ 1979. 5. 17

경기도 파주시 교하읍 문발리 출판단지 515-1 우편번호 413-756
마케팅부 031)955-3100 편집부 031)955-3250 팩시밀리 031)955-3111

값은 뒤표지에 있습니다.
ISBN 978-89-349-3268-0 03230

독자의견 전화_ 031)955-3200
홈페이지_ http://www.gimmyoung.com
이메일_ bestbook@gimmyoung.com

좋은 독자가 좋은 책을 만듭니다.
김영사는 독자 여러분의 의견에 항상 귀 기울이고 있습니다.

예수 없는 예수 교회

church

한국 교회가 회복해야 할 역사적 예수의
체취와 숨결, 그리고 그분의 꿈

한완상

김영사

신화화된 그리스도는 신주단지처럼 모시고
교리로 박제된 예수는 교회 쇼윈도우에 아름답게 진열되어 있지만
역사적 예수, 갈릴리의 예수, 나사렛 예수는 없다.

한국 교회여,
우아하고 멋지게 지는 법을 체득하라

오늘도 저는 인터넷 '아고라 광장'의 종교토론방에 잠시 들렀습니다. 어김없이 저의 가슴은 철렁했습니다. 부끄러움과 민망스러움이 밀물처럼 밀려왔습니다. 한국 개신교가 어떻게 하여 이 지경에 이르렀는지 참담한 심경이었습니다.

세계에서 제일 큰 교회가 한국에 있습니다. 주요 개신교 교파마다 세계 제일의 교회를 갖고 있다고 자랑하는 터에, 한국 기독교를 '개독교'라 폄하하고 개신교 성직자를 '먹사'로 희화하는 오늘의 현실을 보고 크리스천의 한 사람으로서 자괴하지 않을 수 없습니다. 이른바 안티 기독교의 온갖 비난과 질책은 한국 개신교회를 향한 이 시대 '돌들의 외침'일 수도 있다고 생각합니다. 예수님의 삶과 가르침에 역행하는 교회가 불러일으킨 자업자득의 결과 같기도 합니다. 기독교 신자들은 분노하기에 앞서, 왜 한국 교회가 이 지경에까지 이르게 되었는지 진솔한 자기반성을 먼저 해야 합니다.

한마디로 한국의 예수 교회에는 예수님이 안 계십니다. 하기야 다른 나라의 교회에도 역사의 예수 모습은 잘 보이지 않습니다만, 교세의 양적 팽창과 대외적 선교열을 그토록 자랑하는 한국 교회와 교인의 삶 속에서 나사렛 예수, 갈릴리의 예수를 만날 수가 없다는 것, 이것이 바로 위기라 하겠습니다. 그분의 체취, 그분의 숨결, 그분의 꿈, 그분의 정열, 그분의 의분, 그분의 다정한 모습을 교회 안에서 찾기 힘듭니다. 그러기에 밑바닥 인생의 그 억울한 고통을 함께 나누시면서 그들에게 사랑과 공의의 새 질서를 몸소 보여주셨던 갈릴리 예수가 더욱 그리워집니다. 질병과 가난으로 고통당했던 당시 씨알들에게 희망과 용기를 주시며 그들을 축복해주셨던 다정다감한 친구 예수를 교회에서 다시 만날 수 있기를 타는 목마름으로 고대합니다.

그런데 우리가 주일마다 교회에서 만난다고 생각하는 예수는 어떤 분이신가요? 그것은 교리와 신조의 예수 곧 그리스도입니다. 교리의 예수는 역사의 몸과 마음을 갖고 있지 않습니다. 주일마다 기독교 신자들이 관례적으로 즐겨 고백하는 사도신경에는 도무지 갈릴리의 예수를 찾아볼 수 없습니다. 동정녀의 몸에서 탄생했다는 것과 빌라도에 의해 십자가에 처형당했다는 사실 외에는 그분에 대한 언급이 전혀 없습니다. 공생애 기간 동안 하나님 나라 곧 사랑과 공의의 새로운 질서를 그토록 갈구하셨고, 그것을 세우기 위해 온갖 노력을 다하셨던 그분의 살아있는 모습이 보이지 않습니다. 그분은 주기도문에서 하나님의 뜻이 이 땅에서 이뤄지기를 간구하라 하시면서 구체적으로 일용할 양식의 문제, 빚진 자를 탕감하는 문제, 탐욕과 독선의 유혹에서 벗어나는 문제, 그 탐욕과 독선의 구조악에서 해방되는 문제 등 이 땅의 문제, 이 역사 속에서 일어나는 인간의 문제 해결을 강조하셨습니다.

그런데 사도신경으로 대표되는 기독교의 신앙고백은 이 땅에 사셨던 예수를 철저히 외면해버렸습니다. 그렇기에 예수의 구체적 삶이 증발되어버린 신조와 신앙고백만으로 우리는 예수살기, 예수따르기를 우리의 삶 속에서 실천할 수 없습니다. 결국 기독교 신자들이 신주단지처럼 모시는 것은 교리로 박제된 예수일 뿐입니다. 교회 안에서 예수에 대한 교조적, 신학적 고백과 이해는 가능할지라도 역사의 예수를 체휼體恤하기란 여간 어렵지 않습니다. 결국 주기도문에서 뚜렷이 드러난 예수의 정신은 실종되고 대신 사도신경의 탈역사화된 그리스도만 남아 있는 셈입니다. 이것이 바로 오늘날 개신교가 처한 심각한 위기의 근본 원인이라 하겠습니다.

갈릴리 예수가 없기에 두드러지게 나타나는 행태 중 하나가 바로 한국 교회와 교인들의 승리주의 가치관입니다. 힘으로, 그것도 물량적 힘(맘몬주의)으로, 그것도 세속 권력의 비호를 받으며 교세를 확장하려는 행태입니다. 교세를 확장하면서 자기들의 교리나 교조와 다른 것은 이단, 또는 악으로 정죄합니다. 마땅히 이웃 종교로서 존중해야 할 타종교들에 대해 경멸과 증오를 서슴지 않고 토해내는 수준을 넘어 때론 저주와 박멸까지 시도하는 지경에 이르렀습니다. 이 같은 개신교의 배타적 외침이 지금 되울림으로 그들에게 따갑게 되돌아오고 있습니다.

제가 가슴 아픈 것은 바로 이 같은 개신교의 독선과 배타가 개신교 근본주의에서 나왔다는 사실을 확인하기 때문입니다. 무릇 모든 근본주의는 그것이 종교적인 것이든 세속적인 것이든 위험합니다. 자기는 절대로 선하고 옳지만 상대방은 항상 악하다는 독단과 광신에 기초하고 있기 때문입니다. 그러기에 근본주의가 극성을 부리는 상황에서는 항상 분쟁과 대결이 생기며, 그곳에는 피 흘림이 끊임없이 발생할 수밖에 없습니다.

지난 60여 년간 한국 개신교는 불행하게도, 너무나 불행하게도 종교적 근본주의라는 속옷에다 냉전 근본주의 신념이라는 겉옷을 덧입고 있습니다. 민족 분단에서 비롯된 냉전 대결 상황에서 냉전 근본주의자들로 하여금 더욱 투철한 독선적 확신을 갖게 한 것이 바로 개신교 근본주의 신앙입니다. 그들에게는 원수를 사랑하라는 역사적 예수의 말씀이 가장 불편한 메시지가 되었습니다. 주적主敵은 초전박살내야 하는 원수인데 그들을 사랑하라니 언어도단으로 들릴 것입니다. 그들에게 예수의 산상설교는 실천할 수 없는 허튼소리처럼 들릴 것입니다.

그러나 부시 대통령이 이라크 전쟁에서 승리했다는 뜨거운 확신을 가지고 미국 해군 군함 위에서 "사명 드디어 완수"를 소리 높여 외쳤을 때, 그들은 그것을 복음으로 반겼을 것입니다. 그것이 바로 성급하고 값싼 승리주의에서 나온 경솔한 선언이었음이 이제 명명백백하게 판명되었음에도 말입니다. 예수가 없으니 이 같은 구슬픈 희극이 개신교 신앙의 이름으로 버젓이 벌어지는 것입니다.

이제 한국 개신교는 더 이상 예수를 독선과 배타의 울타리에 가두어 두려는 시도를 그만두어야 합니다. 이웃 종교를 경멸하거나 불쌍히 여기는 오만의 자리에 예수를 강제로 앉게 해서는 안 됩니다. 갈릴리 예수를 주님으로 진정 모셔야 합니다. 그리하여 교회의 삶과 교인의 삶 모두 역사 속 예수의 삶, 그 사랑의 삶, 그 관용의 삶으로 변화되어야 합니다. 승리주의와 확장주의에서 벗어나 자기 비움을 통한 남의 채움으로 나아가야 합니다. 생존경쟁이 날로 심각해지는 오늘의 신자유주의 상황에서 예수따르미들은 멋지게 지면서 마침내 모두 이기는 새로운 삶의 방식 곧 새로운 예수 문화를 세워야 합니다.

왜냐하면 예수님이 그렇게 사셨기 때문입니다. 그분이 골고다로 십자가를 지고 가신 것, 그것은 바로 지는 길로 가신 것입니다. 결코 로마의 칼로, 예루살렘 성전의 권력으로 압승하려는 승리주의적 선택이 아니었습니다. 오히려 멋지게 패배하신 것입니다. 그 억울한 고난을 어엿하게 어린양처럼 당하신 것은 골고다의 패배를 우아하고 멋지게 선택하심으로써 마침내 부활의 평화와 참 승리에 이를 수 있었기 때문입니다. 골고다의 처참한 패배 없이 부활의 찬란한 아침은 동터오지 않습니다. 멋지게 질 수 있는 예수의 그 여유, 그 사랑의 힘을 한국 개신교는 새롭게 배우고 실천해야 합니다.

여기서 역사의 예수가 부활의 그리스도로, 즉 공의와 평화의 그리스도로 자연스럽게 나아가게 됩니다. 나를 비워 남을 채워주는 예수의 삶, 우아하게 짐으로써 모두 멋있게 승리로 인도하는 예수의 삶을 새롭게 조명해야 합니다. 지금이야말로 그 삶을 따르고 살아야 할 때입니다. 《예수 없는 예수 교회》를 세상에 내어놓는 까닭이 바로 여기에 있습니다.

21년 전 세워진 새길공동체에서 그간 틈틈이 증언했던 메시지 가운데 일부를 전면 수정하여 한 권의 책으로 엮었습니다. 비록 심각한 문제를 안고 있어 빛과 소금의 맛을 잃었다 할지라도 이제는 한국 개신교가 결코 '개독교'가 아님을 겸손하게 증언할 수 있게 되기를 바랍니다. 이 책이 나오도록 격려해주신 김영사의 박은주 사장님과 편집부에 감사드립니다. 그리고 저의 보잘것없는 증언을 인내와 관용의 마음으로 귀를 열어 경청해주셨던 새길공동체 자매형제들에게도 이 기회를 빌려 새삼 감사드립니다.

2008년 11월
'무위정 無爲亭'에서

예수없는 예수교회
CHURCH
|
차
례

당신이 부활하신 뒤 초대교회는 로마의 잔혹한 학정 밑에서도
부활하신 당신을 만났던 실존적 체험과 그 체험에서 나온
새 희망과 믿음을 꿋꿋이 지켜냈습니다. 그 사실을 자랑스럽게 여기기에,
저는 오늘도 예수따르미답게 제대로 못 사는 자신을
나무라며 부활의 주님을 바라봅니다.

참회하는 마음으로 쓴 🌿
수난절 편지

사랑과 평화의 예수님

당신의 부활을 기념하는 절기를 앞두고, 1세기 닫힌 유대사회에서 역사적 실제인물로서 당신이 친히 겪으셨던 외로움과 괴로움, 억울하고 부당했던 고통을 묵상하고 있습니다. 과연 저 같은 인간이 거의 2천 년의 시간이 흐른 뒤에 당신의 그 아픔에 역지사지할 수 있는지 자문하며 이렇게 편지를 쓰고 있습니다. 당신보다 거의 두 배나 긴 시간을 살았지만 부끄럽고 후회스러운 삶이었기에 당신의 역사적 발자취를 거울삼아 저 자신의 삶을 되돌아보고 싶습니다.

비록 2천 년 전에 당신이 겪으셨던 고통이었으나, 지금 저는 제 자신이 그때의 가해자인 것처럼 느껴집니다. 만일 제가 1세기 유대에 살았다면 당신을 율법주의 잣대로 비판하고 심판하려 했던 당시의 지식인과 종교지도자의 반열에 섰을 가능이 크다고 느끼기 때문입니다. 당신에게 손가락질과 삿대질을 해대는 서기관과 바리새인에게서 제 모습을 보는 듯하기 때문입니다. 그래서 비록 역사적 알리바이는 뚜렷하더라도 저는 당신의 억울한 역사적 수난에 무관하다 말하기 어렵다고 느낍니다.

당신이 부활하신 뒤 초대교회는 로마의 잔혹한 학정 밑에서도 부활하신 당신을 만났던 실존적 체험과 그 체험에서 나온 새 희망과 믿음을 꿋꿋이 지켜냈습니다. 그 사실을 자랑스럽게 여기기에, 저는 오늘도 예수 따르미답게 제대로 못 사는 자신을 나무라며 부활의 주님을 바라봅니다. 예수님 당신처럼 살기에는 21세기 제 삶이 너무 풍요롭고 너무 안정되어 도무지 당신처럼 자기 비움을 이룰 수 없음도 솔직히 고백합니다.

그런데 초대교회가 세속적 인정을 받아 힘과 부를 취하게 되자, 예수 운동은 점차 약해지고 역사적 예수의 놀라운 말씀과 행적은 교리의 높은 담벼락에 가려지기 시작했습니다. 케리그마는 교리로 포장되었고 당신의 감동적인 역사적 삶은 희미해진 듯합니다. 특히 초대교회가 역사적 예수를 기독교화하는 과정에서 당신이 실제로 겪었던 그 역사적 아픔은 신학적으로 추상화되고 만 듯합니다.

그뿐입니까? 당신의 수난, 죽음, 부활에 대한 교리적 담론이 변증론의 성격을 강하게 지니게 되면서 점점 교회는 독선과 교만과 비관용의 제도로 굳어지게 되었습니다. 힘 있는 중심 제도로 뿌리내린 교회는 당신의 이름으로 끔찍스러운 반인류적 범죄를 저지르기 시작했습니다. 기독교라는 제도와 교회라는 공적 기관이 교리로 고착된 하나의 그리스도 상像에 어긋나는 모든 예수담론을 핍박하기 시작했습니다. 신화의 옷을 입은 교리의 그리스도는 갈릴리 예수로부터 아주 떨어져나가고 말았습니다. 당신의 몸이라고 주장해온 교회가 당신의 이름으로 당신을 심각하게 분열시키고 괴롭혔다는 역설을 알기에 저는 단순히 기독교 신자라는 이유 하나만으로도 부끄러워하지 않을 수 없습니다. 바로 그것을 너무나 부끄럽게 생각하기에 이렇게 당신에게 편지를 쓰고 있습니다.

갈릴리의 예수님! 사랑하고 존경하는 역사의 예수님!

따지고 보면 당신의 말씀 하나하나, 당신의 행적 하나하나가 당신을 위험한 인물로 낙인찍었던 당시 종교지도층으로 하여금 당신에게 의심과 차별, 억압과 비난을 쏟아붓게 했습니다. 게다가 예수 당신의 삶의 방식 자체가 기득권층에게는 위험하고 혐오스러운 떠돌이 삶으로 인식되었지요. 당신은 자기 주소로 된 집 한 채 제대로 갖고 있지 못했습니다. 공생애를 시작하면서 당신은 길바닥의 존재로 사셨습니다. 하늘을 이불 삼고 땅바닥을 요로 삼아 살았습니다. 정말 처절하게 외로운 떠돌이 삶이었습니다. 그래서 이렇게 탄식하셨겠지요.

여우도 굴이 있고
공중의 새도 집이 있으되
인자는 머리 둘 곳이 없도다(눅 9:58).

당신의 삶은 여우와 새보다 더 외로운 떠돌이 삶이었습니다. 당신의 삶에 견주어 우리의 삶은 너무나 여유로워 도무지 당신의 그 고독을 이해할 수 없습니다. 게다가 예수 당신은 고향 사람들에게도 배척을 받았습니다. 이른바 지역감정을 철저히 무시했기 때문입니다. 당신은 고향 나사렛에 있는 회당에서 첫 메시지(취임사)를 선포하신 뒤, 하필이면 반유대적인 발언을 하시어 유대 선민의식과 자존심을 심각하게 훼손시켰습니다. 하마터면 동네 사람들에게 떠밀려 낭떠러지에서 추락사 당할 뻔하지 않았습니까? 지역감정을 들먹여 정치적 자리 하나 얻으려는 우리네의 추한 모습과는 너무나 다른 당신의 고결한 자세를 새삼 우러러보게 됩니다. 고향 사람에게 왕따 당하셨던 당신의 아픔을 지연과 혈연을 소중히 여기는 한국 크리스천들이 제대로 이해나 할 수 있겠습니까? 정말 부끄럽습니다.

게다가 예수 당신을 따른다는 제자들, 대체로 무식했던 열두 제자들의 한심한 정신 자세는 어땠습니까? 그들이 당신을 따르기로 결단했을 때부터 그 동기는 퍽 세속적이었던 듯합니다. 예수님이 집권하여 왕이 되면 한자리라도 얻어 걸칠 것을 계산하고 있었기 때문이지요. 또 그들은 도무지 당신의 말씀의 깊이를 헤아리지 못했습니다. 쉬운 비유의 말씀도 알아듣지 못했으니 말입니다. 짧은 경구의 뜻도 제대로 깨닫지 못했습니다.

그뿐입니까! 당신을 따르는 열둘 중에는 당신을 반대세력에게 팔아넘긴 가룟 유다가 있는가 하면, 목숨을 내놓고 끝까지 따르겠다고 핏대를 올리며 충성맹세를 했다가 종내 비겁하기 짝이 없는 짓을 하고 만 베드로가 있지 않았습니까? 저는 최후만찬에서 가룟 유다를 쳐다보시는 당신의 외로운 눈빛을 가끔 생각합니다. 저 같으면 유다의 뺨이라도 시원하게 갈겨주면서 "이놈 정신 차려!" 하고 야단쳤을 텐데, 당신은 유다의 흑심을 꿰뚫어보면서도 사랑과 연민이 교차하는 눈빛으로 그를 그윽하게 쳐다보시면서 오히려 한없이 안타까워하셨겠지요.

가룟 유다는 로마제국을 꺾고 민족국가를 세우려 했던 열혈 민족주의자들의 결사체 요원이었기에 예수 당신의 로마 대응방식에 실망했을 테지요. 그가 과격한 민족 투쟁의지 때문에 당신을 배신했다면, 저 역시 그 같은 상황에서 제2의 가롯 유다가 절대로 안 될 것이라 장담할 수 있을까요? 당신은 가롯 유다의 뜨거운 민족애에 대한 깊은 이해가 있었기에 그를 더욱 연민의 눈빛으로 바라보신 것 아닌지요? 게다가 그 배반행위로 그가 겪을 엄청난 정신적, 역사적 저주와 고통을 미리 아시고, 그것을 더욱 안쓰러워하셨던 게 아닌가요? 당신의 마음을 이제는 얼마간 이해할 듯합니다.

갈릴리의 예수님, 평화와 사랑의 예수님!
너무나 인간적이기에 인격적인 예수님!

겟세마네 동산에서 당신이 겪었을 그 외로움과 괴로움을 이 수난절에 새삼 되새겨봅니다. 당신의 입장에 서보고 싶습니다. 사실 당신을 하나님의 아들, 아니 하나님과 같은 전지전능하신 분으로만 믿는다면, 겟세마네 동산에서 당신의 모습은 조금도 문제될 것이 없습니다. 감동적인 사건도 될 수 없겠지요. 하나님은 전지전능하시고 죽음을 초월하시는 분인데, 무엇 때문에 수난을 앞두고서 불안해하거나 떨 필요가 있겠습니까? 하나님의 아들로만 당신을 우러러 본다면, 겟세마네는 견디기 어려운 고뇌가 될 수 없습니다. 당신의 인간적 외로움과 괴로움을 설명해 주지 못합니다.

그러기에 예수 잘 믿는 신자가 되어 당신을 일방적으로 신격화하여 당신의 외로움과 괴로움을 신학적으로 추상화시킨 잘못이 부끄럽습니다. 당신은 "내 마음이 심히 고민하여 죽게 되었으니…"라고 죽음에 대한 두려움을 솔직히 표현하셨습니다. 그리고 제자들과 따로 떨어져 하나님께 간절히 기도하셨습니다. 그 기도는 너무나 처절했습니다. 얼굴에서 피와 땀이 흘러내릴 만큼 결사적이었습니다. 당신의 이 모습, 우리처럼 연약한 인간의 모습을 똑똑히 보게 됩니다. 또 봐야 합니다. 나아가 그 아픔의 자리에 서야 합니다.

문득 1978년 2월 말 유신체제 하에서 함석헌 선생이 동지들과 함께 작성한 3·1절 성명을 읽다가 연행된 사건이 떠오릅니다. 함 선생께서 연행되었다는 소식을 듣고 저는 이제 내 차례구나 여기며, 그날 밤 한 순간도 자지 못해 불안에 떨다가 주일 아침 일찍 교회에 가서 홀로 기도했습니다. 체포되기 직전의 순간으로 생각했기에 겟세마네 동산의 당신과 어느 정도 역지사지易地思之할 수 있었습니다. 피와 땀을 흘리지는 못했지만 잔뜩 겁을 먹고 불안해 견딜 수가 없었기에 당신께 힘과 용기를 달라고 매달렸습니다. 물론 당신의 그 괴로움과는 견줄 수 없는 일이지만, 그때의 작은 사건으로 저는 겟세마네에서 당신이 보여주신 실존적 몸부림을 조금이나마 이해할 수 있었습니다.

예수 당신의 아픔은 단지 로마당국에 체포되어 십자가형에 처해지리라는 예감 때문만은 아니었을 것입니다. 제자들 중에서도 쓸 만하다고 여긴 핵심적인 세 사람, 베드로, 야고보, 요한을 데리고 가신 것은 당신의 아픔을 그들과 함께 나눠 갖기를 원하셨기 때문이지요. 그런데 이 선택된 세 제자는 스승의 아픔을 외면하는 데도 역시 출중했습니다. 스승은 피땀 흘려 하나님께 매달리고 있는데, 그들은 잠을 이기지 못해 연신 고개를 떨구고 있었습니다. 긴장이 되었다면, 인간적 고뇌가 깊었다면, 스승의 아픔을 체휼했다면, 어찌 그렇게 잠이 쏟아졌겠습니까? 정말 한

심한 제자들 아닙니까? 이런 제자들을 데리고 다니신 당신도 정말 딱하다고 생각됩니다.

문제는 당신의 기도에 있습니다.

> 아빠 아버지여
> 아버지께는 모든 것이 가능하오니
> 이 잔을 내게서 옮기시옵소서.
> 그러나 나의 원대로 마시옵고
> 아버지의 원대로 하옵소서(막 14:36).

지난 세월 크리스천과 제도교회와 기독교는 그리스도에 관한 신조만 주목하고 강조했습니다. 당신의 경건한 종교적 믿음만을 강조하면서, 역시 그 아버지에 그 아들이라며 당신을 우러러 왔습니다. 그리하여 당신의 실존적 고뇌와 진솔한 인간적 고백을 외면해왔습니다. 이해하려고도 하지 않았습니다. 또 이해할 수도 없었습니다. 그런데 당신의 아픔은 바로 우리의 아픔과 같은 것으로 이 표현에 농축되어 있지 않습니까? 우리 보통 사람들의 아픔과 같기에 당신의 솔직한 이 기도가 더욱 뜨겁게 우리 연약한 인간의 가슴에 와 닿는 것이 아니겠습니까? 어린아이가 위험에 직면하여 아빠 엄마를 찾는 심정으로 아바*Abba* 하나님을 외치신 당신의 너무나 인간적인 호소에 당신을 더 가까이 느낄 수 있지 않습니까?

겟세마네 동산의 예수님!

당신은 십자가의 엄청난 고통, 육체적 정신적 종교적 사회적 저주와 고통에서 벗어나고 싶지 않았습니까? 당신은 눈 하나 깜짝하지 않고 웃으며 죽음의 잔을 들어 마시는 거룩하고 간큰 존재가 아니었습니다. 우리처럼 죽음의 위협 앞에 극도로 초조해하며 불안해하는 그런 인간적인 분이었습니다. 그 고통은 너무나 진솔한 인간의 아픔이요, 인간적인 두려움이었을 것입니다. 얼마나 두려움이 컸으면 땀과 피가 비 오듯 얼굴을 적셨겠습니까?

우리가 당신의 아픔을 연기자의 거짓 아픔처럼, 절대 전능하신 분의 하찮은 감정처럼 간단히 처리해왔음을 고백합니다. 적어도 수난절에나마 역사적 예수가 온몸으로 가슴 저리게 느꼈던 죽음의 공포와 불안을 우리의 것으로 체휼할 수 있어야 합니다. 그런데 그렇지 못했음이 부끄럽습니다.

특히 당신의 실존적 아픔을 기독교 교리 입장에서 왜소화하고 탈각시켜버린 잘못을 회개합니다. 당신이 십자가 위에서 외치셨던 "엘리 엘리 라마 사박다니"의 절규를 신학화하여 인간적 아픔의 극치를 둔화시킨 저희들의 안일한 신앙 행태를 부끄럽게 생각합니다.

이미 구약에서 예정된 계획에 따라 예수께서 십자가 위에서 기계적으로 연기한 것처럼 받아들임으로써 당신의 아픔을 신앙의 이름으로 너무나 가볍게 다루었습니다. 사실 예수의 절규를 연약한 인간이라면 누구나 자연스럽게 부르짖게 되는 원망과 절망의 외침으로 받아들일 때, 비로소 우리는 예수를 우리와 같은 분, 비겁한 우리들의 참된 벗으로 받아들일 수 있지 않겠습니까? 하나님의 아들도 보통 사람의 아들처럼 애절한 절규를 내뱉을 수 있음을 보여줌으로써, 보통 사람들에게 더 큰 희망과 용기를 줄 수 있지 않겠습니까!

사랑과 평화의 그리스도 예수님!

이제 저는 역사적 예수를 교리의 옷을 입혀 박제해버린 우리 기독교 신자들의 잘못을 회개하고자 합니다. 역사적 예수는 유대 율법주의자들과 로마제국에 의해 고난당하셨을 뿐 아니라, 신앙의 그리스도라는 이름으로 제국의 국교로 변질된 기독교에 의해서도 심각하게 괴롭힘 당하셨습니다. 교회가 길고 긴 시간 그리스도의 이름으로 저지른 반인륜 범죄를 어떻게 일일이 열거할 수 있겠습니까? 그리스도의 이름으로 자행된 끔찍한 범죄가 생겨날 때마다, 당신의 아픔은 2천 년 전 골고다의 십자가 위에서 겪으신 아픔보다 더 컸을 것입니다. 정말 그리스도 예수께 어떻게 사죄해야 할지 모르겠습니다.

지금은 타계한 로마 교황 요한 바오로 2세는 가톨릭교회의 엄청난 잘못에 대해 개괄적으로 회개한 적이 있습니다. 비록 추상적이고 개괄적인 참회라며 일부 유대인이나 타종교인들이 비판했지만, 그간 교황의 무오설을 믿어왔던 가톨릭교회가 교황의 입을 통해 그 같은 회개를 토해내는 모습에 저는 큰 감동을 받았습니다. 그간 기독교(넓은 뜻에서 신구교 모두)는 진리와 교리의 이름으로 타종교에게 박해를 가했고, 선교의 이름으로 토착민들을 무자비하게 살육했으며, 기독교의 틀 안에서도 이른바 정통교리에 위배되는 신앙행위를 가혹하게 처단했으며, 종교재판을 통해 많은 신자들을 박해했고, 마녀사냥으로 특정 여성의 신앙행위를 무자비하게 고문했습니다. 우리는 이런 죄악을 더 구체적으로 철저하게 회개해야 합니다.

히틀러와 스탈린이 수백만 명을 숙청하고 살육하는 동안 그 끔찍한 범죄를 구경만 했던 경건한 기독교인과 교회도 그 무관심에 대해 뼈아픈 회개를 해야 합니다. 바로 그 같은 교회의 비관용과 무관심, 노골적인 고문행위야말로 바로 역사의 예수와 부활의 그리스도를 모두 따돌리고 고문하는 행위이기 때문입니다. 그러니까 역설적이게도 크리스천들은 제도교회의 교리적 틀 안에서 그리스도의 이름으로 당당하게 그리스도 예수를 괴롭혀온 셈입니다. 왜 이런 어리석은 짓을 저질렀을까요?

예수의 처형을 목격하면서 비겁하게 달아났던 제자들이 부활하신 예수를 만난 뒤, 담대한 복음의 증인으로 변화된 것은 분명히 기독교를 탄생시킨 놀라운 은총의 사건이었습니다. 그런데 초대교회가 제도화되는 과정에서 케리그마 복음이 역사적 예수의 감동적인 삶(말씀과 행위)에 무관심하거나 그것을 무시하면서 문제는 꼬이기 시작했습니다.

부활 이후의 예수를 그리스도로 격상시키는 것은 참으로 소중한 일입니다. 그러나 그 과정에서 역사적 예수의 모습은 희미해지거나 실종되고, 그리스도 담론만이 단단한 교리의 옷을 입은 변증적 신학체계로 나아가게 되었습니다. 교리는 차별과 비관용의 기준으로 전락했습니다. 그리스도 담론, 즉 기독론은 이단을 경계하면서도 역설적으로 그것을 양산했고, 교회와 교인을 끊임없이 분열시켰으며, 그 분열에 따라 이른바 힘을 지닌 주류는 비주류를 줄기차게 차별하고 박멸하려 했습니다.

그렇게 해서 종교재판, 마녀사냥, 십자군 전쟁의 참화와 죄악이 나타났고, 마침내 해외선교의 이름 아래 기독교 제국주의 정책이 토착민을 참살하기에 이르렀습니다.

이 모든 것이 신성한 이름 곧 그리스도 예수의 이름으로 저질러지고 정당화되었습니다. 너무나 끔찍한 고통을 당신에게 덮어씌우지 않았습니까! 그런데 참으로 한심한 것은 아직도 기독교와 교인들이 이 잘못을 제대로 깨닫지도 못하고 있다는 사실입니다.

예수 그리스도 우리의 주님! 사랑과 관용의 주님!

한국 교회도 예외는 아니었습니다. 세계에서 가장 빨리 성장했다는 한국 개신교회는 부끄럽게도 교회분열을 통해 가속적으로 성장해왔습니다. 마땅히 하나가 되어야 할 예수님의 몸은 교파 교리와 교파 내 복잡한 이해관계로 여러 갈래로 찢기고 만신창이가 되었습니다. 예수파와 그리스도파가 싸우기도 했습니다. 예수교 장로교와 기독교 장로교의 싸움, 예수교 성결교단과 기독교 성결교단의 싸움이 그러합니다. 장로교단도 한국에서만 100개 이상으로 분열되었습니다. 이런 교파주의는 당신의 몸에 무수한 분열의 창칼을 들이대는 것과 같습니다. 얼마나 아프셨습니까? 주님, 저희를 용서하소서. 당신의 거룩한 이름으로 저지른 한국 교회의 죄악을 용서하소서. 이제 부활절을 앞두고 당신의 고난이 지닌 참뜻을 깊이 깨닫고, 우리가 당신을 더욱 아프게 한 장본인임을 고백하게 하소서.

갈릴리 예수님, 생명과 부활의 그리스도여!

우리는 예수님의 말씀과 삶을 따르고자 합니다. 예수따르미가 되고자 합니다. 하지만 당신의 담백한 삶, 비움의 삶, 체휼體恤의 삶을 닮기에는 21세기 자본주의 정보화 사회에 살고 있는 우리가 너무나 부유하고, 너무나 복잡하고, 너무나 탐욕스러움을 고백합니다. 그래도 갈릴리 예수를 닮는 길만이 인류가 구원받는 진리의 길임을 믿습니다. 그러므로 그 길에 당당히 나서도록 우리에게 소망과 비전, 용기와 능력을 허락하소서. 부활하신 그리스도께서 성령을 통해 그 힘과 비전을 내려주시기를 간청합니다. 역사적 예수를 따르는 데는 부활의 그리스도 능력이 절대로 필요함을 고백합니다. 우리에게 그리스도의 영을 허락하소서.

우리 자신이야말로 21세기의 바리새인, 서기관, 대제사장, 로마당국과 같은 존재임을 참회하게 하소서. 1세기 유대 땅에서 역사적 예수를 괴롭혔던 이들처럼, 21세기 정보화 세계에서도 크리스천들은 그리스도의 이름으로 당신을 괴롭히고 있음을 회개하게 하소서. 이 잘못을 용서해주시고, 그리스도의 능력으로 지금 여기서 예수의 삶을 살 수 있게 하소서.

겟세마네 동산에서 피땀 흘리면서까지 죽음의 고통을 피하고자 몸부림치셨던 당신의 모습에서 우리 연약한 인간들이 새삼 용기를 얻고 당신의 그 아픔을 오늘 여기서 체휼하게 하소서. 오늘 이곳이 겟세마네 동산이 되어 "이 잔을 피하게 해주소서. 그러나 내 뜻대로 마옵시고 하나님 뜻이 이뤄지게 하소서"라고 하나님께 피땀으로 외치셨던 인간 예수를 뜨겁게 만나는 은총의 자리가 되게 하소서.

1

팔이 밖으로 굽으시는 하나님

church

예수를 열심히 믿는 신자일수록 그들의 하나님은 팔이 안으로 굽는다고
믿고 싶어 합니다. 그러나 사실은 그 반대입니다.

예수없는 예수교회
CHURCH

1

내 삶에
들어오신 예수님

하나님은 이제 더 이상 저 멀리 계시는 무서운 초월자가 아니라
보잘것없는 우리의 삶으로, 처절한 우리의 현실 속으로
들어오시는 다정한 친구 같은 분입니다.

상지대학의 총장으로 재직하던 시절, 진흙 속 깊이 묻혀 있는 진주를 발견하는 놀라움을 경험한 적이 있습니다. 어느 날 뜻밖에 총학생회장단이 찾아와 돈 천만 원을 겸손하게 내놓은 것입니다.

"총장님, 저희가 열심히 공부해서 얻은 장학금을 모아 천만 원을 가져왔습니다. 저희보다 더 어려운 학우들을 위해 써 주십시오."

저는 잠시 어리둥절했습니다. '총장 물러가라'는 대자보가 여기저기 걸려 있는 살벌한 대학들을 여럿 보아온 터에 상지대학 학생회 간부들의 이런 행동은 정말 뜻밖이었습니다. 일찍이 관악산 기슭(서울대)에서 보지 못했던 광경을 원주의 치악산 자락에서 겪으니 더욱 놀랄 수밖에요. 교육이 마땅히 가르치고 길러내야 할 흐뭇한 인간이 바로 이런 젊은이구나 싶어 감동했습니다.

이들은 자기를 비워 남의 아픔을 덜어주려는 마음, 바로 예수의 마음을 가지고 실천한 예수의 젊은이들입니다. 그들이 교회를 다니는지 안 다니는지가 중요하지 않습니다. 그들이 예수의 삶을 알게 모르게 실천하고 있다는 것이 참으로 중요합니다. 특정 일류대학에서 악착같이 출세를 향해 내달리는 젊은이들에게서 이 같은 흐뭇한 감동을 한 번도 느껴보지 못했던 저에게 이 사건은 너무나 흐뭇하고 놀라운 체험이었습니다. 이들의 행동 속에서 바로 예수의 젊은 모습을 보았기 때문입니다.

예수, 가까이 하기엔 너무 멀었던 당신

역사적 예수의 모습을 정확히 알아내기란 쉽지 않습니다. 대체로 우리가 어릴 때부터 지니고 있던 예수 상은 역사적 예수(또는 부활 이전의 예수)가 아니라 부활 이후의 예수인 그리스도 상입니다. 물론 그리스도 상은 우리에게 큰 영감을 주고 있습니다. 그리스도는 신앙과 경외와 존경의 대상이기 때문입니다. 역사적 예수 역시 우리를 감동시키고 오늘 우리에게 많은 깨우침을 주시는 분입니다. 그러기에 우리는 신앙과 신조의 그리스도만이 아니라 갈릴리 예수를 새롭게 보고 만날 수 있어야 합니다.

먼저 저 자신의 삶에서 제가 한때 지녔던 여러 가지 다른 예수 상에 대해 증언하고 싶습니다. 대체로 저는 일찍부터 그리스도 상은 분명했으나 예수 상은 희미했습니다. 하기야 어릴 때는 예수와 그리스도의 차이도 몰랐거니와 또 알려고도 하지 않았지요. 그러니 예수와 그리스도가 섞여 있는 채, 그리스도 중심으로 예수를 이해했던 듯합니다.

내게 예수님은 어떤 분이었나? 이 질문은 '하나님이 내게 어떤 분이었나'라는 질문과 겹칩니다. 예수님을 하나님의 독생자라고 확신하기 때문이지요. 지난날을 뒤돌아보면, 하나님의 상과 예수의 상이 시간의 흐름에 따라 변화되어왔습니다.

초등학교까지 하나님은 제게 무서운 분이었습니다. 잘못하면 저를 대번에 지옥으로 떨어뜨리는 무서운 심판주였습니다. 지옥 불에 대한 공포가 클수록 하나님은 더욱 무서운 공포의 심판주였습니다. 예수님도 신비하지만 어려운 분이었습니다. 어릴 때 본 예수 영화에서 예수님은 항상 얼굴 없는 분이었고, 친근감보다 경외심과 공포감을 주는 분이었습니다. 감히 가까이 접근해갈 수 없는 분, 저 멀리에만 계시는 하나님의 아들로 여겨졌습니다. 이런 두려운 이미지는 제가 나쁜 짓을 하지 못하게 만드는 힘을 지니고 있었습니다. 지옥 불에 떨어져서는 안 되니 말입니다.

중고등학교 때 예수님은 제게 우리 죄를 대속하기 위해 십자가에 달려 돌아가신 구세주였습니다. 통상적이고 가장 널리 알려진 예수 상이지요. 교리가 강조하는 예수 상입니다. 요한복음 3장 16절의 메시지가 바로 이러한 예수 상을 간결하게 요약해주고 있습니다. 하나밖에 없는 아들을 속죄양으로 세상에 보낸 하나님 상과 대속주이신 교리의 예수 상이 겹쳐 있었지요. 십자가 처형의 역사적 의미는 숨겨지고, 보혈의 신학적 의미만 크게 부각되었습니다. 이 그리스도 예수가 부활하신 후 항상 저 높은 곳에 계시다고 믿었습니다.

사춘기에 접어들면서, 저 높은 곳에 계시는 거룩하신 그리스도와 제

세속적 욕망이 충돌하기 시작했습니다. 새로 눈뜨게 된 이성異性에 대한 욕망과 경건한 신앙 간의 충돌이었습니다. 몸과 마음 간의 싸움이기도 했습니다. 거룩하신 주님 앞에 너무나 불결하고 보잘것없는 자신에 대한 불만도 안으로 쌓여 갔습니다. 이때 제 기도는 대체로 이러했습니다.

"주여, 당신과 같이 거룩해지고, 당신이 계신 저 높은 곳으로 날마다 경건하게 나아갈 수 있게 하소서."

새벽기도에 열심히 나가게 된 것도 이 같은 내적 몸부림이 있기 때문이었습니다.

버거웠던 자유라는 선물

대학생이 되었습니다. 이전의 갈등과 고뇌는 대체로 이월되면서 대학 생활이 시작되었습니다. 그런데 전에 잠복상태에 있던 의문과 고민이 대학생이 되면서 본격적으로 밖으로 터져나오게 되었습니다.

하나님이 전지전능하시고 세상만사를 당신의 섭리에 따라 착착 진행하는 분이시라면, 인간의 자유는 무슨 의미가 있는가? 모든 것이 하나님의 섭리 각본에 따라 진행된다면, 인간의 자유는 무의미한 것이 아닌가? 왜 아담과 이브가 뱀의 꼬임에 빠지도록 했는가? 그래놓고 왜 그들을 에덴동산에서 무자비하게 쫓아냈는가? 그들이 배반할 것을 전지전능하신 하나님은 미리 몰랐단 말인가?

예수를 배반한 가롯 유다를 나쁘다고만 정죄할 수 있는가? 오히려 그는 하나님 섭리 드라마(또는 구속사 드라마)에서 자신에게 배정된 악역을 멋지게 소화해낸 인물이 아닌가? 그러니 하나님의 예정된 드라마에서 그의 악역 상을 높이 평가하는 것이 마땅하지 않은가! 이 같은 영지주의적 질문이 끝없이 솟아났습니다.

이런 의문들과 씨름하면서 제게 주어진 자유가 정말 거추장스럽고 짐스럽게 느껴져 기도했습니다. 저로 하여금 죄짓게 하는 것으로 활용되었기 때문에 더욱 괴로웠습니다. 자유를 선용하지 못하는 제 자신이 미웠습니다. 때로는 자유를 주시면서 책벌하시는 하나님을 원망하기도 했습니다. 병 주고 약 준다고 생각했습니다. 그런데 새로운 깨달음이 기다리고 있었습니다.

거추장스러운 저의 자유가 하나님의 사랑과 이어진다고 생각하게 되었습니다. 진심으로 누군가를 사랑하면 그 사람이 자유인으로서 자유롭게 선택하기를 바라듯이, 하나님은 인간을 사랑하시기에 인간에게 자유라는 소중한 선물을 주셨음을 깨달았습니다. 하나님은 아담과 이브를 사랑하셨기에 그들을 동물이나 기계처럼 행동하도록 만들지 않고 자유롭게 선택할 수 있는 당신의 형상 곧 자유롭고 아름다운 인격체로 지으셨습니다. 물론 이 자유는 책임을 지는 자유까지 포함된 것이지요.

저는 이 같은 자유를 활용해 저 높은 곳을 향해 날마다 나아가려고 몸부림쳤습니다. 이 같은 강박관념에서 벗어나지 못했습니다. 그래서 계속 새벽기도에 나갔으며, 교회의 온갖 일들을 맡아 더욱 열심히 봉사했습니다. 주일학교 교사, 학생회 임원, 성가대원, 성가대 지휘 등 교회가 시키는 일은 모두 즐겁게 감당하려 했습니다. 그런 가운데서도 마음에

드는 소녀를 보면 대번에 저 거룩한 곳에서 세속적인 욕망으로 곤두박질치곤 했습니다. 이럴 때마다 저는 사도 바울처럼 "오호라 나는 괴로운 사람이로다"라고 신음했습니다.

예수님은 광야에서 마귀의 시험을 모두 이겨내셨으나, 저는 조그마한 시험도 이겨낼 수 없는 초라한 인간에 불과했습니다. 그때까지도 예수님은 너무나 거룩하게 우뚝 서 계신 분이기에 안타깝게도 너무 멀리 떨어져 계신 듯했습니다. 이때 속으로 '예수님은 광야에서 왜 여성의 유혹은 받지 않으셨을까?' 라고 되뇌기도 했습니다. 이때까지도 이성에 대한 갈망이 사악한 것이 아님을 제대로 몰랐지요.

1957년 군에 입대했습니다. 춥고 배고픈 군대 생활이 시작되었습니다. 부패, 부정, 위선, 배고픔, 고달픔 속에서 제가 믿었던 예수님은 큰 힘이 되지 못했습니다. 여전히 너무 멀리 계셨고, 너무 거룩하신 분이라 영하 20도의 강추위 속에서 허기진 배를 안고 떨고 있던 육군 사병에게는 너무 멀리 초월해 계셨습니다.

1960년 초, 미국 유학을 가서는 수퍼스타 예수와 히피 예수를 만났습니다. 우체국 벽보에 걸려 있는 수배자처럼 취급되는 역사적 예수가 지닌 모습의 일단을 그때 비로소 보았습니다. 급진적 비동조자radical non-conformist 예수가 곧 반자본주의 선동가처럼 느껴지기도 했습니다. 그분은 반전론자이기도 했습니다. 온갖 위선과 부정의 제도에 과감하게 화살을 쏘아대는 변혁가이기도 했습니다.

제가 다녔던 에모리 대학교에는 사신死神 신학자 알타이저Altizer 교수가 있었는데, 그는 월남전을 강력하게 반대하고 있었습니다. 그때까지만 해도 저는 기독교의 예수가 공산전체주의를 심판하시는 반공적 신의 아들이라고 생각했습니다. 그런데 이 같은 예수 상이 심각하게 흔들리기 시작했습니다. 이때 확실히 냉전체제를 옹호하는 세속적 근본주의자들이 오히려 예수를 핍박하고 죽일 수 있다고 생각하게 되었습니다.

낮은 민중의 삶 속에 내려오신 예수

3년간 미국에서 대학교수로 일하고 나서 1970년 모교인 서울대학교에 돌아와 사회학을 가르치게 되었습니다. 벌거벗은 군사통치의 권력과 맞부딪치는 체험이 시작되었습니다. 이때 제 몸과 마음에는 정치적 해방자 예수 상이 와 닿았습니다. 당시 젤롯당에 관한 브랜든Brandon 교수의 책을 읽고 많은 깨달음을 얻었습니다.

유신체제가 들어서서 인권 탄압이 본격화되고 학원의 자율과 학문의 자유가 심각하게 훼손되면서 제게 예수는 해방자 예수, 민중 예수로 가까이 다가왔습니다. 이때부터 예수는 제게 큰 힘과 소망이 되셨습니다. 하나님이 예수를 통해 저 낮은 곳, 민중의 삶 속으로 내려오셨습니다. 갈릴리뿐 아니라 우리의 유신체제 현실에도 이미 내려와 계심을 깨달았던 것입니다. 이 깨달음을 바탕으로 "서민 예수와 그 상황"이라는 글을 1974년 〈창작과 비평〉에 기고하기도 했습니다. 이때 저는 민중사회학의 적합성을 역사의 예수 삶에서 몸으로 확인했습니다.

지식인들이 유신체제에 탄압을 받게 되면서, 민중 예수는 제 삶에 더욱 가까이 와 닿았습니다. 유신체제에 대한 비판과 저항을 멈출 수 없었습니다. 마침내 1976년 2월 저는 서울대학교에서 추방되었지요. 하지만 들판에서 예수님을 만날 수 있었습니다.《저 낮은 곳을 향하여》《민중과 지식인》《지식인과 허위의식》등의 책이 이 당시에 나왔고, 세계교회협의회(WCC)의 커미셔너로 부름 받아 해방자 예수, 민중 예수를 더 많이 배우게 되었습니다. 민중과 함께 고통당하시는 분이 바로 우리의 주님 예수이기에, 그분을 더욱 가까이 모신다는 생각이 들었습니다.

1980년 그 짧은 서울의 봄 기간에 저는 서울대에 복직되었지만, 이번에는 신군부에 의해 동지들(서남동, 이문영, 김대중, 한승헌, 예춘호 등)과 함께 일망타진되었습니다. 남산의 중앙정보부 지하 2층에서 지옥 심문을 당하면서 저는 하나님과 예수님을 고통의 밑바닥에서 더욱 가까이 느낄 수 있었습니다. 갈릴리에 오신 예수께서 남산 지하실에도 오시어 우리와 동고同苦하신다고 믿었습니다.

형 집행정지로 출옥한 뒤 1981년 가을부터 미국에서 망명의 삶을 살았습니다. 뿌리 뽑힌 몸으로 객지 미국에 살면서 예수의 새질서운동의 뿌리를 찾는 기쁨이 있었지요. 초대교회 스데반 집사가 처형당하기 직전 벌떡 일어서시어 그를 응원하시는 예수를 새롭게 만났습니다. 저 같이 뿌리 뽑힌 망명자를 응원하시기 위해 저 하늘 높은 보좌에 앉아 계시지 않고 벌떡 일어나 용기와 희망을 주시는 예수님을 알게 되었습니다. 그 사랑의 주님은 초월자로 계시기에는 너무 우리를 사랑하시기에 내재자內在者로 오시어 우리에게 힘주심을 새삼 깨달았습니다.

1984년 저는 갑자기 복권되어 귀국했고 학교에 복직되었습니다.

1987년 6월 시민항쟁 이후 서울대 교수로 있으면서 민주화 운동에 계속 관심을 갖고 김대중, 김영삼 두 김 씨를 도왔습니다. 문민정부가 출범하면서 통일 부총리로 부름을 받았고, 한반도 탈냉전정책을 펼치기 위해 당시 현안이었던 이인모 씨를 북송하는 조치를 취했습니다. 그 결과 냉전 근본주의자들로부터 엄청난 공격을 받았습니다. 지난날 들판에서 외롭고 괴롭게 군사정권에 대항할 때 받았던 공격과 비난보다 더 음흉하고 아픈 공격이었습니다.

정부 종합청사에 있는 통일 부총리 집무실에서 저는 들판 낮은 곳에 있을 때보다 더 불안했습니다. 남산 지하실과 서대문 감옥에 있을 때보다 더 외롭고 더 괴로웠습니다. 정부 안팎의 냉전 세력들의 색깔 공략이 참으로 드세었기 때문입니다.

이때 비록 한국 교회는 저에게 큰 힘이 되지 못했으나, 저는 샬롬(평화)의 예수에게 더욱 의존할 수 있었습니다. 두터운 냉전 빙벽을 깨고 그것을 녹이는 하나님의 평화가 따뜻한 햇살로 우리를 보호해주실 것을 믿었습니다. 이런 믿음을 갖고 평화의 강물이 한강물과 대동강물처럼 남북으로 가로질러 도도하게 흐르게 하기 위해 햇볕정책을 과감히 시도하려고 노력했습니다. 그러나 그 일은 생각보다 힘들고 어려웠으며, 제 마음은 참담했습니다. 하지만 그럴수록 예수는 제 속에 더욱 살아계신 듯했습니다.

역사 속 예수의 모습을 새롭게 보라

이런 절박한 상황에서 한 시사 주간지를 통해 처음으로 미국의 예수 세미나 활동을 알게 되었습니다. 이 세미나에 속한 학자들의 정직하고 용기 있는 역사적 예수 탐구활동을 통해 제 신앙은 더욱 깊어지고, 신학적 시야는 더욱 넓어졌습니다. 역사의 예수를 탐구할수록 신앙은 줄어진다고 생각하기 쉽지만, 저는 다양한 역사의 예수 탐구 속에서 오히려 예수 사랑은 더 뜨거워지고 신학지평은 더 넓어지는 기쁨을 얻게 되었습니다.

예수는 참으로 영적 능력을 지닌 존재였습니다. 하나님을 다정한 아빠로 체험하셨기에 바로 그 사랑을 실천하셨습니다. 예수의 사랑 실천은 저 멀리 초월자로 계시면서 거룩하신 심판주로 무섭게 군림하시는 하나님의 상을 해체했습니다. 성서는 하나님이 사랑을 실천하는 사람들 속에서, 그들과의 관계 속에서 지금도 뜨겁게 살아 움직이고 계심을 증언합니다. 그리고 우리는 그것을 자신의 독특한 고난 상황에서 직접 체험할 수 있습니다.

이 같은 예수의 모습을 사도 바울의 그리스도론에서도 확인하게 됩니다. 그의 편지에 나오는 예수는 역사적 실존 인물 예수가 아니라 부활 후의 예수 곧 그리스도입니다. 사도 바울의 그리스도 예찬론인 빌립보서 2장 5-11절은 역사적 예수의 모습을 뚜렷이 드러냅니다. 그는 감옥의 처절한 현장에서 저 높은 곳에 계신 하나님이 이 낮은 곳으로 내려오시는 모습을 보게 됩니다.

역사적 예수는 역사적 현실 한가운데서 하나님을 체험한 영적 존재이지만, 그렇다고 스스로 하나님의 본체라고 내세우지 않으셨지요. 그런데 부활 후의 예수 곧 그리스도는 하나님의 영광을 나타내 보이셨습니다. 놀라운 것은 예수 그리스도께서 자신을 결코 하나님과 동등한 분으로 여기지 않으셨다는 점입니다. 오히려 자기를 열고 비웠습니다. 바로 이것이 역사적 예수의 참 모습입니다.

인간, 특히 억울하게 고통당하는 인간과 역지사지할 뿐만 아니라, 역지감지易地感之에 이르며, 더 나아가 그들의 희망을 이룩하시는 역지행지易地行之를 보여줍니다. 그분은 갈릴리에서 열린 밥상 공동체를 여시고 무상 치료로 민중의 아픔을 덜어주신 감동적인 주님이십니다. 그뿐입니까? 사도 바울의 그리스도도 종인 체하신 것이 아니라 아예 종 자체가 되셨습니다. 역사적 예수는 더더욱 종들과 먹고 마셨습니다. 음식만 먹고 마신 것이 아니라 희망과 사랑, 고뇌와 아픔을 함께 먹고 마셨습니다. 그런 까닭에 독식하고, 독선하고, 독주했던 당시 기득권층에게 고난당하시고 십자가 처형을 당하셨습니다. 바로 이것이 역사적 예수의 자기 비움과 남 채움의 삶이었습니다.

바로 이같이 스스로를 비우고 종이 되어 남을 섬기셨기에 놀라운 반전이 일어났습니다. 역사적 예수가 그리스도로 높임을 받게 된 것입니다. 뛰어난 이름을 얻으시고 모든 사람들이 기쁘게 그분 앞에서 무릎을 꿇어 경배하게 된 것입니다. 역사적 예수가 신앙의 그리스도로 높임을 받게 된 것입니다. 그러나 그곳에 앉아 절 받기를 즐기지 않으시고, 저희들의 더러운 발을 친히 씻어주시는 다정한 분이지요.

어릴 때 저 멀리 계셨던 무서운 초월자, 거룩하신 심판주 하나님은 이제는 보잘것없는 저의 삶 속으로 깊이 들어오시어 다정하게 제 곁에 계십니다. 또한 함께 아파하시는 분으로 다정하게 다가오십니다. 오늘도 우리의 처절한 현실 속에 내려오셔서 우리와 함께 아파하시는 친구이시기에 우리는 바로 그분을 우리의 구세주로 더 높이고 싶은 것입니다. 저 낮은 곳으로 비천하나 겸손한 사람으로 내려오셨기에 예수를 하나님의 본체로 기꺼이 더 높여 칭송하는 것입니다.

늙어가는 저에게 예수님은 더욱 다정한 친구로 다가오고 있음을 고백합니다.

2

팔이 밖으로 굽으시는 하나님

초대교회의 삶을 통해 나타난 기독교의 정체성은
팔이 안으로만 굽는다고 믿었던 유대 율법주의를 극복함으로써
비로소 확립되었습니다.

예수를 열심히 믿는 신자일수록 그들의 하나님은 팔이 안으로 굽는다고
믿고 싶어 합니다. 옛날 유대종교에 열성이었던 신자들처럼 말입니다.
종교적 선민의식이 강한 사람일수록, 그들의 하나님을 배타적인 신으로
믿고 싶어 합니다. 과연 우리 하나님은 그 팔이 안으로만 굽으실까요?
온갖 사이비 종파주의자들이 굴을 파거나 숨어 살면서 종파적 이기주의
를 극대화하는 것도, 그들의 하나님이 종파적 신이기에 그 팔은 항상 안
으로만 굽는다고 확신하기 때문입니다.

　우리나라는 명절을 맞으면 어김없이 민족대이동이 벌어집니다. 고향
이 뭐길래 엄청난 괴력에 끌리듯, 그 많은 사람들이 대이동을 합니까?
고향은 피와 흙의 복합체입니다. 그것은 사람들의 팔을 안으로 굽게 하
는 엄청난 괴력을 지니고 있습니다. 귀향 행렬을 보고 있으면 우리 민족

이 연어 떼의 귀소본능을 갖고 있는 특이한 민족처럼 여겨지면서 자랑스럽기까지 합니다. 고향의 흙, 바람, 물, 피는 정지용의 시적 상상력에서 보여주는 대로, 꿈에도 잊을 수 없는 엄마의 품과 같은 아늑한 원초적 이상향입니다. 때문에 인간은 유토피아에 대한 향수를 끊임없이 추구하는 것입니다.

그런가 하면 고향은 집단 이기심을 조장하는 원천이기도 합니다. 고향이 가진 괴력을 정의, 평화, 인권, 자유와 같은 보편적 가치를 구현하는 데 활용할 수 있다면 얼마나 좋겠습니까? 과연 성서는 이 문제를 어떻게 다루고 있는지 궁금합니다. 예수님과 초대교회의 입장은 무엇이었을까요?

누가 내 형제요 자매인가

먼저 예수님은 고향을 어떻게 보셨을까요? 예수님의 첫 설교는 고향 사람들을 상대로 이루어졌습니다. 이들의 반응은 전혀 다른 두 갈래로 나뉩니다. 예수님의 말씀을 권위 있는 증언으로 받아 감동하는 사람들이 있었는가 하면, 반대로 말씀 증거를 경멸하고 혐오한 사람들도 있었습니다. 예수님을 "목수 요셉의 아들이 아니냐?" 하고 비아냥거리면서 별것 아닌 존재로 폄하하기도 했습니다.

예수님은 이 같은 분위기 속에서 이방인을 더 사랑하시는 하나님을 확실히 증언하셨습니다. 고향 사람들은 이 증언에 격분하여 그를 낭떠러지로 끌고 가 떨어뜨려 죽이려 했습니다. 주님 말씀대로 선지자는 자기 고향에서는 외롭고 괴로운 존재인 모양입니다. 예수께서는 고향 나사렛 회당에서 팔이 밖으로 굽으시는 하나님의 모습을 두 가지로 증거하셨습니다.

첫째, 하나님은 지독한 가뭄 때 하필이면 이방 과부였던 사렙다 여인에게 엘리야 선지자를 보내 식량문제를 해결해주셨습니다(왕상 17:8-24). 또 사렙다 여인의 아들이 죽었을 때, 그 아이까지 살려내셨음을 고향 사람들에게 상기시켜 주셨습니다.

둘째, 하나님은 엘리사 선지자를 통해 이방 장군 나아만의 문둥병을 치료해주셨습니다. 두 구약의 말씀을 고향 사람들에게 들려주심으로써, 예수님은 이스라엘의 하나님이 이스라엘 사람들만 돌보는 편협한 종족의 신이 아니라, 누구든지 올곧게 살려는 사람들을 돌보시며, 특히 이방인이라고 차별받고 경멸받는 사람들을 더욱 사랑하시는 만인의 하나님임을 증언하셨습니다. 한마디로 하나님의 팔이 밖으로도 뻗으신다는 진리를 깨우쳐주셨습니다.

하루는 예수께서 많은 청중들에게 말씀하실 때, 모친과 형제들이 찾아왔습니다. 밖에서 예수님을 만나고 싶어 한다는 전갈을 받았지만, 주님은 둘러앉은 사람들을 돌아보면서 이렇게 말씀하셨습니다. "바로 이 사람들이 내 어머니이며 내 형제들이다. 하나님의 뜻을 행하는 사람이 곧 내 형제요, 자매요, 어머니이다."

정말 놀라운 메시지입니다. 이 말씀 속에는 고향의 피, 흙, 바람, 물, 구름이 끼어들 틈이 없습니다. 종파주의나 혈연주의가 개입할 여지가 없습니다. 유대인들의 선민의식이나, 근본주의적 자기중심주의도 들어설 자리가 없습니다. 피와 흙, 고향과 종족, 종교와 선민의식 따위는 도무지 발붙일 수 없습니다.

팔이 안으로만 굽는 잘못된 하나님을 앞세우면, 자기들의 탐욕과 독선을 키우려 하기 마련입니다. 하나님의 참 사랑, 참 뜻은 피와 흙의 인력에 따라 움직이는 것과는 전혀 차원이 다릅니다. 주님은 독선적 율법주의자들을 독사의 새끼들이라고 부르며 준엄하게 나무라셨습니다. 그 독선과 위선에 주님은 치를 떠신 듯합니다.

또한 예수는 값싼 축복과 세속적 영광을 추구하는 제자들에게 자기 십자가를 지고 따르라고 명령하셨습니다. '자기' 십자가란 무엇을 뜻합니까? 그것은 자기중심주의, 독선적 이기주의를 뜻합니다. 자기 집단 중심주의는 십자가에 못 박아야 합니다. 하나님 자신이 십자가에 달리셨다면, 그 하나님의 팔은 철저하게 밖으로 굽을 수밖에 없습니다. 하나님의 본성을 지니셨던 예수는 자기를 비우고 십자가에 달리셨습니다. 자기를 비우되 십자가에서 철저히 비우셨음은, 곧 종교적 이기심과 독선을 철저히 극복하셨음을 뜻합니다. 십자가에 달리신 주님의 양팔은 밖으로 쭉 뻗는 사랑의 팔입니다.

1996년, 두 번째로 예루살렘을 방문했을 때 통곡의 벽에 갔습니다. 그곳에서 하루 종일 규칙적으로 고개를 흔들며 성서를 읽는 유대주의자들을 보았습니다. 평화 *Salem*의 땅 예루살렘에 아직도 평화가 없는 것은 유대 율법주의자들의 지나친 선민의식 및 반아랍의식과 무관하지 않습니다. 하기야 아랍 근본주의자들 탓도 큽니다. 그들은 한결같이 자기들 하나님의 팔은 안으로만 굽는다고 맹신합니다. 때문에 평화의 땅 예루살렘은 끊임없는 분쟁의 땅으로 전락하고 말았습니다.

하나님 뜻에 순종했던 선지자들이 고향에서 환영받지 못하는 이유가 무엇입니까? 선지자들의 팔은 밖으로 뻗는 하나님의 팔이기 때문입니다. 우리의 팔은 안으로만 굽는 짧은 팔이 아닙니까? 교회는 이 같은 팔 불구자들의 집합소가 아닌지요?

기독교의 독자성은 바로 이 같은 하나님, 곧 팔이 밖으로 길게 뻗는 하나님을 구체적 삶으로 체험했던 사람들에 의해 세워진 것입니다. 초대교회의 삶을 통해 나타난 기독교의 정체성은 팔이 안으로만 굽는다고 믿었던 유대 율법주의를 극복함으로써 비로소 확립되었습니다. 정결예식 문제에 대한 예수의 분명한 말씀이나, 할례에 대한 사도 바울의 가르침에서 사랑의 종교인 기독교를 만날 수 있습니다.

초대교회의 두 가지 중대한 사건

초대교회를 초대교회답게 만든 두 가지 사건에 주목할 필요가 있습니다. 왜냐하면 그 사건은 보편적 사랑의 하나님을 증언하기 때문입니다.

첫째, 스데반의 순교 사건입니다(행 7장). 초대교회 젊은 집사 스데반은 이름이 말해주듯 헬라인이었습니다. 이방인이었습니다. 그의 순교는 헬라파 초대교회와 유대 율법주의자들 간의 충돌에서 빚어진 것입니다. 스데반을 죽음에 이르게 한 그의 용기 있는 말씀 증거의 핵심은 유대 조상들이 선지자들을 박해해왔다는 역사적 사실입니다. 그들이 예수까지 죽인 것입니다. 그러자 유대 종교지도자들은 이를 갈면서 스데반에게 달려들어 돌로 그를 쳐 죽였습니다.

죽기 직전 스데반에게 주님이 나타나셨습니다. 그 감동적인 광경은 부활하신 주님이 서서 스데반을 격려하시는 모습이었습니다. 돌에 맞아 죽는 헬라 청년 스데반에게 부활하신 예수님의 긴 팔이 뻗어온 것입니다. 예수님의 팔은 유대인이라는 이유로 안으로만 굽는 종족주의 팔이 결코 아닙니다.

둘째, 베드로와 고넬료의 만남(행 10장)에서 다시 하나님의 놀라운 사랑의 팔을 확인할 수 있습니다. 고넬료는 이방인 군인이었습니다. 로마군 중대장이었습니다. 그는 경건한 사람이었고, 기도하며 자선을 베푸는 이방인이었습니다. 그가 베드로를 모셔오라는 계시를 받게 되었는데, 바로 그때 베드로는 욥바의 어느 집 옥상에서 깊은 기도 명상에 빠져 있었지요. 비몽사몽간에 그는 하늘에서 온갖 더러운 짐승들로 가득 찬 큰 보자기가 내려오는 것을 보았습니다. 그리고 그 짐승들을 잡아먹으라는 천사의 명령을 들었습니다.

유대인 베드로는 그 명령에 단호히 불복합니다. 그때 천사가 세 번이나 강조하며 이렇게 명령했습니다. "하나님께서 깨끗하게 하신 것을 속되다 하지 말라." 그러자 베드로의 유대중심주의 정결 신앙은 흔들리기 시작했습니다. 종족주의의 하나님이 우상처럼 허물어지기 시작했습니다. 이 같은 유대교 독선주의가 깨지지 않았다면 초대교회는 결코 탄생할 수 없었습니다.

베드로는 천사의 명령대로 이방인 고넬료 집을 찾아갔습니다. 그것은 큰 결단이었습니다. 팔이 안으로만 굽던 유대인 하나님을 떠나, 이방인들에게도 팔을 쭉 뻗는 만민의 하나님께 베드로는 성큼 나아갔습니다. 이 결단 없이 기독교는 결코 탄생될 수 없었습니다. 고넬료 집에서 새로운 하나님을 만난 베드로는 이렇게 고백했습니다. "나는 하나님께서 사람을 차별대우하지 않으시고, 하나님을 두려워하며 올바르게 사는 사람이면, 어느 나라 사람이든 다 받아주신다는 사실을 깨달았습니다."

이것이 바로 하나님의 열린 사랑의 모습입니다. 베드로의 이 늦은 깨달음은 초대교회를 초대교회답게 만든 힘이었습니다. 특히 성령이 이방인에게도 내린다는 사실을 감동적으로 확인한 베드로는 이방인들에게 예수 그리스도의 이름으로 세례를 주었습니다. 바로 이 시점에 기독교가 탄생한 것입니다. 오늘날 14억 기독교 신자가 생길 수 있었던 계기가 여기서 마련된 셈입니다. 이것이 바로 팔이 밖으로 굽고 뻗는 하나님의 사랑과 평화의 힘이었습니다.

한국 교회여, 이제 팔을 밖으로 뻗으라

한데 지난 2천 년간 이 평화의 복음이 기독교 제도 안에서, 교회 풍토 속에서 꾸준히 재생산되어왔을까요? 과연 우리 기독교인들의 팔은 어떠한지 이제는 겸허하고 뼈아프게 성찰해보아야 할 때입니다. 우리의 팔은, 우리 교회의 팔은, 우리 기독교의 팔은 줄곧 안으로만 더욱 굽었던 것이 아닐까요? 여기서 한국 교회의 꼴이 어떤지 간단히 살펴봅시다.

첫째, 한국 기독교는 아직도 근본주의적 자기중심주의에 머물러 있는 듯합니다. 십자가의 정신이 아니라 십자군 정신으로 무장한 채 타종교를 경멸하고 있지는 않은지요? 하나님이 깨끗하다고 하신 것을 기독교의 이름으로 속되다고 정죄하지 않는지요?

어릴 때 제가 풀 수 없었던 수수께끼는 기독교 복음이 전파되지 못한 곳에 살았던 성현들은 지옥에 갔을까 하는 문제였습니다. 그 성현들까지 틀림없이 지옥 보내는 종족주의 하나님을 아직도 자랑스럽게 믿는 기독교 신자들이 우리 주변에 너무 많습니다.

둘째, 한국 교회는 교파중심주의에서 자유롭지 못한 듯합니다. 독선적 교파는 일종의 종파주의입니다. 한국 교회는 같은 장로교파끼리도 서로 배타적입니다. 예수가 어디 장로교 성직자였던가요? 우리는 교파주의로 예수의 몸과 마음을 갈기갈기 찢고 있지 않습니까? 예수의 이름으로 배타심과 독선적 분열을 합리화하고 있지 않습니까?

셋째, 개교회 중심주의가 한국 교회의 현주소라 하겠습니다. 내 새끼주의가 천박하듯 내 교회주의도 천박합니다. 내 교회 제일주의는 곧 개교회 중심주의입니다. 내 교회만 살찌우려고 하는 이기주의입니다. 수천 명이 모이는 교회에서 얼마 떨어지지 않은 곳에 기십 명이 모이는 작은 교회들이 얼마든지 있습니다. 부잣집 옆에 거지 나사로가 많이 있다는 것이 우리의 슬픈 현실입니다.

교회가 자신만을 위해서 존재하고 운영된다면, 그것은 결코 주님의 몸 된 교회는 아닙니다. 그것은 가짜임에 틀림없습니다. 교인들의 헌금으로 교회 건물을 확장하고, 교회의 온갖 시설을 빚을 내서라도 늘리는 교회가 자신을 비우되 십자가에 달리기까지 하신 예수의 몸일 리 없습니다. 주님의 몸은 자기를 비우심으로 비로소 존재합니다. 남을 위해 죽으심으로 존재합니다. 그리고 마침내 부활하심으로 존재합니다. 비움 없이 채울 수 없고, 죽음 없이 부활은 없습니다. 한국 교회는 비움 없이 채우려는 탐욕의 집단이 아닙니까? 고난과 죽음 없이 값싸게 부활의 맛을 보려는 얌체 종교집단이 아닙니까?

팔이 안으로만 굽는 한국 교회는 환골탈태를 해야 합니다. 바로 한국 기독교의 개혁이 필요합니다. 주님은 손이 안으로 말라붙은 사람을 고쳐주시면서 "손과 팔을 밖으로 쭉 뻗으시오"라고 명령하셨습니다. 지금도 주님은 우리에게 그 손과 팔로 남에게 기쁨과 평화와 보람을 안겨주라고 명령하십니다. 밖으로 뻗는 팔은 자신을 비우는 팔이요, 죽으려는 팔입니다. 사즉생死卽生의 팔입니다. 내가 죽음으로 남과 함께 새로운 삶으로 부활할 수 있습니다.

3

평화의 도시에
평화는 없었다

가난한 사람에게 기쁜 소식을, 포로 된 사람들에게는 해방을,
억눌린 자들에게는 풀어줌을 선포하고 실천하는 것,
이것이 바로 예수께서 실천하셨던 선교 활동이었습니다.

2007년 5월 18일에서 6월 2일까지 저는 중동의 세 나라 적십자사를 순방 했습니다. 아직 공식 국가로 인정받지 못했지만 팔레스타인 적신월사Red Crescent Society 총재가 전년도에 초청을 했고, 연이어 이스라엘 적십자 총재 와 요르단 적신월사 총재가 초청을 했습니다. 그 사연은 이러합니다.

　2005년 11월 대한적십자사는 100주년 기념사업의 일환으로 국제적 십자사연맹 총회를 서울에서 유치하여 인도주의 잔치로 성공적으로 치 러냈습니다. 이 모임이 갖는 역사적 의미에 주목할 만합니다. 서로를 주 적으로 간주하여 오랫동안 피 흘리며 대립하고 있던 두 나라 곧 이스라 엘과 팔레스타인의 적십자운동을 국제적십자사연맹에 가입시키자는 결의안이 서울 총회에서 채택되었습니다. 그때 서울에서 두 적십자 총 재는 별도로 만나 양해각서MOU에 서명하고 무력충돌로 인한 고통 해소를 위해 앰뷸런스의 자유로운 이동을 다짐했습니다. 안타깝게도 이 각 서는 원만히 실천되지는 못했습니다.

2006년 6월 제네바에서 열린 국제적십자사연맹과 제네바 협약에 가 입한 국가 대표들이 함께 모인 국제회의에서 우여곡절 끝에 두 적십자 사의 연맹 가입이 정식으로 결의되었습니다. 그 회의에서 저는 한반도 에서는 남북 간 열전과 냉전의 쓰라린 경험이 있음에도 불구하고 남북 적십자 간의 인도주의 협력이 의미 있게 계속되고 있음을 상기시키면서 팔레스타인과 이스라엘 적십자사의 연맹 가입을 강력하게 지지하는 발 언을 했습니다.

이것이 인연이 되어 그해 가을 싱가포르에서 열린 아시아 중동지역 회 의에서 저는 유니스Younis 팔레스타인 적신월사 총재에게 이렇게 말했습 니다. "지난 60년 간 남북 간에는 열전과 냉전이 벌어졌으나 남북적십자 는 '불구하고' 정신으로 협력하고 있습니다. 이산가족의 고통을 덜어주 는 등 열심히 서로 돕고 있는데, 팔레스타인도 우리 경험을 참고했으면 좋겠습니다."

그러자 놀랍게도 유니스 총재는 이렇게 단호하게 대답하는 것이었습 니다. "한민족의 고통은 외세에 의한 분단의 고통이지만, 우리 팔레스타 인 사람들의 고통은 외세에 의해 강제로 점령당한 고통입니다. 한반도 분 단과 우리 처지를 비교하지 마세요. 우리의 고통이 훨씬 깊고 큽니다."

그리고 나서 팔레스타인에 한번 올 수 있느냐고 물었고, 저는 갈 뜻이 있다고 답했습니다. 그는 대번에 싱가포르 회의가 끝나기 전에 공식 초 청장을 직접 주겠다고 했고, 이런 연유로 팔레스타인에 가게 된 것입니다. 마침 국제적십자운동의 최고의결기구인 상치위원장이 이 회의에 참석했다가 회의가 끝나는 날 요르단을 방문해 달라고 했습니다. 그는 요르단 적신월사 총재이기도 합니다. 이런 사실이 알려지면서 이스라엘 적십자 총재도 나중에 초청장을 보내왔습니다.

선민들의 오만과 무관심

알다시피 적십자운동은 국제적인 인도주의 운동입니다. 인간의 억울한 고통이 발생하는 현장에 신속히 달려가 그 고통을 덜어주는 일에 앞장서는 국제운동입니다. 창시자인 앙리 뒤낭은 최초의 노벨평화상을 받았고, 그 후 두 차례 세계대전을 거치면서 국제적십자위원회(ICRC)가 두 번, 국제적십자사연맹이 한 번 노벨평화상을 받았습니다. 인간의 고통은 주로 전쟁 같은 무력 충돌과 자연재난 같은 천재지변에서 발생하며, 가난과 질병의 악순환 속에서 고통이 지속됩니다. 이 같은 고통은 세계 도처에서 쉼 없이 터져나옵니다.

그 중에서도 고통 받는 이들이 몰려 있는 지역 중 하나가 바로 중동입니다. 중동에서도 가장 가까이 살면서 가장 첨예하게 대립하고 있는 나라가 바로 이스라엘과 팔레스타인입니다. 이곳은 세계 3대 종교의 성지이기도 합니다. 구약과 신약의 역사가 육화肉化되어 있는 거룩한 땅이기도 합니다. 하기야 역설적이게도 이 같은 거룩한 종교적 의미부여 때문에 이곳의 고통이 더욱 격심한 듯합니다.

세 나라를 순방하면서 저는 세 가지 안타까움을 온몸으로 느꼈습니다.

첫째, 자기 성찰력 곧 역지사지의 능력을 상실한 이른바 선민選民의 모습이 안타까웠습니다. 예루살렘의 웅장한 홀로코스트 박물관에서 이스라엘 정부를 대표하는 안내자를 따라 전시물을 둘러보다가 저는 한기를 느꼈습니다. 역사상 유대인들만큼 외롭고 괴로운 삶을 살았던 민족은 드물지요. 11-12세기 동안 기독교가 강행했던 십자군에 의해 무슬림도 아닌데 억울하게 학살당한 유대인들, 20세기 히틀러에 의해 끔찍하게 살해된 유대인들… 그들의 후손이 이 박물관에서 느낄 전율을 저 역시 느낄 수 있었습니다. 시간이 허락된다면 며칠이라도 이곳에 머물면서 그 고통의 의미를 되씹고 싶었습니다.

유물과 사진들을 돌아보면서 저는 자연스럽게 일본 제국주의자들이 한반도와 중국 등에서 자행했던 만행을 떠올렸습니다. 그리고 신음하면서 죽어간 우리의 할머니 할아버지를 생각했습니다. 저는 안내자에게 이렇게 말했습니다. "우리도 일제하에 비슷한 고통을 받았지요."

저는 안내자로부터 '아, 그렇군요. 당신들도 당해보셨군요' 라는 반응을 기대했습니다. 그런데 그녀는 제 얘기를 아예 무시했습니다. '너희들이 겪은 고통을 어디 감히 유대인의 고통에 비교하느냐' 는 식이었습니다. 자기들의 고난만을 열정적으로 해설하는 태도가 안타까웠습니다.

자기들의 고통을 상기시키고 확산시키는 데 너무 열중한 나머지 남의 고통, 다른 민족이 억울하게 겪은 지난날의 고통이나 오늘의 분노를 무시하거나 그것에 무관심한 것이 그들 선민의 문제로구나 하고 새삼 깨달았습니다. 특히 자신들이 이제는 가해자의 자리에 서 있다는 사실을 전혀 깨닫지 못하거나 짐짓 모르는 척하는 듯했습니다. 이것은 제가 팔레스타인 적신월사를 방문하기 위해 그 지역으로 들어가면서 몸으로 느낀 것입니다.

국제적십자위원회의 친절한 안내로 위험한 웨스트뱅크(예루살렘의 서안 지역, 팔레스타인 주민 수백만 명이 거주하는 지역)를 돌아보는데, 유니스 총재는 자기 민족의 세 가지 고통을 설득력 있게 말해주었습니다. 강제로 땅을 빼앗긴 아픔, 자기들 지역에 들어와 좋은 언덕 자리를 차지하고 있는 유대인 정착 마을이 주는 아픔, 소수 유대인 정착촌의 안전을 위해 인위적인 장벽이 위압적으로 설치되어 팔레스타인 주민의 자유이동을 제한하는 데서 오는 아픔. 이런 삼고三苦의 현실을 직접 목도하면서 저의 가슴은 조용히 떨리고 있었습니다.

팔레스타인 지역에서 두 번째로 큰 도시 네블러스(구약의 세겜)에 있는 적신월사 지사를 방문했을 때, 우리 일행을 환영하는 지사회장의 인사말은 놀라웠습니다. "오늘 아침 우리의 민선 시장이 이스라엘 군인에게 체포되었고, 우리의 교육부 장관도 그들이 잡아갔습니다."

그들은 고통과 분노의 와중에서도 우리를 친절하게 맞아주었습니다. 그곳에서 회의를 마치고 수도 라말라로 돌아오는 길에 유니스 총재는 자신도 여러 번 검문소에서 당혹스러운 수모를 겪었다고 말했습니다. 우리 일행은 그날 잡혔다는 시장과 교육부 장관이 수감되어 있는 군인 막사 옆을 지나기도 했습니다.

여기저기 언덕 위에는 멋진 빨간 지붕의 집들이 하나의 부자 마을을 구성하고 있는데, 그것은 계곡 아래에 있는 팔레스타인 사람들의 가난한 거주지와는 퍽 대조적이었습니다. 언덕 위의 멋진 마을은 이스라엘 정착민들의 마을이지요. 그들은 합법적으로 땅을 구매한 것이 아니라 강점했다고 합니다. 그러기에 아래에서 언덕을 바라보는 팔레스타인 사람들의 가슴속에는 항상 증오와 분노와 고통의 불길이 훨훨 타오르는 것이었습니다. 정말 안타깝기 짝이 없었습니다. 이스라엘 선민들은 이들의 고통과 분노를 도무지 역지사지할 의지도, 능력도 없는 듯했습니다. 그 멋진 언덕 위에서 아래를 경멸하듯 내려다보는 이스라엘 선민들의 오만과 무관심에 놀라지 않을 수 없었습니다.

평화 없는 평화의 도시

다음으로 안타까웠던 것은 예루살렘이 문자 그대로 평화의 도시인데도 그곳에 참 평화가 없다는 사실이었습니다. 평화는 없는 듯한데 곳곳에서 종교적 열정, 종파적 열광은 쉽게 볼 수 있었습니다. 통곡의 벽 앞에서 머리를 쉼 없이 조아리며 야훼 신에게 기도드리는 정통파 유대교 신자들을 보면서, 그들의 신앙의 열정이 2천 년 전 청년 예수를 외롭게 하고 분노케 하지 않았을까를 생각해보았습니다. 종파적 열광 때문에 예수가 십자가에 처형되지 않았던가, 예루살렘에 지금도 평화가 없는 것은 이곳이 바로 세계 3대 종교의 교조적 열정이 뜨겁게 그리고 거칠게 맞부딪히기 때문이 아닌가, 그럼 유대교, 기독교, 회교의 근본주의자들의 열기가 이 도시의 샬롬을 몰아내는 원천적 괴력이 아닌가 등을 떠올리면서 저도 모르게 처연해졌습니다.

　예수가 걸으셨다는 고난과 슬픔의 길, 비아 돌로로사Via Dolorosa를 거닐며 고난의 예수를 명상해 보려고 애썼습니다. 지금은 장사꾼의 호객 소리와 관광객의 소음으로 가득 차 있지만 말입니다. 2천 년 전, 환전소로 전락한 예루살렘 성전에서 환전상을 채찍으로 몰아내셨던 그분이 지금 여기 다시 오신다면 어떤 행동을 하실까 상상하게 됩니다. 예수께서 예루살렘 성전이 곧 처참하게 무너질 것을 아시고 슬피 우셨던 곳에는 이제 눈물교회가 세워져 있습니다. 그곳에서 저는 2천 년 전에 우셨던 예수보다 지금 바로 제 곁에서 울고 계신 그분을 만나는 듯했습니다. 그분의 울음은 과거형이 아니라 현재형으로 느껴졌습니다.

　구약에 세겜(야곱의 집과 야곱의 우물이 있는 곳)으로 알려진 곳을 방문해 보니, 예수가 사마리아 여인과 대화했던 우물가에서는 지금도 풍부한 물이 나오고 있었습니다. 당시의 금기를 깨면서 사마리아 여인과 이야기를 나누시며 진정한 예배는 그리심 산이나 예루살렘 같은 장소와는 아무 관계가 없다고 하신 예수를 새삼 회상했습니다. 진리와 영으로 드리는 것이 진정한 예배이지 형식과 건물, 건물과 장소가 중요하지 않음을 깨우쳐주신 예수를 기억하며 저는 이런 소리를 듣는 듯했습니다. '나를 특정 장소에서 찾지 말아라. 이곳 성지에서 나를 찾지 말아라. 인간 고통의 사슬이 풀리는 곳에서 나를 만날 수 있을 것이다.'

　지독하게 차별받았던 사마리아 여인에게 영원히 목마르지 않는 물, 곧 여인의 고통을 근본적으로 해소해주는 물을 제공하셨던 예수님은 지금도 그 여인과 같은 처지에서 외로워하고 괴로워하는 사람들 속에 오늘도 살아 계시는구나 하는 깨달음이 저를 부끄럽게 했습니다. 성지라는 특정 장소에서 예수의 흔적이라도 찾아보려 했던 제 어리석음을 흔들어 깨워주신 듯했습니다.

요르단에 있는 느보 산에 올랐을 때 저는 야훼의 '거룩한 심술'을 느끼는 듯했습니다. 산 위에서 내려다보는 가나안 지역은 한마디로 황량함 그 자체였습니다. 수천 년 전에는 지금보다 더 거친 곳이었겠지요.

40년 동안 이곳을 이스라엘 사람들에게 꿀과 젖이 흐르는 이상향으로 부각시켰던 민족 지도자 모세가 가나안에 들어가지 못함을 여기 와서야 깨닫고 서러워 울었다는 바로 그 장소에서, 저는 모세가 울었던 또 다른 이유를 발견한 듯했습니다. 40년 고생 끝에 마침내 닿게 된 가나안은 젖과 꿀이 흐르기는커녕, 가시넝쿨과 폭염과 바싹 말라붙은 거친 들판의 메마른 땅이었으니 절망감으로 울 수밖에 없었을 것입니다. 이런 느낌에 숙연해 있는데 곁에 있던 대사관 직원이 이렇게 말했습니다. "모세가 이 황량함을 보고 충격으로 죽었다는 설이 있습니다."

여기서 이상향이란 원래 장소와 땅의 조건에 있는 것이 아님을 새삼 깨닫게 되었습니다. 그 거침이 있는 곳에서 생명을 만들어내려는 열린 의지와 강인한 헌신이 더 중요한 이상향의 요건이지요. 사막에서 샘물을 터뜨리고, 거친 들에서 장미를 피우기 위해 각고의 헌신을 하는 것, 바로 그것이 명당을 찾으려는 노력보다 훨씬 더 소중합니다.

갑자기 1970년 중반 서울에 있는 갈릴리교회에서 모세의 눈물에 대해 설교하다가 뜻밖에 서럽게 우시던 안병무 선생의 모습이 떠올랐습니다. 민주화된 나라를 보지 못하고 죽을 것 같다는 예감 때문에 안 박사는 설교 중에 눈물을 흘렸던 것입니다. 그런 눈물들이 그래도 오늘날 우리 형편을 이 정도로 올려놓은 게 아닌가 스스로 위로해봅니다. 눈물이 있는 곳에 하나님이 계심을 새삼 깨달으면서, 성지의 지리 찾기에 여념이 없는 기독교 관광객들의 모습이 안타까웠습니다. 눈물로 황야를 기름진 땅으로 만드는 힘, 그것이 바로 거룩한 일이 아니겠습니까? 모세의 눈물은 새로운 비장한 결심에서 나온 눈물, 그의 후계자에게 희망을 준 눈물이 아니겠습니까?

선교의 진정한 의미를 되새기며

끝으로 안타까웠던 점은 중동 세 나라를 둘러보며 한국의 대교회주의와 자기 교회 중심주의가 빚어내는 특이한 선교 열기였습니다. 요르단과 이스라엘 대사와 나눈 말들 가운데 저를 부끄럽게 한 이야기가 있었습니다. 한국의 큰 교회 목회자들이 경쟁적으로 해외선교에 열을 올리고 있는데, 중동 같은 무력 충돌이 잦은 위험지역에서 이 같은 경쟁적 열정이 지나치게 무모하여 때론 정부를 곤혹스럽게 한다는 것입니다. 수천 명이 성지에 몰려와 큰 집회를 열고 평화의 이름으로 대행진을 하거나 자기 교회 행사를 갖는다고 했습니다. 그로 인한 신변 위험에 정부는 크게 염려하고 있었습니다.

게다가 눈치 없는 교회 장로들이 자기 교회 목사를 국빈으로 영접해 달라는 철없는 요청까지 했다는 말에는 장로인 저 스스로가 정말 부끄러웠습니다. "너희 받을 상을 너희는 이미 받았느니라"고 꾸짖으시는 예수의 음성이 들리는 듯했습니다.

광야에서 권력과 재력과 종교적 카리스마라는 세 가지 시험을 친히 겪으시고 이기셨던 예수께서는 예수 제자라 자처하면서 이 세 가지 힘을 마구 휘둘러대고 있는 한국 대형교회 목회자들에게 이렇게 말씀하시지 않을까요?

너희는 흔한 돌같이 많은 떡과 재력을 이미 가졌고
너희는 세상을 호령하는 위세를 이미 잡았고
너희는 기적처럼 보이는 종교적 초능력을 이미 누리고 있으니
너희는 앞으로 받을 하나님나라의 상을 이미 스스로 받았구나.

사도행전에서 부활 승천하시던 주님은 지상에서 마지막으로 제자들에게 이렇게 명하셨습니다. "성령이 너희에게 임하시면 너희가 권능을 받고 예루살렘과 온 유대와 사마리아와 땅 끝까지 이르러 내 증인이 되리라"(행 1:8).

땅 끝까지 이르러 예수의 증인이 된다는 것이 바로 선교일진데, 오늘 한국 교회가 과연 그 뜻을 제대로 이해하고 있을까요? 예수께서 지상에서 하신 마지막 당부 말씀과 첫 설교 말씀은 본질적으로 같은 것입니다. 예수는 공생애를 시작하시며 이사야서 61장 1-2절의 말씀을 설교하셨습니다. 성령이 임하면 가난한 사람에게 기쁜 소식을, 포로 된 사람들에게는 해방을, 소경에게는 눈뜸을, 억눌린 자들에게는 풀어줌을 선포하

고 실천하는 것, 이것이 바로 예수께서 선포하셨고 또 직접 실천하셨던 선교 활동이었습니다.

예수의 이 같은 행하심을 보고 들은 대로 증언한다는 것은 단순한 선포의 수준을 넘어 그것을 구체적 삶으로 실천하는 것을 의미합니다. 한마디로 예수의 사랑과 평화를 실천하는 것이 바로 예수의 선교입니다. 그것을 땅 끝까지 어디서나 언제나 실천하라는 명령입니다. 예수의 첫 취임 메시지와 마지막 명령은 결코 둘이 아니라 하나입니다.

선교는 자기 종교의 교리나 자기 종파와 교파의 신조를 이웃 종교에게 강요하는 행위가 결코 아닙니다. 자기 교회로 신자들을 끌어 모으는 일도 아닙니다. 특히 다른 나라에 가서 그 나라 문화와 종교를 우상이나 마귀로 폄하하고 그것을 훼손하는 행위는 더더욱 아닙니다. 다른 종교나 종파의 사람들을 자기 종교와 다르다고 해서 오만하게 불쌍히 여기는 것도 아닙니다. 이런 행위는 오히려 교만과 독선이라는 가장 심각한 죄에 해당합니다. 예수의 증인으로 산다는 것은 어둠과 절망, 억압과 착취, 교만과 독선, 탐욕과 이기심에 사로잡힌 세력으로부터 고통당하는 사람들에게 희망과 자유, 겸손과 인내, 사랑과 평화를 증거하고 함께 실천해 나가는 일입니다.

요르단에서 세례 요한이 갇혔다는 마케루스 지하 감옥을 방문했을 때, 문득 그가 예수께 자기 제자를 보내어 예수의 정체를 묻던 장면이 떠올랐습니다(눅 7:18-22). 예수가 진정 당시 유대인들이 학수고대했던 메시아가 맞느냐는 것이었습니다. 세례 요한의 제자들에게 예수님은 이렇게 대답하셨습니다. "너희가 가서 보고 들은 것을 요한에게 알리되 맹인이 보며 못 걷는 사람이 걸으며 나병환자가 깨끗함을 받으며 귀먹은 사람이 들으며 죽은 자가 살아나며 가난한 자에게 복음이 전파된다 하라."

이 같은 일을 보고 들은 대로 전하는 것, 예수따르미들이 함께 힘을 모아 실천하는 것이 바로 진정한 선교입니다. 그것은 처음 선포하신 말씀과 마지막 당부하신 말씀을 같은 것으로 알고 실천하는 것입니다. 여기에 특정 교파의 교리가 들어설 자리는 없습니다. 추상화된 신학적 교조들이 들어설 자리도 없습니다. 다만 성령의 능력과 그 놀라운 효험이 시퍼렇게 살아있을 뿐입니다.

지금 한국의 대형교회들은 다투어 해외선교에 열을 올리고 있습니다. 자기 교회의 확장에 힘을 쏟고 있습니다. 미국 국력의 20분의 1정도밖에 안 되는 한국의 개신교가 미국 다음으로 해외 선교사를 많이 보내고 있습니다. 또 그것을 자랑합니다. 과연 그들이 해외에 가서 예수의 사랑과 평화를 실천하는 증인 노릇을 하고 있습니까? 이미 다른 종교가 깊이 뿌리 내려 그곳 사람들의 가치 속에 스며들어 있는 지역에서, 수천 명의 한국 대형교회 신자들이 몰려다니며 그들을 개종시키려고 하는 행위는 종교적 교만의 수준을 넘어 종교적 폭력에 가까울 수 있음을 깨닫지 못합니까? 특히 회교 근본주의가 시퍼렇게 살아있는 곳에서 기독교 선교(예수 선교가 아닌) 행위를 하는 것은 신판 십자군 전쟁을 하자고 무모하게 덤비는 것과 다를 바 없음을 모른다는 말입니까?

중동 순방을 마칠 즈음 저는 대사관 만찬에서 방명록에 격려의 글을 남겨달라는 부탁을 받았습니다. 저는 성지에 와서 제 부끄러운 모습을 성찰할 수 있어서 감사하며 성지聖地가 자기를 근원적으로 되돌아보게 하는 성지省地가 된 것을 기쁘게 생각한다고 썼습니다. 예수 선교를 해내지 못한 자신의 모습을 솔직히 시인하고 회개할 때 비로소 거룩한 땅을 밟는 성지순례가 시작될 것입니다. 성지는 예수의 사랑과 평화가 펼쳐지는 바로 그 마당과 그 시간을 뜻하기 때문입니다.

4

개마고원에서의
꿈

약자인 초식동물이 강자인 육식동물의 주식을
먹는 것이 아니라 강자가 약자의 주식을 먹어야
비로소 둘 간의 관계가 아름답게 변할 수 있습니다.

무릇 여행이란 자기 모습을 찬찬히 살펴보고 조용히 그러나 깊이 반성
해 보는 시간입니다. 그러기에 여행은 값진 인생 경험입니다. 여행에서
자기성찰을 해내지 못하는 사람은 여행의 참 맛과 멋을 모르는 사람이
지요. 인생을 하나의 여행으로 본다면, 사람다운 사람일수록 자기 자신
을 끊임없이 되돌아보고 새롭게 깨닫고 배우면서 앞날을 더 밝고 맑게
만들어갈 줄 압니다.

북한을 여행하다

저는 북한을 여행하면서 제 믿음이 형편없음을 깊이 깨달았습니다.

북한 동포들은 그들 나름대로 믿는 바를 실천하면서 살고 있었습니다. 믿음과 실천이 함께 가는 삶인 셈입니다. 그들이 믿는 바는 물론 그리스도인들이 믿는 바와는 아주 다릅니다. 그렇지만 그들의 신언일치信言一致가 저를 더욱 부끄럽게 했습니다. 특히 북한의 열악한 경제 형편 속에서도 그들 나름의 이상을 믿고 그들의 표어대로 삶을 실천하고 있는 것 같았습니다. 우리는 과연 사도 바울이 권면한 것처럼 항상 기뻐하고, 쉬지 않고 기도하며 모든 일에 감사하는지 스스로 물어보아야 할 것입니다.

대체로 북한 사회는 두 가지 두드러진 특징을 갖고 있는 듯합니다. 하나는 항일유격대 정신으로 살아가는 유격대 국가의 특징입니다. 다른 하나는 신정국가神政國家, 信政國家의 특징입니다. 이 같은 특징은 북한 동포들로 하여금 믿는 바를 행동으로 옮기게 만듭니다. 달리 말하자면, 북한은 하나의 거대한 교회 같다는 느낌이 들었습니다. 교회가 주관하는 기도회나 수양회에 신자들이 즐겁게 자발적으로 참여하듯, 북한 주민들도 각종 집회에 그들 나름의 믿음에 따라 자발적으로 참여하는 기쁨이 있는 듯합니다. 그러기에 우리 시각에서 일방적으로 북한의 집단주의 삶을 함부로 판단하는 일은 경솔하다고 생각합니다.

남북한 교차관광은 6·15 공동성명 후 남북장관회의의 합의사항이었습니다. 이 합의에 따라 저는 백두산과 주변을 닷새간 둘러보았고, 묘향산에 일박하면서 묘향산이 지닌 아름다움과 웅장함의 향기를 맛보았습니다. 그리고 온종일 평양 시내를 둘러보았습니다. 이 기간 동안 예술인단의 공연도 보았습니다. 자연 부락을 지나면서는 감자 캐는 농부들, 우물가에서 쌀을 씻는 주민들, 순례지에서 놀이하고 있는 학생들을 자유롭게 만나볼 수 있었습니다. 모두 열린 마음으로 우리를 맞아주었고, 자유롭게 대화를 나누기도 했습니다.

때때로 우리 일행 중 어떤 이들이 그들의 금기사항을 거론해도 안내인들은 인내하면서 그것을 받아주었습니다. 그들이 신성한 곳으로 믿는 온갖 순례지에서 우리 일행은 자유롭게 행동했습니다. 그래도 북쪽의 안내원들은 개의치 않았습니다.

북한 사회는 하나의 거대한 교회다

그렇다면 왜 북한은 거대한 교회 같을까요? 그것도 그리스도인의 믿음보다 더 강한 믿음을 지닌 교인 같을까요? 남과 북이 자기 식으로 평화롭게 살 수 있으려면 예수따르미들은 어떤 각오를 해야 할까요?

먼저 눈에 확 띄는 북한의 글귀, 여기 저기 중요한 곳에 걸려 있는 표어를 보겠습니다. "위대한 수령 김일성 동지는 영원히 우리와 함께 계신다." 이 글귀를 보자마자 마태복음의 마지막 구절이 저절로 상기되었습니다. 부활하신 예수께서 여러 날에 걸쳐 제자들에게 나타나시고는 승천하실 때 제자들에게 남기신 말씀이 바로 이것이었습니다. "볼지어다 내가 세상 끝날까지 너희와 항상 함께 있으리라"(마 28:20).

김일성 주석은 사망했지만 북한 동포의 마음속에 살아있을 뿐 아니라, 항상 그들과 함께 있어 희망과 용기를 주고 있다는 믿음이 확고해 보였습니다. 초대 기독교인들이 부활 승천하신 예수를 믿고 따랐듯이, 그것도 온갖 환난과 역경 속에서 부활하신 예수를 참 소망으로 삼고 즐거워했듯이, 오늘날 북한 동포도 그들 나름의 독특한 신앙으로 웃으며 험난한 길을 걸어가는 듯했습니다. 과연 남쪽 예수따르미의 믿음이 그들 믿음보다 나을까를 새삼 되물어보았습니다.

북한 사회는 수령과 체제에 대한 믿음과 가치를 아주 어릴 때부터 학습시키고 있습니다. 초기 사회화 과정에서부터 어린이들은 이 가치를 수용하고 있습니다. 어릴 때부터 삶의 목적에 대해 확고한 신념을 지니고 있어야 한다는 인식을 교육자들이 갖고 있기 때문입니다. 평양 소년궁전 같은 곳에서 하루에 5천 명의 어린이들이 자기의 소망과 자질을 살리는 온갖 과외 활동에 참여하고 있습니다. 물론 국가가 그 모든 경비를 부담합니다. 그만큼 국가와 당, 지도자에 대한 경외심을 자발적으로 수용하고 있는 것입니다.

이 같은 초기 교육이 중고등학교를 거쳐 대학까지 이어지고 있습니다. 대학 이후에도 끊임없는 믿음교육이 사회교육 차원에서 이뤄지고 있습니다. 김일성대학을 두 차례 지나가면서 퍽 인상적이었던 것은 대학의 고층 건물 높은 곳에 예의 그 표어가 붙어 있다는 사실이었습니다. 어찌 보면 최고 학부인 김일성대학도 신학교와 같은 역할을 하고 있다는 생각이 들었습니다.

21세기는 정보가 넘쳐흐르는 와중에 뜻있는 지혜의 메시지는 고갈되어가는 시대이고, 지혜가 수난을 당하는 정보의 그레샴 법칙이 통용되는 시대라고들 합니다. 그런데 북한의 경우는 그들 나름의 메시지가 너무 많은 듯했습니다. 교육은 그들 식의 메시지로 가득 차 있습니다. 대신 실용적 정보는 부족한 듯했습니다. 이것이 남북의 차이가 아닌가 생각해보았습니다.

'참 우리'가 되는 길

한편 북한 여행은 비극적 분단 상황에서 어떻게 하면 참 평화를 만들어 갈 수 있을지 고심하게 만드는 계기이기도 했습니다. 남쪽 관광단은 대체로 지도자급 인사들로 구성되어 있었는데도 그 중에는 남북을 하나의 민족으로 인식하지 못하는 태도를 가끔 보여주는 분도 있었습니다. 예수따르미들이 남과 북을 하나의 참된 민족으로 엮어가는 일에 앞장서야 할 터인데, 과연 우리가 그런 사명을 감당해낼 수 있는지 반성하게 되었습니다. 성서는 우리에게 어떤 영감을 주고 있는지 생각하다가 선지자 이사야의 꿈을 떠올렸습니다.

이사야는 자기 삶의 정황이 불신, 대결, 증오의 현실임을 안타까워했습니다. 정의는 땅에 떨어지고, 민족 간 계급 간의 처절한 마찰이 심각했습니다. 이러한 비극적 현실 속에서 그는 정의와 평화가 구현되는 꿈을 꾸었습니다. 그 꿈은 이사야 선지자 개인의 꿈만이 아니라, 이스라엘이 지향해야 할 민족의 비전이자 하나님의 소망이기도 했습니다. 이리 같은 인간이 어린 양 같은 인간을 못살게 구는 현실에서 그는 "이리가 어린 양과 함께 사는" 새 세상을 꿈꾸었습니다.

그뿐입니까? "표범이 어린 염소와 함께 누우며 송아지와 어린 사자와 살진 짐승이 함께 있어… 암소와 곰이 함께 먹으며 그것들의 새끼가 함께 엎드리며 사자가 소처럼 풀을 먹는" 꿈도 꾸었습니다(사 11:6-9).

표범과 어린 염소는 결코 하나가 될 수 없습니다. 어린 염소에게는 표범이 적일 뿐이지요. 둘 사이에는 언제나 불신과 증오가 끼어 있습니다. 초식동물은 항상 육식동물을 경계하고 두려워하며 불안에 떨기 마련입니다. 들판에서 물을 먹는 사슴은 조그마한 소리에도 화다닥 놀라지 않습니까? 그런가 하면 육식동물의 눈은 예외 없이 무섭고 잔인합니다. 이 둘 사이엔 죽음과 죽임이 있을 뿐 평화는 없습니다.

하기야 지난 반세기 동안 남과 북의 관계가 그러했습니다. 냉전불신, 냉전증오, 냉전대결로 하루도 빠짐없이 자신들의 소중한 자원을 소진시켜 왔습니다. 같은 동족인데도 말입니다. 이러한 비극적 상황은 반드시 극복되어야 합니다. 그것도 이사야의 꿈 같은 힘으로 극복해내야 합니다.

이사야의 꿈 속에 참 평화를 만들 수 있는 지혜가 있음을 주목해야 합니다. 이 지혜는 하나님의 지혜요, 하나님의 명령이기도 합니다. 다음의 메시지가 바로 그 지혜입니다. "사자가 소처럼 풀을 먹는다."

이 꿈은 강자인 사자가 약자인 소의 주식인 풀을 먹는다는 뜻입니다. 약자인 초식동물이 강자인 육식동물의 주식을 먹는 것이 결코 아닙니다. 그 반대입니다. 곧 강자가 약자의 주식을 먹어야 비로소 둘 간의 관계가 아름답게 변할 수 있습니다. 이것은 다른 존재의 피를 흘리기까지 하면서 자기 배를 채우는 강자의 삶을 질적으로 완전히 바꿔야 한다는 명령입니다. 이것은 단순한 역지사지易地思之나 역지감지易地感之의 수준을 넘어 역지식지易地食之를 요구하고 있습니다. 약자의 주식을 먹음으로써 강자는 자기의 체질, 자기의 삶, 자기의 관행, 자기의 이기적 가치를 180도로 확 뒤집어야 합니다.

바로 이 같은 이사야의 꿈은 강자가 약한 상대방을 닮고 사랑하여 하나가 되는 꿈이기도 합니다. 약한 상대방의 좋은 점을 수용하여 내 행동과 삶을 고칠 수 있을 때 비로소 '참 우리'가 형성됩니다. 잔인한 육식의 삶을 비워내야만, 풀 먹은 존재와 참된 우리, 참된 공동체, 참된 하나를 이룩할 수 있습니다.

예수는 누구입니까? 그의 삶과 죽음과 부활을 통해 '참 우리'를 친히 보여주신 분이 아닙니까? 남의 피를 흘리게 하는 강자나 가해자가 아니라 오히려 자신을 철저히 비워 진정한 평화를 이룩하신 분이 아닙니까? 예수의 자기 비움의 삶을 실천한다면 힘으로 흡수통일이나 적화통일로 상대방을 굴복시키려는 일은 악순환만 달아오르게 한다는 진리를 깨닫게 될 것입니다.

이런 꿈은 어떻겠소?

개마고지에 있는 갑산 지역에서 보천보가 있는 곤장덕 언덕에서 멀리 백두산의 은은한 웅장함을 가슴에 품으며 돌아볼 때였습니다. 감옥에서 개마고원을 생각하며 남북의 하나 됨을 꿈꾼 시인이요 목사인 문익환 님의 시 '꿈'이 떠올랐습니다. 마침 그의 아들 문호근이 바로 제 곁에 있어 (지금은 이 아들도 아버지 곁으로 갔지만) 아버지의 시를 다 외울 수 있는지 물어보고 우리 관광단과 북쪽 안내원들 앞에서 그 시를 읊어달라고 했습니다. 모두 엄숙하게, 은혜롭게 그 시의 뜻을 가슴으로 받아들였지요. 문목사님의 꿈 역시 이사야의 꿈을 바탕 삼았다고 여겨집니다.

… 벗들이여!

이런 꿈은 어떻겠소?

155마일 휴전선을

해 뜨는 동해 바다 쪽으로 거슬러 오르다가 오르다가

푸른 바다가 굽어보이는 산정에 다다라

국군의 피로 뒤범벅이 되었던 북녘 땅 한 삽

공산군의 살이 썩은 남녘 땅 한 삽씩 떠서

합장을 지내는 꿈,

그 무덤은 우리 5천만 겨레의 순례지가 되겠지.

그 앞에서 눈물을 글썽이다보면

사팔뜨기가 된 우리의 눈들이 제대로 돌아

산이 산으로, 내가 내로, 하늘이 하늘로,

나무가 나무로, 새가 새로, 짐승이 짐승으로,

사람이 사람으로 제대로 보이는

어처구니없는 꿈 말이외다.

… 그도 아니면

이런 꿈은 어떻겠소?

그 무덤 앞에서 샘이 솟아

서해 바다로 서해 바다로 흐르면서

휴전선 원시림이

압록강 두만강을 넘어 만주로 펼쳐지고

한려수도를 건너뛰어 제주도까지 뻗는 꿈,

그리고 우리 모두

짐승이 되어 산과 들을 뛰노는 꿈,

새가 되어 신나게 하늘을 나는 꿈,

물고기가 되어 펄떡펄떡 뛰며 강과 바다를 누비는

어처구니없는 꿈 말이외다.

저는 이 시에다가 이사야의 꿈을 하나 더 보태고 싶었습니다.

벗들이여!

이런 꿈은 어떻겠소?

사자가 소의 여물을 먹는

어처구니없는 꿈 말이외다.

　바로 이 꿈의 힘을 빌려 냉전체제 속에서 사팔뜨기처럼 현실도 제대로 보지 못하고 위선자로 언행일치도 이루지 못하며 살아온 기독교 신자들이 거듭나야 합니다. 또 여태까지 북한 동포를 주적으로 미워하고 북한체제를 악마화했던 냉전관행이 깨어져야 합니다. 그래서 이 꿈이 명령하는 대로 상대방의 주식을 먹을 수 있는 수준에 이르러야 합니다. 그때 비로소 평화스러운 '참 우리'가 한반도 조국 땅에 우뚝 세워질 수 있을 것입니다.

예수따르미는 상대방을 미워하고 차별하기에 앞서 사자가 소의 여물을 먹듯 자기 체질부터 먼저 변화시켜야 합니다. 사자가 소의 여물을 먹는 꿈이 현실이 될 때, 비로소 한반도 남북 간에 하나님의 평화가 저 한강물처럼, 저 대동강 물처럼 여유 있게 흐르고, 우리라는 참 공동체의 배가 그 위를 자유롭게 드나들 것입니다.

2

아, 기독교인임이 부끄럽구나

church

예수가 없기에 큰 물 항아리만 덜렁 그 중심에 버티고 있는 오늘
한국 교회의 그 공허한 모습이 안쓰럽습니다.

예수없는 예수교회
CHURCH

5

사회를 치유하는 소셜 닥터

희망은 나누면 나눌수록 줄어드는 것이 아니라 두 배,
세 배로 늘어납니다. 나눔은 결코 나눗셈이 아닙니다.
그것은 확실히 곱셈입니다.

외환위기와 금융위기가 기업 도산으로 이어지면서 실업대란으로 악화
되던 지난날 악몽이 떠오릅니다. 고난과 절망의 상황 속에서 기독교를
가능하게 했던 성령의 힘이야말로 그 악몽을 이겨낼 수 있는 참 힘이었
음을 새삼 새롭게 깨닫습니다. 지금 우리가 겪는 어려움 또한 그때와 다
르지 않은 것 같습니다.

예수가 골고다에서 처형당한 직후 제자들은 가슴 깊이 절망을 품고 각
기 제 고향으로 흩어졌습니다. 그런데 엠마오로 내려가던 제자들처럼,
고통스러운 귀향길에 올랐던 사람들이 갑자기 예루살렘에 모여 새로운
힘을 얻고 새 역사를 만들기 시작했습니다. 정말 놀라운 변화였습니다.
마가의 다락방은 바로 그 시발점의 마당이었습니다. 새 힘을 준 것은 다
름 아닌 성령의 능력이었습니다.

성령을 불같이 받은 제자들은 막혔던 언어와 문화와 지역의 담을 헐어버리고 서로 소통하게 되었으며, 대낮인데도 마치 술에 취한 사람처럼 서로 방언을 하면서 비전과 꿈과 예언을 나누었습니다. 이 비전과 꿈, 희망과 예언의 힘으로 서로 소통하면서 뜨겁게 하나 되는 체험이 바로 성령 체험이었습니다. 이 꿈과 소망의 힘이 절망과 고난이라는 객관적 상황을 변화시킨 것입니다. 성령의 능력인 꿈과 희망과의 소통은 그 어느 때보다 지금 우리에게도 절실히 필요합니다.

초대교회는 핍박과 환난에 휩싸였습니다. 초대교회의 집사 스데반은 성령 충만하여 하늘을 우러러 보며 용기 있는 증언을 했습니다. 순교를 당할 수밖에 없는 절망적인 상황, 곧 돌에 맞아 죽임을 당할 절망적인 상황에서도 그는 결코 고개를 떨어뜨리거나 어깨를 축 늘어뜨리지 않았습니다. 그는 무시무시한 절망의 조건에서도 오히려 하늘을 우러러 보며 하늘과 소통했습니다. 그가 죽음의 상황에서도 하늘을 우러러 볼 수 있었던 것은 가슴 깊이 소망과 꿈을 지녔기 때문이지요. 바로 이것이 초대교회가 팔레스타인 유대교의 억압과 로마당국의 핍박을 모두 이겨낼 수 있었던 힘이었습니다.

제 삶에서도 희망과 꿈은 매우 소중한 가치였습니다. 그 꿈을 간직하지 않았더라면, 오늘 한완상이라는 존재는 이렇게 글을 남길 수 없었을 것입니다.

소년, 사회 의사를 꿈꾸다

저는 우리 민족이 가장 처참한 곤경에 빠졌던 1936년에 태어났습니다. 일본제국주의가 우리 강토를 강탈한 뒤 민족의 혼과 글마저 빼앗아가려 했던 때였습니다. 심지어 우리의 이름과 넋까지도 강탈하려 하면서 한반도를 그들의 대륙 침략을 위한 병참기지로 활용하려 했던 바로 그때였습니다. 그야말로 우리 민족이 절망의 밑바닥에 처했을 때 태어난 셈이지요.

제가 어머니 태중에서 약 여섯 달쯤 되었을 때 어머니가 큰 화상을 입어 생명이 경각에 달리게 되었습니다. 어머니와 함께 저 세상으로 갈 뻔했지요. 이때 어머니는 시골 교회 전도사님의 권고를 받고 생존할 수만 있다면 예수를 믿기로 작정하셨습니다. 그리고 구사일생으로 살아나셨습니다. 그래서 저는 뱃속 신자가 되었습니다. 사경에서 어머니와 함께 신자가 된 셈이지요.

초등학교 3학년 때 나라는 해방되었으나 가난과 질병의 고통은 더욱 악화되었습니다. 그때 저는 춥고 배고픈 데서 벗어나는 것 외에 특별한 꿈은 없었습니다. 6·25가 터지고 고등학교를 다니게 되면서 드디어 배고픔과 고독의 삶 속에서 하나의 꿈을 키우게 되었습니다. 고등학교 2학년 때 YMCA 학생 활동을 하면서 슈바이처 박사의 책을 읽다가 신학자와 의사에 대한 관심이 커지기 시작한 것입니다.

고3이 되어 대학 진학을 앞두고 불가피하게 장래 평생직업과 연관되는 학과를 선택해야만 했습니다. 의과대학과 신학대학에 갈 생각도 했지만, 보다 심각하게 소망한 것은 '사회의 질병'을 고치는 의사가 되는 것이었습니다. 가난과 그로 인한 질병, 전쟁, 부정, 부패, 차별 등을 고쳐 주는 이른바 '사회 의사' 곧 소셜 닥터social doctor가 되고 싶었습니다. 이 것이 그때 제가 절박하게 간직했던 소망이요 꿈이었습니다. 그래서 고3 담임선생님의 권고로 서울대학교 문리과대학 사회학과에 진학하게 되었습니다.

춥고 배고팠던 동숭동 대학 시절에 이 같은 거창한 꿈은 도무지 실현 될 수 없는 것처럼 보였습니다. 대학 3학년 때 학보병으로 입대하게 되었습니다. 그때 군은 한마디로 부정부패의 온상이었습니다. 허기지고 배고파 견디기 힘든데다 군역 또한 지루하고 따분하고 피곤했습니다. 새벽녘에 일어나 나무도 없는 벌거숭이 같은 산을 휘돌아다니며 겨우 땔 감을 마련하는 일을 했습니다. 도무지 그 작업에 의미를 둘 수 없었기에 더욱 허기지고 괴롭고 외로웠습니다.

1957년 초겨울 어느 날 아침, 뱃가죽이 등에 바짝 붙어버린 듯했습니다. 한 시간 동안 땔나무를 마련하기 위해 이 계곡 저 계곡을 헤매었습니다. 중대 연병장에 모이라는 명령에 따라 허기진 배를 안고 계급별로 줄을 섰습니다. 중대장은 며칠 뒤 사단 감사팀이 오므로 계급별로 줄을 세워 월급을 암기시키라고 명령했습니다. 한 번도 받아 본 적이 없는 월급 액수를 사병들이 기억할 턱이 없지요.

차가운 겨울하늘을 향하여 허기진 배로 "일등병 월급 ○○○"를 크게 외쳐대자니 허무하고, 억울하고, 우스꽝스러워 견디기 힘들었습니다. 이때 저는 속으로 다짐했습니다. '바로 이러한 질병을 고치는 일이 사회

의사가 할 일이다. 이럴수록 내 소망을 더 굳게 지녀야 한다.' 우스꽝스러운 부조리의 절망 속에서 저를 견디게 해준 힘은 예수를 따르는 소셜 닥터가 되겠다는 제 꿈과 다짐이었습니다.

다음해 정월 말, 영하 26도의 강추위 속에서 저는 기합을 받았습니다. 주일이 되어 사단교회에 다녀왔다는 이유였습니다. 혹한의 일선에서 그것도 밤 10시경, 옷도 벗은 채(물론 속팬티는 입었지만) 차가운 겨울 별빛 아래서 엎드려뻗쳐를 500번 해내야 했습니다. 겨울밤 부는 바람이 수천 개의 바늘이 되어 피부에 꽂히는 듯 아팠습니다. 근육이 부들부들 떨렸지요. 그때도 저는 이를 악물고 견디면서 속에서 타오르는 꿈의 불꽃을 거칠고 차가운 겨울밤에 더욱 태우기로 작정했습니다. 따지고 보면 사회 의사는 한 시대의 구조적 불의와 싸우는 사람입니다. 구약에 나오는 예언자들처럼 사회 질병을 진단하고 처방하는 사람입니다.

고통스러운 군대 생활을 마친 뒤 복학하여 학부를 마치고 곧 대학원 과정을 수료했습니다. 1962년 가을에는 미국 유학을 떠났습니다. 사회 의사가 되고자 하는 열망과 꿈을 지닌 채 말입니다. 조국 현실과는 너무나 다른 풍요한 미국 상황 속에서 저는 참으로 바보처럼 어리둥절했습니다. 세계화되지 못한 '국산 영어'가 전혀 안 통하는 언어소통의 고통도 뼈저리게 느꼈습니다.

한데 교실 밖에서는 뜨거운 변화열풍이 미국 전역을 강타했지요. 흑인민권운동, 반전운동, 히피 반문화운동이 들불처럼 미국 전역에 번지고 있었습니다. 이런 들불은 미국 고질병을 고치려는 변혁 운동처럼 여겨졌습니다. 그것을 보면서 저는 제 속에 꺼지지 않고 있는 꿈을 계속 지

필 수 있었습니다. 박사학위를 취득한 후 미국 대학교에서 3년간 가르치고 나자 모교 서울대학교의 부름을 받게 되었고, 1970년 8월에 귀국했습니다.

어둠의 시대에 사회 의사가 된다는 것

그때 저는 이제야말로 조국에 돌아와 본격적인 사회 의사 역할을 담당하겠다고 속으로 다짐했습니다. 그런데 저를 맞이한 모교는 제게 충격적 메시지를 던져주었습니다. "중앙정보부 해체하라!" 교정 길바닥에 거칠게 쓴 흰 페인트 글씨였습니다.

이런 공포 분위기 속에서 제대로 학생들을 가르칠 수도 없었습니다. 학기마다 휴교사태가 벌어졌습니다. 사회 의사 노릇을 하기란 여간 어려운 일이 아님을 단번에 직감했습니다. 당시 억압적인 정치현실, 인권 유린, 노동 3권의 제약, 유신체제 전야의 어지러움, 유신체제 이후의 강압정치, 부정부패의 악화 등 사회 정치 현실을 외면하고서는 사회 의사 역할을 해낼 수 없었습니다. 정확하고 정직한 진단과 올곧은 처방은 바로 벌거벗은 억압정권과 맞부딪치는 일이었습니다.

한번은 동아일보의 요청으로 당시 빈번히 일어났던 난동사병의 문제를 진단했습니다. 신문사가 제 글에 제목을 달았는데 "난동사병의 총구는 사회 부조리를 향하여"였습니다. 신문 기사가 나간 다음날 아침 저는 군 당국으로부터 정중한 항의 방문을 받고 제 글이 국가 안보를 위태롭게 한다는 엄중한 경고를 받았습니다. 병든 강자強者의 병든 징후를 진단하는 행위는 괘씸죄로, 그들의 질병을 고치기 위해 처방을 제시하는 행위는 불온죄로 치도곤을 당하게 된다는 위험을 직접 느낄 수 있었습니다. 당시 기독자교수협의회 동지들은 대체로 저와 같은 꿈과 소망을 가진 이들이어서 절망적인 억압 상황 속에서도 더 뜨겁게 꿈의 공동체를 만들어 갈 수 있었습니다. 이 공동체의 간부들이 나중에 혹독한 시련을 겪게 되지만 말입니다.

마침내 저는 1976년 2월 말 서울대학교에서 해직되었습니다. 그때 총장은 저를 붙들고 눈물을 흘리기도 했지만, 정치적 추방을 당한 제 좌절은 엄청났습니다. 교수직을 박탈당해 보니 직장이 얼마나 소중한지, 직장을 빼앗는 것이 얼마나 잔인한 인권유린인지 뼈저리게 느낄 수 있었습니다.

그러나 함석헌 선생의 말씀대로, 하나님 발길에 차여 들판에서 본격적인 사회 의사로 일하게 되었으니 그것도 은총임을 깨달았지요. 이때 재야활동을 하면서 민중사회학과 민중신학에 대한 열정을 갖게 되었는데, 이것은 희망과 실천의 신학과 사회학이기도 했습니다.

1980년 봄에는 새로운 역사가 다가오는 듯했습니다. 우리의 소망이 이뤄지는 듯하던 그해 3월 1일 저는 4년 만에 서울대학교에 복직되었습니다. 복직의 기쁨은 일종의 부활 기쁨처럼 느껴졌습니다. 복직된 뒤에는 당시 계엄부사령관이나 수경사령관과 만나 겁 없이 한국의 군軍이 민주화에 공헌하라고 권고하기도 했습니다. 사회 의사로서 진단과 처방을 내리고 그것을 치유하는 일을 한 셈이지요. 한데 그것의 대가는 참으로 아프고 무서웠습니다.

1980년 5월 17일 밤 10시 40분, 저는 검은 옷을 입고 권총을 찬 네 사람의 중앙정보부 요원에게 연행되어 남산 지하실에 감금되었습니다. 이른바 김대중내란음모사건의 조작이 시작된 것입니다. 우리는 지하실에 갇혀 광주민주항쟁이 일어난 줄도 몰랐는데, 그것을 선동한 김대중 씨를 도왔다는 이유로 지옥 심문을 당한 것입니다. 정말 절망의 심연에 내동댕이쳐짐을 당했습니다. 사자 굴에 던져진 다니엘과 비슷한 처지였습니다. 밤낮 가리지 않고 지옥 같은 심문을 당했습니다.

희망과 나눔의 법칙

당시 제 옆방에 L목사님이 갇혀 있었는데, 그가 두들겨 맞는 둔탁한 소리를 자주 들을 수 있었습니다. 방문이 조금 열렸을 때 목사님이 변소에 갔다 오는 모습을 언뜻 보았는데, 얼굴이 완전히 시체처럼 어두웠습니다. 밝고 환했던 L목사님의 평소 얼굴이 아니었습니다. 시커멓게 어둡고 휴지처럼 구겨진 참담한 얼굴이었습니다. 그때 저는 가슴에 V자를 그려 그에게 용기를 주려 했으나 그는 저를 보지도 못했습니다. 안타까웠습니다. 그때 제게는 소망을 매순간 지펴주는 성경책이 있었습니다. 저는 성경책을 L목사님에게 주고 싶었습니다. 제 소망과 기쁨을 그와 나누지 않고는 견딜 수가 없었습니다. 그래서 제 방에 가끔 들르는 L목사님의 심문관에게 간청했습니다.

"김 선생도 기독교 신자인 줄 아는데, 이 성경책을 L목사님께 전해줄 수 있습니까? 부탁드립니다."

"한 박사, L목사 같은 정치목사에겐 성경이 필요 없어요. 혼자나 몰래 읽으시지요."

"아니 김 선생도 평신도인데 성직자에게 그렇게 말해도 됩니까? 이 성경책을 꼭 전해주세요."

그는 한참 망설이다가 이렇게 말했습니다.

"제 맘대로 못합니다. 팀장에게 말해보세요."

마침 팀장 S씨가 내 방에 들렀을 때 간곡하게 부탁했습니다. 그는 악명 높은 심문관이었는데, 마침 동향 사람이어서 인간적으로 호소했습니다. 그랬더니 그는 이렇게 비꼬며 말했습니다.

"한 박사가 고향을 다 찾을 때가 있소? 한 박사는 항상 인류나 민족 같은 고상한 것을 찾는, 팔이 밖으로 굽는 사람 아니오?"

"고향 사람 좋다는 게 뭡니까? 제발 부탁합니다."

그는 저를 뚫어지게 한참 쳐다보더니 휑하니 방을 나갔습니다. 다음 날 김 씨가 다시 찾아왔을 때 저는 이렇게 말했습니다.

"김 선생, 팀장 S씨가 성경책 주는 것을 반대하지 않았습니다."

"정말이오?"

"물어보세요. 주지 말라고 하지 않았습니다."

분명히 S팀장은 저를 비꼬아 말했으나 주지 말라거나 주라거나 딱 잘라 말하지 않았습니다. 김 씨는 제 말을 줘도 좋다는 뜻으로 판단한 듯합니다. 그럼 성경책을 달라는 것입니다. 그런데 이상하게도 막상 주려고

하니까 선뜻 성경책을 내줄 수 없었습니다. '나는 어떻게 하나' 하는 뜻 밖의 불안감이 들며 당황스러웠습니다.

저는 망설이다가 성경책을 반으로 찢기로 작정했습니다. 엄격한 기독교 가정에서 자란 저로서는 도무지 상상도 못할 짓을 한 것입니다. L목사님은 성직자니까 예수님을 드리고(4복음서) 저는 평신도니까 사도행전과 사도들의 편지를 갖기로 했습니다. 성서가 주었던 제 희망의 힘을 그와 나누기로 한 것입니다. 성경책을 찢을 때 나던 파열음이 제게는 상쾌하게 들렸습니다.

그런데 기적 같은 일이 벌어졌습니다. 반쪽의 성경책을 받게 된 L목사님 방에서 찬송과 기도 소리가 들려오기 시작한 것입니다. 며칠이 지나 열린 문틈으로 변소에 갔다 오는 모습을 보았는데, 이미 그의 얼굴은 시체의 검은 얼굴이 아니었습니다. 그의 얼굴은 밝아지기 시작했습니다. 제가 가슴에 V자를 그리면 그는 곧 화답을 했습니다. 시간이 흐를수록 그의 얼굴은 밝고 맑은 평소의 얼굴로 부활하고 있었습니다. 그때 가슴 찡하게 느꼈습니다. '아! 부활이란 이런 것이구나.'

저는 부활의 한 편린을 벅차게 느낄 수 있었습니다. 그를 변화시킨 것은, 그를 부활시킨 것은 성서가 주는 희망과 나눔의 힘이었습니다. 그것은 나눔 곧 사랑의 메시지이기도 했습니다. 더 중요한 깨달음은, 제 희망이 반으로 줄어든 것이 아니라 두 배, 세 배로 늘어났다는 사실입니다. 그의 활기찬 얼굴이 제 희망을 더욱 북돋아 주었습니다. 나눔은 결코 나눗셈이 아닙니다. 그것은 확실히 곱셈이었습니다. 희망은 나눌수록 더 강해지는 법임을 성경책을 찢음으로 확실히 깨닫게 되었습니다.

나는 희망한다. 고로 존재한다

그해 7월 중순에 우리는 드디어 서대문 교도소 독방으로 이감하는 자유를 얻었습니다. 중앙정보부 지하실의 지긋지긋한 지옥 심문에서 벗어나 서대문 감옥 독방에 홀로 있을 수 있는 소중한 자유를 얻게 된 것이지요. 하나님께 감사했습니다. 독방에 있는 자유 주심을 정말 감사했습니다.

서대문에서도 희망의 가치를 다시 깨닫게 해준 일이 있었습니다. 교도관 중에 20대 후반에 잘생긴 K씨가 있었습니다. 그는 자기 직업이 부끄럽고 미래가 없는 일이라고 여겨 자기비하에 빠져 있었습니다. 죄수인 저를 오히려 부러워했습니다. 비록 지금은 옥에 갇혀 있지만 제겐 희망이 있고 교도관인 자신에게는 희망이 없다고 생각한 것입니다.

어느 날 아침 그는 갑자기 제 감방 문을 따고 들이닥쳤습니다.

"한 교수님, 자리에서 일어나세요."

저는 깜짝 놀랐습니다. 밖에 무슨 큰 사고가 터진 줄 알았습니다.

"왜 그래요?"

"잠깐 일어나서 저 건물 입구에 누가 오는지 좀 봐 주세요. 제가 한 교수님 자리에 잠시 앉아보고 싶습니다. 그러면 행복해질 것 같아요. 저하고 바꿔 봐요."

그러더니 제 자리에 앉아 제 흉내를 내는 것이었습니다. 객관적인 조건을 따지고 보면, 그는 자유인이요 저를 감시하는 자입니다. 저는 수인 囚人이요 감시 받는 부자유인입니다. 한데 자유인이 부자유인을 왜 부러워합니까? 그것은 제가 갖고 있다고 그가 믿었던 희망과 꿈 때문입니다. 그는 20대요, 저는 40대였습니다. 그는 나보다 젊고 더 오래 살 수 있는 건장한 청년인데도 스스로 희망이 없는 일에 종사하고 있다고 믿고 있었습니다. 그래서 그는 "한 교수님에게는 밝은 미래가 있잖아요" 하며 죄수인 저를 부러워했습니다.

저는 이때 희망의 가치가 얼마나 소중한 것인지 다시 깨닫게 되었습니다. "나는 희망한다. 고로 존재한다"라는 명제가 살아 움직이는 진리임을 온몸으로 체험할 수 있었습니다. 비록 군사정권이 제 육체를 0.7평의 좁은 감방에 가둬둘 수는 있어도 제 희망과 믿음은 결코 가둬둘 수 없었습니다. 몸은 좁은 감방에 갇혀 있었지만 감방 창살 밖에서 자유롭게 날아다니는 새처럼 저는 희망의 날개를 달고 훨훨 자유롭게 나는 듯했습니다.

어머니의 기도, 아버지의 소망

저는 그해 11월에 형 집행정지로 석방되었습니다. 작고하신 민중신학자 서남동 교수와 함께였습니다. 1년 뒤 미국에 있는 신앙동지들의 끈질긴 노력 덕분에 기적적으로 미국의 모교 에모리 대학교의 초빙교수로 갈 수 있었습니다. 외롭고 괴롭지만 희망과 보람이 가득했던 3년간의 미국 망명생활의 시작이었습니다. 이 기간 동안 뜻하지 않게 뉴욕에 있는 유니온 신학교에서 신학공부를 할 수 있었습니다.

오래 전 고등학교 때 어머니가 기도하시던 소원이 이렇게 늦게 이뤄지는 듯했습니다. 저녁 늦게 신학교 수업을 마치고, 조지 워싱턴 다리를 건너 팔리사이드 파크웨이를 달려 귀가할 때면 저도 모르게 어머니 생각이 나며 눈물이 주르르 흘렀습니다.

1984년 2월 24일에 저는 2차 정치해금대상자에 들어갔고, 그해 8월 15일 마침내 복권되었으며, 9월 초 꿈에 그리던 고국으로 귀환할 수 있었습니다. 귀국해서야 6월 19일 돌아가신 아버님의 꿈이 놀랍게 이뤄졌음을 확인하고 다시 한 번 뜨거운 눈물을 삼켰습니다.

아버지는 그해 2월 24일, 제가 정치해금 되던 날 미국에서 외롭고 괴롭게 망명생활을 하는 아들을 생각하며 붓글씨를 쓰셨습니다. 苦難祈禱歡喜讚頌(고난기도 환희찬송, 약 5:13)이라고 쓴 한문 붓글씨였습니다. 이 글 옆에 올 광복절에 당신의 아들이 복권되기를 기원한다고 적으셨습니다. 결국 아버지는 6월 19일에 소천하셨지만 아들의 복권이 해방의 날에 이뤄질 소망을 가슴에 간직하고 계셨던 것입니다. 그런데 놀랍게도 그 꿈대로 저는 광복절에 복권된다는 소식을 그 전날 뉴욕 총영사를 통해 들었습니다.

그리고 보니 저를 견디게 한 것은 제 소망과 꿈의 힘뿐 아니라 저를 위한 다른 분들의 소망의 힘이기도 했습니다. 아버지의 소망은 바로 아들에 대한 당신의 사랑이요 믿음이기도 합니다.

지금도 저는 희망과 꿈을 지니고 삽니다. 그동안 교수, 수인, 부총리, 위원장, 총장, 적십자 총재 등 여러 가지 다른 직책들을 경험해보았으나, 그 경험을 관통하는 것은 바로 희망의 힘이었습니다. 그것은 사회 의사가 되는 소망을 이루는 일이었습니다. 이 소망을 이루도록 하나님께서 여러 다른 직분을 때마다 다르게 허락하셨던 것입니다.

"우리는 고난과 절망 속에서도 우리에게 언제나 새로운 희망과 능력을 주시는 성령을 믿으며, 하나님의 정의와 평화의 실현을 위해 우리의 삶을 바칩니다." 이 고백은 모든 절망 속에 사는 이들, 특히 예수따르미의 고백이어야 합니다.

어깨가 축 처지고, 고개가 절로 떨어지게 되는 경제난국의 상황에서도 예수따르미들은 스데반이 그랬듯이 고개를 꼿꼿이 쳐들고 어깨를 활짝 펴고 하늘 높이 우러러 소망과 꿈을 가집시다. 성령에 힘입어 하늘을 우러러 볼 때 우리를 응원하시는 예수 그리스도를 보게 될 것입니다. 우리를 격려하시기 위해 벌떡 일어서 계신 갈릴리 예수 곧 부활의 그리스도와 소통하면서 절망하는 이웃과도 희망의 소통을 펼칩시다.

유배지 같은 현대사회에서

6

오늘날 기독교 신자들은 인간 고통에 침묵하는 신, 곧 초월적 유신론으로부터 추방당한 유배지 같은 상황에 직면하고 있습니다.

세계적으로나 우리 형편으로 보나 기독교와 교회의 모습은 딱할 정도로 낡은 모습입니다. 그 낡음이 위기의 징후입니다. 위기의 겉모습, 곧 현상의 위기 징후만을 보아도 기독교와 교회는 이제 한계에 다다른 듯합니다. 양적 팽창 속에서 지속되어온 반지성적 교회풍토와 신자들의 기복적 신앙, 경직되고 불투명한 교회운영과 권위주의적 교회 지배 구조 등이 위기의 징후입니다. 이 같은 현상은 한마디로 교회의 양적 성장 둔화로 나타나고 있습니다. 이는 수백 년간 서구 교회가 줄곧 유령화되면서 기껏해야 문화재로 남게 되는 과정을 상기시켜 줍니다. 하기야 한국 교회는 문화재적 가치마저 전혀 갖고 있지 못하기에 그 위기가 앞으로 더욱 걱정스러워집니다.

사실 더욱 냉철하게 반성해야 할 위기는 현상적 위기나 그에 따른 양적 쇠락이 아닙니다. 그것은 보다 본질적 위기입니다. 전통적 교리와 기독교 제도로부터 유배당한 현대 및 탈현대post-modern 상황에서 불가피하게 겪게 되는 질적 위기입니다. 전통적 유신론의 개념과 그 준거 틀이 먹혀들지 않는 오늘의 상황에서 기독교와 교회가 겪게 되는 위기입니다. 양심적이고 용기 있는 성공회 감독 스퐁Spong 박사는 바로 이 같은 질적 위기를 직시하고, 이를 극복하기 위해서 기독교와 교회가 근본적으로 변화되어야 한다고 외치고 있습니다.

16세기 종교개혁은 오늘의 심각한 위기 상황에서 보면 주일학교의 야유회에 불과하다고 했습니다. 21세기에서 기독교 생존을 위해서는 근본적인 개혁이 필요합니다. 그것은 지난 수천 년간 기독교를 밑받침해온 초자연적 유신론의 틀이 흔들리고 있기 때문입니다. 오늘날 기독교 신자들은 초자연적 유신론으로부터 추방당한 상황, 곧 그 틀에서 유배되어버린 새로운 환경에 직면하고 있습니다. 그렇다면 유배지의 상황과 유배의 체험은 무엇을 말합니까?

하나님이 침묵하시는 곳, 유배지

유배지 체험과 그 처절한 상황의 원형은 유다의 바벨론 포로 경험(BC 588~586)에서 찾을 수 있습니다. 당시 신흥강대국이었던 바벨론은 그때까지만 해도 난공불락으로 신성시되었던 유대인의 성도 예루살렘을 침공했습니다. 예루살렘은 점령당해 초토화되었지요. 성지는 유린되었으며, 하나님의 집 거룩한 지성소 성전은 이방 군대에 의해 무참히 짓밟혔습니다. 유대인들이 그토록 소중히 여겼던 모든 거룩한 것들이 처참하게 휴지같이 구겨졌습니다. 그들의 총체적 정체성, 곧 종교·정치·사회·문화의 정체성이 허무하게 무너졌습니다.

특히 선민인 유대 민족을 그토록 도탑게 보호해주셨던 만군의 총사령관 야훼 하나님이 그들의 비참한 처지에도 침묵했습니다. 이 침묵에 대해 유대인들은 경악과 당혹감을 떨쳐버릴 수 없었겠지요. 왕의 눈알은 빠지고, 제사장과 종교지도자들은 포로가 되어 굴비처럼 줄줄이 묶여 괴롭고 긴 유배의 길을 걸어가야 했지요. 이 같은 민족적 수치 앞에서 그들의 강고했던 선민이라는 정체성은 무참하게 무너지게 되었지요. 유배지 바벨론으로 끌려가면서, 그 후 처참한 유배지 삶을 살면서 유대 종교지도자들은 수천 번, 수만 번 처절하게 외쳤을 것입니다. "우리의 하나님, 만군의 야훼 총사령관은 지금 어디 계십니까? 출애굽의 하나님은 지금 무엇을 하고 있기에 이토록 침묵하고 계십니까?"

바로 이러한 상황에서 바벨론 군인들은 짓궂게도 유대인 포로들을 놀려대며 노래 한 자락을 불러보라고 윽박질렀습니다. 바로 시편 137편은 그 당시 처참하고 처량했던 유대인의 마음을 잘 반영하고 있습니다.

우리가 바벨론의 여러 강변 거기에 앉아서 시온을 기억하며 울었도다.
그 중의 버드나무에 우리가 우리의 수금을 걸었나니
이는 우리를 사로잡은 자가 거기서 우리에게 노래를 청하며
우리를 황폐하게 한 자가 기쁨을 청하고 자기들을 위하여

시온의 노래 중 하나를 노래하라 함이로다.

우리가 이방 땅에서 어찌 여호와의 노래를 부를까(시 137:1-4).

낯선 유배지에서, 뿌리 뽑힌 처절한 이방인의 땅에서, 전통적 유대 부족신의 무력함을 온몸으로 겪고 있는 상태에서 어찌 즐겁고 신나게 이스라엘 수호신의 노래를 부를 수 있겠습니까? 유대인들의 신, 곧 그들의 부족신의 죽음을 뼈저리게 몸소 체험했던 유배지 유대인들은 불가피하게 새로운 방식으로 자신들의 신앙과 문화를 되돌아보고, 뼈아픈 반성을 하면서 생존의 길을 모색하지 않을 수 없었습니다. 이것이 유배지 체험의 한 원형이 되겠습니다.

우리 시대의 삭막한 유배지

그렇다면 근대와 현대에 와서 우리가 겪게 되는 유배지 상황과 경험은 어떠합니까? 성서의 세계관과 그 준거 틀에서 끈질기게 우리를 추방시켜온 근대적 경험은 어떤 것입니까? 성서에서 표현되는 하나님은 외부에 존재하는 막강한 전지전능하신 분으로서 밖으로부터 우리 삶 속으로 개입하는 외재신外在神입니다. 이러한 초월적, 초자연적 하나님을 무력화시키거나 쓸모없는 존재로 격하시킨 근대, 현대의 사건은 무엇입니까?

먼저 코페르니쿠스의 발견이 성서의 3층 구조의 전통적 우주관을 해체시켰습니다. 그러기에 코페르니쿠스는 어려움을 겪었습니다. 갈릴레

오도 마찬가지였지요. 코페르니쿠스를 정죄했던 바티칸은 1991년 12월 18일에 와서야 뒤늦게, 그것도 아주 뒤늦게 그 잘못을 시인했습니다. 이제 천당, 세상, 지옥이 3층을 이루고 있으면서 하나님은 2층에, 우리는 1층에, 죽은 죄인은 지옥인 지하 1층에서 산다는 생각은 낡아버린, 쓸모없는 세계관이 되고 말았습니다.

뉴턴은 어떻습니까? 그는 개인적으로는 착실한 크리스천이었습니다. 그래서 자기 임무는 자연이라는 책 속에 깊이 스며 있는 하나님의 메시지를 분별하는 일이라고 보았습니다. 하지만 그의 연구 결과가 알려지면서 '저 위에 계신 하나님'이나 '저 밖에 계신 하나님'이 세계와 우주의 현상에 개입하시는 것이 아님이 역설적으로 밝혀지게 되었지요. 오히려 정해진 자연 법칙에 따라 우주와 세계가 움직인다는 사실이 확인되었습니다.

여기에 다윈과 프로이드의 발견을 덧붙이면 성서의 유신론적 세계관은 더욱 타격을 입게 됩니다. 게다가 질병이 죄로 인해 생긴다는 전통적 기독교 이해도 이제는 부적절한 것이 되고 말았습니다. 개인의 일거수일투족에 대해 일일이 도덕적 평가를 내려 점수를 매겨두었다가 점수 낮은 사람을 골라 질병으로 징벌하는 초자연적 신은 이제 쓸모없이 되었습니다. 한마디로 우리는 근대와 현대를 거치면서 성서의 낡은 세계관으로부터 계속 유배당해온 셈입니다.

현대에 와서 가장 결정적인 역사적 유배 체험은 아마도 독일 나치의 대학살이 아니겠습니까? 초월적이고, 초자연적이며, 전지전능하신 총사령관 야훼신이 유대인들의 그 처절했던 죽음 현장에 개입하지 않고 침묵으로 일관했던 것을 유대인들이 뼈저리게 느낀 사건이 바로 홀로코스트 아닙니까?

노벨평화상 수상자 엘리 비젤Eliezer Wiesel 박사는 유대인으로서 이렇게 증언하고 있습니다. 그는 강제 수용소에서 생사람을 태워 죽일 때 나오는 굴뚝의 연기를 보면서 "나의 믿음을 영원히 소멸시켜버린 저 불길을 결코 잊을 수 없다"고 고백했습니다. 처절하리만큼 정직한 고백이 아닐 수 없습니다.

"나는 나의 하나님을 살해하고 나의 영혼을 죽이고 나의 꿈을 티끌로 바꿔버린 그 순간들을 결코 잊을 수 없다. 내가 비록 저주를 받아 하나님 그분만큼 오래 살게 된다 하더라도, 이런 일을 결코 잊을 수 없다. 결단코."

비젤 박사가 감금되어 있을 때, 강제수용소의 발전소가 폭파되었고 세 사람의 용의자가 체포되었습니다. 그 중에는 소년도 있었습니다. 슬픈 눈을 가진 천사처럼 아름답고 야윈 소년이었습니다. 두 어른은 교수대에서 곧 숨을 거두었으나 이 야윈 소년은 몸이 가벼웠기에 교수대 줄에 매달린 채 30분 이상 몸부림쳤습니다. 그때 누군가 외쳤습니다. "하나님은 지금 어디 계신가?" 이 외침은 주전 586년경 눈알이 빠진 채 굴비처럼 묶여 바벨론으로 끌려갔던 유대인들이 외쳤던 정직하고 처절한 바로 그 외침의 메아리이기도 합니다. 바로 이때 비젤 박사는 자기의 내면 깊은 곳에서 저절로 터져 나오는 소리를 듣게 됩니다. '하나님이 어디 있느냐고? 바로 여기에 있지. 하나님은 지금 저 교수대에 매달려 버둥거리고 있지.'

교수대에서 매달려 죽고 있는 하나님, 그는 바로 십자가에 못 박혀 죽으신 역사의 예수이기도 합니다. 이 모습은 결코 위풍당당한 만군의 총사령관 외재초월신의 모습이 아니었습니다. 유대인만의 수호신 곧 그들의 부족신은 교수대에서 죽고 말았습니다. 그러기에 우리는 삭막한 유배지에서 살고 있는 셈입니다.

나의 유배지 체험

제 조그마한 유배지 체험을 나누고 싶습니다. 서울대학교에 입학한 뒤 저는 천사처럼 순진한 한 동기생을 알게 되었습니다. 그의 이름은 한종수였습니다. 그는 불우했던 과거를 갖고 있었습니다. 고아처럼 자랐습니다. 그는 육손이어서 손을 항상 주머니에 넣고 다녔는데 악수할 때마다 어색한 아픔을 느끼는 듯했습니다. 그런데 그는 너무나 착실한 신앙인이었습니다. 강의실에서 강의 시작 전에 항상 기도했습니다.

그는 대학 2학년이 되면서 가슴 벅찬 기쁨으로 항상 웃었고, 더욱 건강해졌습니다. 연세대 간호학과의 아리따운 여학생을 사랑하게 되었기 때문입니다. 육손이라 군대도 갈 필요가 없었으니 우리보다 빨리 미국 유학도 갈 수 있었습니다. 당시 세계적 사회학자인 하버드대학의 탈콧 파슨스T. Parsons 교수와 편지를 주고받으면서 하버드대학으로 유학의 길이 열렸습니다. 우리 모두 기뻐하고 축복해주었습니다. 종수 군의 지난날이 어둡고 을씨년스럽고 괴로웠다면, 그의 현재와 미래는 너무 밝고 신났습니다.

한데 그가 미국으로 떠나기 며칠 전, 강원도에 살고 있는 친척을 만나고 돌아오다가 그만 청량리역에서 사고를 당했습니다. 너무나 기쁜 나머지 기차 승강기 입구의 손잡이를 잡고 몸을 앞뒤로 흔들다가 머리가 시멘트 교각에 부딪힌 것입니다. 사고 직후 시설이 열악했던 청량리역 앞 허름한 의원에 긴급 입원했습니다. 그 소식을 듣고 병원에 달려가 보니 그는 철창 침대를 잡고 계속 외마디 소리를 지르면서 몸부림쳤습니다. 오늘날과 같은 의료시설이 그때에도 있었다면 그는 분명 나았을 것입니다. 그가 부자였다면 좋은 병원에 가서 치료받아 완쾌되었을지도 모릅니다. 너무나 억울한지, 그는 애타게 애인 이름을 부르기도 하고 유학 얘기도 하며 몸부림쳤습니다.

그 모습을 보고 '나는 하나님 어디 계십니까? 왜 종수를 저렇게 죽게 내버려 두십니까?' 하고 외쳤습니다. 그를 승동교회 묘지에 우리 손으로 묻으면서 친구 넷은 "만세 반석 열리니 내가 들어갑니다"라고 찬송하며 울었습니다. 그때 제 신앙은 휘청거렸습니다. 전지전능하신 하나님, 종수 군이 그토록 믿고 매달렸던 그분은 끝내 종수의 절규와 우리의 기도에 무응답으로 일관하셨습니다. 잔인하게 침묵하셨습니다.

이 체험은 제게 조그마한 유배지 체험이 되었습니다. 그 후 30년이 흘러 저는 정말 미국 땅에서 망명생활을 하게 되었습니다. 김대중내란음모사건으로 짧은 옥고를 치른 뒤, 미국 교회와 에모리 대학의 배려로 미국에 가게 되었습니다. 정치적 유배지의 삶을 살면서 아내는 교회 전도사로 봉사했습니다. 당시 우리 가족은 미국이민국의 추방 청문회를 앞두고 나날을 불안하게 보내고 있었습니다. 삶의 출구가 보이지 않았습니다. 여러 곳에 취직을 알아보았으나 모두 실패했습니다. 하나님의 개입과 도우심을 갈구했습니다. 결과는 무응답이었지요. 하나님의 무응답에 곤혹스러워하면서도 저는 결코 절망에 굴복하지 않았습니다.

예수의 하나님 체험을 추체험하라

이 같은 유배지 상황에서 어떻게 해야 합니까? 침묵하는 외재신, 초월신, 초자연적 신을 넘어서는 일은 도대체 어떻게 가능한가요? 비록 성서 기자들이 당시의 유신론적 관점에서 그들의 하나님 체험을 그 당시의 유신론적 언어로 표현했다 하더라도, 하나님 체험 자체는 참으로 소중한 영적 체험임을 잊지 말아야 합니다. 우리는 오늘의 상황에서 그들이 유배지에서 겪은 허무한 듯한 하나님 체험을 추체험追體驗할 수 있어야 합니다. 그러면서 우리의 존재 깊숙한 곳에 이미 와 계신 하나님의 현존을 새롭게 느낄 수 있어야 합니다. 특히 너무나 소중한 예수의 하나님 체험과 바울의 그리스도 체험이 언어적 표현에서는 낡은 유신론적 옷을 입고 있다 하더라도, 오늘의 우리 상황에서 그것을 다시 새롭게 체험할 수 있어야 합니다.

먼저 예수의 하나님 체험을 이 시대 우리의 상황에서 다시 한 번 되새겨볼 필요가 있습니다. 나사렛의 예수는 유대인들 전통의 부족신을 과감하게 해체하셨습니다. 온갖 부당한 장벽을 쌓아올리는 유대주의식 하나님을 거부하셨습니다. 예수에게 하나님은 사랑의 능력이었습니다. 그러기에 예수는 하나님의 영적 힘으로 종족간의 벽, 계급간의 벽, 남녀간의 벽, 종교간의 벽을 허무셨습니다.

예수의 광야 체험을 보면, 그는 권력, 금력, 마력(초능력)의 유혹을 물리쳤습니다. 권력 신, 금력 신, 마력 신을 거부한 것이지요. 이들은 모두 잘못된 장벽들을 쌓는 괴력을 갖고 있습니다. 지금도 그러합니다. 이 유혹을 성령의 힘으로 이기고 예수는 나사렛으로 귀향하셨습니다. 성령의 힘은 예수 안에 내재하시는 하나님의 힘입니다. 이것이 바로 장벽을 허물고 참된 공동체와 새 역사를 엮어내는 내재신內在神의 힘이기도 합니다.

귀향하신 예수님의 첫 말씀 증언은 이사야 선지자의 하나님 체험을 추체험하는 일이었습니다(사 61:1-2). 당시 로마 식민지 하에서 유대인들은 로마의 도시화 정책과 헬레니즘화 정책으로 몹시 시달렸습니다. 게다가 민중은 중과세 부담으로 신음했습니다. 몰락한 농민과 빈민, 민중은 희망을 상실했습니다. 이러한 정황에서 예수는 주변부로 밀려난 민중, 장애인, 빈민들에게 비전과 구체적 삶으로 희망의 공동체를 제시하셨습니다.

예수는 나사렛 회당에서 이사야서 61장 2절을 읽으시다가 잠시 주춤하신 듯합니다. 원래 2절은 다음과 같습니다. "여호와의 은혜의 해와 우리 하나님의 신원의 날을 전파하여 모든 슬픈 자를 위로하되"(개역한글). 이 신원의 날이란 원수 갚는 날을 뜻합니다. 예수는 말씀 증언의 근거가 되는 본문에서 "우리 하나님의 신원의 날을 전파하여"라는 구절을 읽지 않고 넘어갔습니다. 확실히 예수의 새로운 해석입니다. 이사야의 하나님 체험을 추체험하시면서 전통적인 유신론적 신, 곧 복수의 신(좋게 말해 정의의 신)을 거부하신 것입니다.

예수에게 하나님은 사랑의 힘이지 복수의 증오심이 아니었습니다. 복수는 또 다른 악순환을 촉발하며, 또 다른 고통의 장벽을 세울 뿐입니다. 예수의 하나님은 고통의 벽을 허물고 인간과 공동체를 온전하고 건강하게 만드시는 분입니다. 예수의 하나님은 사랑으로 생명의 원천이 되시며 존재의 근거가 되십니다. 사랑으로 당신 자신은 비우시되 남은 좋은 것으로 채워주는 신입니다. 즉 남의 존재를 확장시켜 주고, 사랑으로 생명을 더 온전케 하시는 분입니다. 이런 하나님은 밖에서 개입하시기보다 안에서 뜨겁게 살아 움직이시는 분입니다. 개인 속에서, 공동체 속에서 살아 움직이면서 인간 존재와 생명을 맑고 밝게 확장시켜 주시는 분입니다.

예수의 하나님 체험의 증언을 들은 고향 사람들은 처음에는 감동하여 놀랐습니다. 그러나 곧 그를 경원하기 시작했습니다. 아마도 복수하는 유대 부족신에 대한 예수의 거부가 그들에게 거부반응을 일으켰는지 모르겠습니다. 이때 예수는 더욱 단호하고 명료하게 부족신의 이미지를 해체시킵니다. 예수의 하나님은 결코 '팔이 안으로만 굽는 하나님'이 아니었음을 고향 사람들에게 과감히 알렸습니다.

예수가 상기시킨 대로, 유대인이 그토록 존경하는 예언자 엘리야는 3년 반 동안 기근으로 백성이 시달릴 때, 하나님의 명령에 따라 많은 이스라엘 과부들을 제쳐두고 하필이면 이방지역 사렙다의 과부를 돌보았습니다. 또 다른 존경받는 예언자 엘리사는 많은 유대인 문둥병 환자 대신 이방인 장군 나아만의 문둥병을 치료해주었습니다. 고향 사람들은 이 말을 듣고 격분하여 예수를 죽이려 했습니다. 죽음을 무릅쓰고 예수는 탈부족신, 곧 사랑의 하나님을 증언하셨습니다. 예수의 삶은 '삼탈' 三脫 곧 탈고향중심주의, 탈가족이기주의, 탈소유중심주의였습니다. 그러기에 이 '탈'의 삶이 갖는 현대적 의미를 깊이 음미해볼 가치가 있지 않겠습니까?

예수의 하나님 체험이 얼마나 새로운 것이며 '과격한' 체험인지 새롭게 경탄하며 깨달아야 합니다. 한 가지 보기만 들어보겠습니다. 선한 사마리아인 비유를 보면 예수의 하나님은 파격적인 신입니다. 하나님과 이웃을 사랑하는 것이 곧 영생을 얻는 길인데, 보이는 이웃을 사랑하지 않으면서 보이지 않는 하나님을 결단코 사랑할 수 없습니다. 그런데 유대인에게 사마리아인은 이웃이 아니며, 또 사마리아인에게 이웃 노릇해서도 안 되었습니다. 유대인과 사마리아인 간에는 넘을 수 없는 차별과 증오의 장벽이 버티고 있었습니다. 예수님은 이 장벽을 허무셨습니다. 이 비유는 "너도 가서 그렇게 하라"는 주님의 명령으로 끝납니다.

이 명령은 너희 유대인도 사마리아인처럼 행동하고, 사마리아인처럼 착하게 살라는 뜻입니다. 그래야 영생과 구원을 얻을 수 있다는 혁명적 발언이었습니다. 유대인 제사장과 레위인의 입장에서 보면 코페르니쿠스적 전환을 촉구하는 '불온한' 발언이라 하겠습니다. 예수에게 하나님 체험은 바로 사마리아인의 사랑 체험과 같습니다. 하나님은 초월자로서 외부에 계시면서 유대인만의 구원과 영생을 위해 현실에 개입하시는 부족의 하나님이 결코 아닙니다. 오히려 사마리아인의 사랑 실천의 삶 속에 깊이 녹아, 없는 듯 존재하시는 내재신이라 하겠습니다.

유배지에서 크리스천이 살아남는 법

한국 교회는 지금부터라도 자신을 돌아보면서 새로운 다짐으로 새 길을 올곧게 걸어가야 할 것입니다. 첫째, 우리가 살고 있는 21세기는 일종의 유배지 상황임을 정직하게 인정해야 합니다. 예수의 하나님 체험을 추체험해야 합니다. 그러기 위해서는 정직과 용기가 필요합니다. 낡은 교리로 무장한 기독교와 교회제도가 끈질기게 정직과 용기를 방해하고 박해하기 때문입니다. 계속 벽을 쌓아 올리기 때문입니다.

둘째, 하나님 체험을 뜨겁게 한다는 것은 하나님이 우리 존재의 깊은 곳에 이미 와 계심을 뜻합니다. 전통적 유신론의 틀을 벗어날수록 하나님 체험은 더욱 직접적 체험이 될 수 있습니다. 하나님과 그리스도를 직접 체험하는 것은 남을 사랑하기 위해 스스로 비운 공간에 하나님이 즐겨 찾아오심을 체험한다는 뜻이기도 합니다.

우리 존재의 중심이 사랑으로 비워질 때, 바로 그 빈곳에 즐겁게 자리하시는 분이 우리의 하나님이시요, 예수의 하나님이십니다. 그러기에 하나님은 우리 존재의 근거요, 우리 생명의 중심이 되십니다. 사랑이 작동할 때 존재와 생명은 더욱 확장되며, 하나님의 현존은 사랑 속에서 더욱 넓어지고 깊어집니다. 그러기에 사랑의 삶 속에서 초월과 내재는 동전의 양면과 같습니다.

셋째, 하나님 체험과 예수 체험은 시간 속에서 영원을 체험하는 것이기도 합니다. 그것은 황홀한 체험입니다. 그런데 이 황홀함은 결코 탈역사적 환상이 아닙니다. 오히려 그 신비한 영원 체험은 역사 속에 버티고 있는 온갖 구조적 장벽들을 허물어내는 실천적 효과를 가져옵니다. 예수의 성령이 그랬듯이 말입니다. 즉 하나님 체험은 한편으로 영원으로 잇대어주는 황홀한, 초월적 경험이 되면서 동시에 그 영적 동력은 역사적 변혁으로 이어집니다.

그러기에 새로운 교회들은 이제 하나님과 예수를 직접 체험하면서 그것이 역사적 변혁과 어깨동무한다는 진리를 깊이 깨닫고 널리 알려야합니다. 그러면서도 새로운 공동체 안에 아직도 남아 있는 장벽들이 무엇인지 찾아내어 그것을 착실히 제거해 나가야 할 것입니다. 교회 밖에 추악하게 버티고 있는 장벽들을 무너뜨리는 사역에도 더욱 헌신해야 합니다.

이제 한국 기독교 안에서 새롭게 태동하는 대안 공동체들은 시간 속에서 살면서도 영원을 체험하는 순례자의 길을 더욱 올곧게 걸어가야 합니다. 그러기 위해서는 낡은 교리와 제도의 틀을 깨고, 직접 하나님과 예수를 체험하고 그리스도의 부활을 체험할 수 있어야 합니다. 그러면 낡은 유신론의 개념과 틀, 근거가 되는 교리는 무의미해지고 말 것입니다. 하나님의 초월과 내재를 동시에 체험하고 영원과 시간을 잇대어 살며 기도와 사랑의 실천을 항상 연결시켜야 할 것입니다. 이것이 유배지에서 보다 아름답게, 보다 보람 있게 크리스천이 살아가는 길입니다.

삭막한 오늘의 유배지 상황에서 교회가 살아있는 하나님의 공동체가 되려면, 기존의 낡은 종교 틀을 해체시키면서 신앙과 평화와 공의가 지배하는 새 질서를 만들어가는 예수를, 역사의 예수를 교회 안으로 정중히 모셔야 합니다.

7

종교는 비우고
사랑은 채우고

종교의 독선 항아리는 비우고 사랑과
관용의 항아리는 넉넉하게 채우려는 모습은
한국 교회 남성보다 여성에게서 더 강하게 나타납니다.

성서의 힘은 그것이 오늘 우리에게도 계속 희망과 용기를 심어준다는 데
있습니다. 오늘의 우리 상황에 적절하고 절실한 교훈을 전해주는 것입
니다. 그렇다면 우리의 종교 상황, 특히 기독교의 형편은 어떠합니까?

기독교가 교리와 율법, 제도와 관행에 매여 있어 은총과 자유를 제약
하고 있다고 해도 지나침이 없습니다. 바람직한 종교는 신자의 실존적
고뇌를 덜어주고, 희망과 용기를 불어넣어 주면서도, 역사와 사회구조
를 보다 맑고 밝게 변화시키는 용기와 결단으로 인도합니다. 개인의 평
안과 공동체의 평화를 끊임없이 확대재생산하기 위해서 종교는 항상 자
기반성과 개혁으로 사람들을 인도해야 합니다.

특히 참 종교는 '세상'이 절망과 공포, 거짓과 횡포를 일삼고, 분쟁과
전쟁을 충동질할 때 그 세상을 확 바꾸는 일에 앞장서야 합니다. 가나 혼

인잔치의 기적 이야기는 이 점에서 몇 가지 중요한 교훈을 들려주고 있습니다. 첫째, 요한공동체의 성격을 비춰줌으로써 바람직한 신앙공동체가 어떤 것인지 알려줍니다. 둘째, 예수의 공적 사역이 혼인잔치에서 기적으로 시작되었다는 의미심장함을 깨우쳐줍니다. 그것은 옛 질서를 퇴출시키고 새 질서를 태동시킨 것을 의미합니다. 셋째, 이 같은 변화의 중심에 여성이 우뚝 자리하고 있음을 확인시켜 줍니다. 여성의 주도적 역할로 종교적 항아리는 비워지고, 새로운 포도주의 항아리는 채워지면서 시들해졌던 잔치 공동체가 사랑과 환희로 새롭게 전환됩니다. 여성의 지도력으로 공동체의 위기가 공동체의 환희로 반전되는 감동적 메시아 운동을 우리는 여기서 확인할 수 있습니다.

사랑과 섬김의 요한공동체

먼저 요한공동체의 기원과 그 성격부터 살펴봅시다. 요한공동체는 대체로 주후 70년경 예루살렘 함락 이후에 나타났다고 합니다. 예루살렘이 로마 군홧발에 처참하게 초토화되자, 에세네파를 위시한 유대 종파들은 지리멸렬하게 되었습니다. 하지만 바리새파는 오히려 강화되었습니다. 그들은 회당 중심으로 정통 유대교 공동체를 주도적으로 이끌게 되었습니다.

당시 예수를 그리스도로 고백했던 유대인 예수따르미들도 처음에는 유대교 회당 공동체의 테두리 안에 머물러 있었습니다. 이들의 숫자가 증가하면서 공동체의 힘이 커지자 유대 회당의 지도층은 위협을 느끼게 됩니다. 기득권층인 바리새파 사람들은 예수따르미들을 통제하려 했습니다. 심지어 출교까지 단행했습니다. 추방과 박해, 차별과 통제가 기승을 부린 셈이지요. 이러한 상황을 요한복음 9장은 잘 증언하고 있습니다.

안식일에 예수가 소경을 고치셨는데, 유대 회당 세력은 진상조사에 착수합니다. 신성한 안식일을 예수가 범했다고 판단했기 때문입니다. 소경 당사자의 증언을 믿을 수 없어 소경의 부모를 증인으로 채택하는데, 부모는 출교당할까봐 교묘히 증언을 피해나가려고 합니다. 당시의 출교 공포가 어떠했는지 짐작케 해줍니다.

요한공동체는 이런 경로로 쫓겨난 예수따르미들의 공동체였습니다. 그러니까 요한공동체는 유대교 주류 세력과 적대 관계를 갖게 되었지요. 그들은 박해를 받는 비참한 지경으로 몰리게 됩니다. 요한복음에는 유독 시련, 애통, 근심, 슬픔, 공포, 환난, 어둠 등의 표현이 자주 나타납니다. 이른바 요한복음의 세상은 이 같은 을씨년스러운 상황을 펼쳐내는 당시 지배세력 곧 유대 회당세력을 의미했습니다.

이러한 박해 상황에서 요한공동체는 형제 사랑과 섬김을 자연스럽게 강조하게 됩니다. 사랑과 섬김을 통해 공동체는 안으로 더욱 결속하게 됩니다. 증오와 배타심 대신 사랑의 나눔, 환희의 나눔, 소망의 나눔, 섬김의 나눔으로 박해의 환난을 이겨내려 했습니다. 그리고 담대해지려고 했습니다. "세상에서는 너희가 환난을 당하나 담대하라. 내가 세상을 이기었노라"(요 16:33)고 하는 예수의 격려가 이 같은 정황에서 나온 것입니다.

1980년 중순에 저는 '김대중내란음모사건'에 연루되어 서대문 교도소에 수감되었다가 11월 초에 형 집행정지로 서남동 목사님과 함께 석방되었습니다. 그때 함께 옥고를 치르던 이해동 목사님이 간절한 부탁을 했습니다. "한 박사님, 출옥하시니 좋겠습니다. 부탁인데 이달 중에 우리 한빛교회에서 꼭 한 번 설교를 해주시기 바랍니다." 어떻게 제가 그 요청을 거절할 수 있겠습니까? 그래서 약속한 대로 11월 중순에 한빛교회에 가서 말씀을 증거했습니다.

그때 저는 요한복음 16장 33절의 말씀을 결론적으로 강조했습니다. 일제시대에 독립 운동했던 분들이 투옥되었던 서대문 형무소에 갇혀 있으면서 저는 그분들을 부러워했습니다. 그분들은 다른 민족인 일본 제국주의자들에 의해 핍박을 받았으니 얼마나 자랑스러웠겠습니까? 육체의 고통이 클수록 정신적, 민족적 보람은 더했을 것입니다. 그런데 저는 같은 동족에 의해 억울하게 옥고를 치르니 분하기도 하고 정말 고통스러웠습니다. 만주에서 독립 운동했던 선배들이 부러운 만큼 동족에게 박해받는 우리의 처지는 비참했습니다. 그러나 이 환난 속에서도 기뻐하자고 했습니다. 예수께서 세상을 사랑과 평화로 이기셨기 때문이지요.

이 설교를 한 뒤 하루 만에 안기부 직원, 그것도 저를 60일간 남산 지하실에서 심문했던 사람이 찾아와 "세상을 이기겠다"는 주장이 유신체제를 전복시키겠다는 뜻이 아니냐고 신랄하게 따졌습니다.

"한 박사는 겨우 며칠 전에 출옥했는데, 출옥하자마자 유신체제와 또 싸워 이기겠다는 주장을 하다니, 도대체 어떻게 하겠다는 것입니까?"

"세상을 이기겠다는 것은 제 말이 아니라 성서의 말씀이고 예수님의 말씀입니다"라고 해명했지만, 그 말을 믿지 않는 듯했습니다. 제가 그때 '세상'을 유신 지배세력으로 에둘러 지칭했던 것은 사실입니다. 요한공동체가 박해했던 세력을 '세상'으로 간접 지칭한 것과 마찬가지입니다. 어릴 때 요한복음 16장 33절의 세상은 살아가기 어려운 곳이란 뜻에서 다소 막연했지만, 이 말씀이 힘이 되었지요. 이 세상이 보다 구체적인 억압의 실체로 인식되면서, 이 말씀은 더욱 감동적인 힘으로 저에게 다가왔습니다.

주목해야 할 점은 이 같은 당시 초대교회 핍박 속에서 요한공동체가 내적으로 온갖 부당한 종교·사회적 담을 헐어내고 있었다는 사실입니다. 가부장적 성차별, 인종차별, 계층간의 차별을 극복해내는 일에 모범을 보여주었습니다. 그리하여 요한공동체는 따뜻한 평등공동체, 위로와 용기를 주는 성령(위로자) 공동체로 나아간 것 같습니다.

여성이 변화의 중심에 서다

요한복음에 따르면, 예수의 공적 사역은 가나 혼인잔치의 기적으로부터 시작합니다. 누가복음에서는 나사렛 회당에서의 말씀으로 공생애를 시작했지요. 공적 사역은 이렇게 다른 모습으로 시작된 것으로 나와 있지만, 두 사건 모두 참된 변화를 촉구하는 메시지를 담고 있다는 점에서 상통합니다. 그것은 한마디로, 옛 질서를 퇴진시키고 새 질서를 태동시키는 메시지를 담고 있습니다.

먼저 새 질서 탄생의 산파 역할을 누가 해냈는지 주목해 봅시다. 변혁의 계기를 마련한 사람은 혼인잔치를 베푼 주인이나 신랑신부가 아니었습니다. 오히려 손님으로 초대받았던 예수의 모친이 그 계기를 마련했고, 예수께서 친히 그 변혁의 주역을 감당합니다. 예수의 모친은 결코 당시 이름을 떨친 지도자가 아니었습니다. 한낱 이름 없는 무명의 여성으로 묘사되어 있습니다. 단지 예수의 어머니로 소개되고 있지요. 그런데 이 여성은 예수 공생애의 시작에서부터 두드러진 역할을 해낼 뿐 아니라 예수 생애의 마지막, 처형 장면에도 비장하게 등장합니다. 요한공동체에서 여성의 역할은 알파와 오메가처럼 중요하게 부각되고 있습니다.

그렇다면 예수의 첫 공적 활동에서 무명의 여성은 어떻게 주도적 역할을 담당했습니까?

첫째, 남성과 달리 이 여성은 혼인잔치에서 무엇이 가장 중요하고 필요한지, 무엇이 가장 절박하게 부족한지 세심하게 살폈습니다. 그리하여 다른 손님들과 주인조차도 알아차리지 못한 위기를 직감합니다. 그것은 잔칫집에서 포도주가 떨어지고 있다는 사실입니다. 이것은 심포니 오케스트라 연주에서 연주자들의 손이 갑자기 마비되는 것과 같은 당혹스러운 일이라 하겠습니다. 위기란 미리 알고 준비하면 새로운 기회가 되지만, 그렇지 못할 때는 공동체를 심각하게 위협하게 됩니다. 그러기에 위기를 새로운 기회로 전환시키는 능력이야말로 진정한 지도력이라 하겠습니다. 예수의 모친이 바로 이 같은 리더십을 발휘한 것이지요. 여성의 세심한 배려로 공동체 위기를 알아차리게 되었지요.

둘째, 이 여성은 위기 해결의 열쇠가 전적으로 예수에게 있음을 확신했습니다. 자기 육신의 아들 예수가 아니라, 새 시대 새 역사를 만들어갈 메시아 예수 말입니다. 그 같은 확신이 어느 정도였을까요? 모친의 부탁을 받았을 때 예수의 첫 반응은 아주 소극적이었습니다. 아직 자기 때가 오지 않았음을 말하면서 위기극복에 나서지 않겠다고 거절했습니다. 하지만 모친은 물러서지 않고 메시아의 때를 앞당기는 일에 적극 나섰습니다. 그만큼 확신에 차 있었던 것이지요. 모친은 소극적으로 때를 기다린 것이 아니라 적극적으로 때를 만들어갔지요.

암울했던 유신 시절, 새벽을 소극적으로 기다렸던 사람들은 많았지만, 함석헌 선생을 비롯하여 적극적으로 새벽을 만든 사람들도 적지 않았습니다. 오늘 우리가 부족하지만 이 정도의 민주화를 이룩해낼 수 있었던 것은 지난 엄혹했던 시절 새벽을 앞당긴 분들의 수고와 희생이 있었기 때문이지요. 그때 어둠을 연장시키려고 몸부림쳤던 세력이 지금은 역사의 시계바늘을 뒤로 되돌리려 하고 있지만 말입니다.

여하튼 예수의 모친, 무명의 여성이 소극적으로 때를 기다린 것이 아니라 카이로스*kairos*를 적극 앞당겼다는 점에 우리는 새삼 주목해야 합니다. 그렇다면, 예수의 첫 기적이 오늘날 우리에게 던져주는 적절하고 절박한 메시지는 과연 무엇일까요?

항아리에 새로운 물을 채우라

먼저 물 항아리의 기능과 역할이 180도 달라졌음에 주목합시다. 원래 물 항아리는 종교적 정결예법을 지키기 위한 것이었습니다. 당시 안식일법과 정결예법은 유대인이라면 반드시 준수해야 할 지엄한 규범이었습니다. 이것을 지킴으로써 비로소 정통 유대인이 될 수 있었을 정도입니다. 다른 잡스러운 인간이나 인종들과 구별되고, 자랑스러운 유대인다운 정체성을 확보할 수 있었기에 물로 손 씻는 행위가 정통 유대교 신자와 바리새인의 존재 근거이기도 했습니다. 그들은 이것으로 성별된다고 자부했습니다. 일종의 종교적 독선이지요.

이 같은 항아리가 삶의 중심에 버티고 있는 한 차별과 성별은 가까이 있게 되고 포용과 관용은 저 멀리 있을 수밖에 없지요. 독선과 교만은 있되 사랑과 용서는 있을 수 없습니다. 이 항아리들은 종교뿐 아니라 성, 계급, 문화, 지역의 차별을 확인 강화시켜주는 장치요 제도적 장벽이기도 했지요. 불순과 불결에서 벗어난다는 미명 하에 사람들을 부당하게 분열시키는 사회적 장치이기도 했습니다.

그런데 예수의 지시로 이 항아리에 새로운 물이 가득 채워지면서 놀라운 반전이 일어났습니다. 일거에, 그러나 조용하고 확실하게 잔칫집 위기가 환희의 기회로 전환되었습니다. 술이 떨어져 생긴 잔치의 위기는 가고 새로운 술로 잔치의 기쁨이 갑절로 찾아왔지요.

이러한 반전에서 몇 가지에 주목할 필요가 있습니다. 먼저 종들의 순종이 놀랍습니다. 그들은 예수의 지시를 비웃거나 투덜대면서 거부하지 않았습니다. 오히려 예수님의 지시를 일대 변화의 지시로 받아들이고, 새로운 물 곧 포도주가 손님들에게 필요하니 그들에게 넉넉히 나눠 주라는 지시에 충실하게 따랐습니다.

새 물이 종교적 정결을 위해 손발 씻는 종교적 용도와는 아무 관계가 없음에 더욱 주목해야 합니다. 그것은 잔칫집의 환희와 사랑, 포용과 관용을 넘치게 나눠주는 하나님의 소중한 자원이요 은총입니다. 사랑의 기쁨과 관용의 환희는 퍼주고 나눠주는 행위에서 자연스럽게 증폭되기 마련입니다. 종교적 의식과 관례를 지킨다고 생기 넘치는 잔치 기운이 생기는 것은 아닙니다.

게다가 이 반전에서 순수와 불순의 이분법은 무너지고 말았습니다. 포도주가 주는 기쁨은 경직된 종교적 이분법을 뛰어넘어 확산되었습니다. 이 기쁨과 감격은 새로운 질서, 새로운 역사, 새로운 상황을 맞는 감격입니다. 그 감격에 초대된 자들은 이렇게 반응하고 있습니다. "사람마다 먼저 좋은 포도주를 내고 취한 후에 낮은 것을 내거늘 그대는 지금까지 좋은 포도주를 두었도다"(요 2:10).

이 말은 예수의 기적이 세상의 기존 관례를 확 뒤집어놓았다는 뜻 아니겠습니까? 정통 유대 회당 세력의 관행과는 전혀 다른 새로운 삶의 본체를 보여준 사건이 아니겠습니까? 도대체 세상의 잔치 관례는 무엇입니까? 그것은 사람을 처음에는 취하게 한 뒤 나중에는 속여먹는 관례가 아닙니까? '기존 종교의 관행'은 신자로 만들기 위해 처음에는 달콤한 것으로 즐겁게 해주어 취하게 한 뒤 종교의 탐욕과 독선에 따라 그들을 활용해먹는 관행이 아닙니까?

그러나 예수의 새 질서는 시간이 흐를수록 공동체 구성원들에게 사랑과 관용의 기쁨을 더 진하고 넉넉하게 맛보게 해줍니다. 이런 질서 안에서 신앙은 뜨거워지고 신학의 지평은 넓어질 수 있습니다. 바로 이것이 하나님나라의 맛과 멋입니다. 이 같은 새 질서의 맛과 멋의 비밀을 가장 먼저 가장 깊게 터득한 사람들이 무명의 여인과 하인들이었다는 점은 깊이 음미해볼 만합니다.

가나 혼인 잔치의 교훈

이제 가나 혼인잔치가 우리에게 주는 교훈을 정리해봅시다. 첫째, 종교는 종교 그 자체를 위해 존재하고 운영되어서는 안 됩니다. 종교 규례, 종교 교리, 종교 제도가 자체를 위해 존재한다면, 잔칫집에 있는 여섯 개의 물 항아리처럼 공동체의 위기를 외면할 뿐 아니라 오히려 그 위기를 부추기는 것과 같습니다. 종교는 차별과 성별을 정당화하기 위해서가 아니라 사랑과 관용, 평화와 정의를 널리 퍼주기 위해 존재한다는 진리를 깨달아야 합니다.

둘째, 종교 항아리는 항상 새 물로 가득 채워야 합니다. 그 물은 곧 생수이기 때문입니다. 수가성 우물가에서 사마리아 여인에게 '영원히 목마르지 않는 생수'를 약속하신 예수의 생수 말입니다. 이 생수는 퍼줄수록 샘솟듯 더 넉넉하게 솟아 올라옵니다. 퍼줄수록 평화의 큰 강물처럼 흘러내리며, 퍼줄수록 관용의 이슬비처럼 내리며, 퍼줄수록 사랑의 파도처럼 다가옵니다.

셋째, 새 포도주는 새 부대나 튼튼한 항아리에 담아야 합니다. 지금 우리는 지난 10년 가까이 이른바 민주화 과정에서 새 포도주도 아닌 것을 그나마 헌 부대나 연약한 항아리에 담았다가 개혁이 여기저기서 좌절되는 곤욕을 치렀지요. 새 술이야말로 반드시 새 부대에 담아내야 비로소 새로운 역사가 도래한다는 진리를 새삼 깨닫게 됩니다. 1993년 초, 문민정부가 들어서기 직전 저는 김영삼 대통령에게 여러 번 새 부대에 새 술을 담아야만 개혁에 성공할 수 있다고 했기에, 지금은 참으로 곤혹스럽습니다. 우리 예수따르미들은 새 술을 새 부대에 담아낼 수 있는 새 역사의 때를 오늘 여기에서 소극적으로 기다릴 것이 아니라 무명의 여인이 그랬듯이 적극적으로 앞당길 수 있어야 합니다.

넷째, 한국 교회가 예수의 새로움을 추구한다면, 그것은 여성의 믿음과 헌신, 관용과 사랑에 크게 힘입게 될 것임을 지적하고 싶습니다. 종교의 독선 항아리는 비우고, 사랑과 관용의 항아리는 넉넉하게 채우려는 모습은 한국 교회 남성보다 여성에게서 더 강하게 나타납니다. 빛도 이름도 없이 봉사에 헌신하는 한국 교회 여성이야말로 2천 년 전 요한공동체 여성들에 가깝다 하겠습니다. 오늘날에도 그들은 아가페의 섬김으로 교회 공동체를 날로 새롭게 해주고 있습니다. 수고는 여성이 하고 영광은 남성이 차지하는 한국 교회는 그래서 예수의 공동체라 하기 어렵습니다.

남성들도 이제는 새롭게 깨닫고 여성 못지않은 변혁의 주역이 되어야 합니다. 아니, 우리 모두가 예수의 첫 기적을 준비하고 앞당기는 예수따르미들이 되기 위해 더 뜨겁게 사랑하고, 더 넓게 포용하고, 더 겸손히 서로 섬겨야 할 것입니다. 그때 한국 교회 공동체 속에서도 예수의 메시아 기적이 끊임없이 일어나 한국 교회를 열려 있고 뜨거운 하나님나라로 변화시킬 것입니다.

예수가 없기에 큰 물 항아리만 덜렁 그 중심에 버티고 있는 오늘 한국 교회의 그 공허한 모습이 안쓰럽습니다.

8

아,
기독교인임이
부끄럽구나

거듭날수록 나는 죽고 남들은 살아나야 합니다.
그것은 끊임없이 기도하고 고투해야 하는
아픔의 연속입니다.

'충격과 공포'의 유령이 세계를 전율케 하고 있습니다. 일 년에 국방비를 4천억 달러 이상 쓰는 세계에서 제일 강하고 유족한 나라가 기껏해야 10억 달러(1조 원)의 국방비를 쓰는 가난에 찌든 나라를 무자비하게 공격하고 있습니다. 그것도 '충격과 공포'의 이름으로 말입니다. 정말 우리를 슬프게 하고 분노케 하는 사실은 이 같은 야만적 공격이 가장 신성한 종교의 이름으로 펼쳐진다는 점입니다.

신성한 종교의 이름으로

미국과 이라크의 전쟁은 두 국가 간의 전쟁으로만 볼 수 없습니다. 그렇다고 두 문명 간의 충돌로만 볼 수도 없습니다. 기독교 문명권에 속한 많은 나라들이 이 전쟁을 반대하고 있습니다. 부시 행정부의 전쟁을 지지하는 영국, 스페인과 동구의 여러 나라에서도 정치 지도자들만 전쟁을 지원할 뿐 국민들의 다수는 전쟁을 반대하고 있습니다.

심지어 미국 안에서도 반전 여론이 심상치 않습니다. 이라크 전쟁을 촉발시킨 9·11 사건이 터졌던 뉴욕에서조차 양식 있는 시민들은 9·11과 같은 충격과 공포가 이라크 땅에서 되풀이되는 것을 원하지 않습니다. 심지어 2003년 뉴욕에서 벌어진 반전 여론은 이제 정권교체가 이라크에서가 아니라 미국에서 먼저 이뤄져야 한다는 흐름으로 나아가고 있습니다.

기독교 근본주의자들은 세상을 선악 이분법으로 나누어봅니다. 그래서 그들의 전쟁은 역사적으로 가장 추악한 전쟁이 됩니다. 이번 전쟁은 여러 시각에서 조명할 수 있습니다. 초유일강국인 미국이 21세기에 펼치고자 하는 제국주의 정책의 관점에서, 이스라엘 지원을 통한 국내 유대인 지지 확보의 관점에서, 이라크 석유 자원에 대한 영향력 독점과 그에 따른 중동 및 중앙아시아 에너지 물류권 장악의 차원 등에서 조명해볼 수 있습니다. 그러나 저는 저 자신이 기독교 신자임을 곤혹스럽게 생각하고 심지어 부끄러워할 수밖에 없는 딱한 실존적 고뇌를 고백하는 차원에서 이 전쟁의 단면을 조명하려고 합니다. 그것은 이 전쟁이 일종의 종교적 성격을 지니고 있다는 점 때문입니다.

어떤 전쟁이든 그것이 종교화가 되면 그 주장은 가장 독선적이 되고, 그 과정은 가장 극렬해지며, 그 결과는 가장 처참해지기 마련입니다. 무

엇보다도 그것은 가장 위선적인 비극이 되고 맙니다. 성전聖戰 또는 정의
로운 전쟁의 이름 아래 온갖 추악한 탐욕이 춤을 추게 되고, 악마들의 광
란이 벌어지게 되어 있습니다. 대체로 종교전쟁은 전쟁 당사자들이 근본
주의 신념(또는 원리주의 신념)으로 무장되어 있을 때 발생하기 쉽습니다.

근본주의 신앙으로 무장된 집단들 사이의 싸움은 역사상 가장 추악하
고 잔인한 싸움으로 기억됩니다. 이라크 전쟁도 그러한 범주에 속한다고
생각합니다. 공격자도 피해자도 모두 거룩한 전쟁을 치른다고 확신하고
있습니다. 군사적, 경제적, 정치적 강자가 근본주의로 무장하여 펼치는
전쟁이야말로 더 위선적이기에 더 처참한 전쟁이 되고 만다는 진리를 유
념해야 합니다. 이라크 전쟁은 부시 대통령을 위시한 미국제일주의 신봉
자들이 기독교 근본주의의 확신을 바탕 삼아 계획하고 실행한 전쟁입니
다. 그들에게는 그것이 일종의 성전聖戰이며 십자군 전쟁입니다.

근본주의자, 그들은 누구인가?

그렇다면 근본주의의 기본 특징은 무엇일까요?

첫째, 세계를 선과 악으로 간단하게 구분해서 판단합니다. 하기야 선
과 악을 분별하는 지혜는 필요한 것이지요. 하지만 역사 현실에서는 선
과 악을 칼로 두부 자르듯 갈라놓기 힘든 것도 사실입니다. 그러기에 심
사숙고와 관용과 인내의 덕목이 필요합니다만, 근본주의자들은 매사를
선악의 이분법으로 보고 대번에 해석하고 신속히 행동합니다.

둘째, 이것이 더욱 심각한데, 세계를 선과 악으로 갈라놓고 나서 자기는 항상 선이고 상대방은 항상 악이라고 단호하게 규정합니다. 근본주의 신앙이 돈독할수록 자신은 절대로 선의 편이고 상대방은 절대로 악의 축을 이룬다고 확신합니다. 이것은 교만의 극치요, 종교적 독선입니다. 가장 위험한 발상이지요. 참다운 뜻에서 보면, 이 독선이야말로 가장 반종교적인 심성이라 하겠습니다. 예수와 붓다를 슬프게 하고 핍박했던 추악한 힘이었지요.

셋째, 두 번째 특징의 필연적 결과로, 악의 축인 상대방을 박살내야 한다는 믿음입니다. 그것도 초전에 박살을 내야 합니다. 그간 개발된 모든 도구(이념적이든, 군사적이든 간에)를 총동원해서 전쟁 초기에 짐짓 악마화시켜 놓은 적을 완전 궤멸하려는 의지입니다. 악마와의 싸움은 거룩한 싸움이기에 이겨야 마땅하고 그것도 당연히 초전에 이겨야 하기 때문입니다. 이것이 바로 초전박살의 승리주의입니다.

넷째, 선과 악 두 축 사이에 위치한 모든 사람과 집단을 간단하고도 단호하게 불순하거나 비겁한 존재로 낙인찍습니다. 자기 축과 전통적으로 가까웠던 집단들이 자기편에 들지 않으면 가차 없이 그들을 적인 양 정죄하는 짓도 서슴지 않습니다. '내편을 들지 않으면 모두 나의 적'이라는 신념으로 전통적 우호세력을 끊임없이 분열시켜 나갑니다. 지금 서구권은 이 같은 근본주의 작태로 인해 역사상 최초로 심각한 균열의 조짐을 보이고 있습니다.

근본주의 신념은 그것이 갖는 확신의 문화와 힘 숭상의 문화 때문에라도 일단 악으로 규정된 상대방을 총공격하지 않을 수 없습니다. 그들의 존재 근거가 그 같은 공격으로 합리화되고 유지되기 때문이지요. 그러기에 이 같은 신념에 사로잡힌 사람이 한 나라의 최고 지도자가 되면, 그 나라의 앞날은 자연히 위태로워지게 마련입니다. 게다가 세계에서 가장 힘센 나라의 지도자가 근본주의자일 경우, 세계 전체가 위태로워지며 인류 역사가 잠시나마 파행의 길로 빠져들 수 있습니다.

부시 정부와 근본주의

그렇다면 미국의 부시 대통령은 과연 기독교 근본주의자인가요? 원래 그는 아버지를 따라 감독교회 교인으로 자랐습니다. 이 교파는 근본주의 성향과는 별로 관계없는 수준 높은 기독교 교파입니다. 결혼한 뒤 그는 아내가 속했던 감리교 신자가 되었습니다. 그는 젊었을 때 망나니였다고 합니다. 그러다가 40세에 부흥사 빌리 그레이엄 목사를 만나 종교적으로 거듭나는 체험을 했습니다. 그때부터 술을 끊고 난봉꾼의 삶을 청산하고 신의 계시를 존중하는 근본주의자로 변화되었습니다.

그는 아버지 부시가 대통령 후보였을 때 아버지를 도와 기독교 우파 세력을 끌어들이는 역할을 담당했습니다. 당시 텔레반젤리스트(TV로 부흥 사경회를 여는 목사들)의 영향은 무시할 수 없었지요. 이들 대부분은 기독교 수구세력인데 정치적 영향력의 증대를 즐기고 있었습니다. 이때부터 아들 부시의 근본주의 신앙은 정치적 야망과 야합하기 시작했습니다.

1993년 부시는 텍사스 주지사에 출마하기 직전 "예수 믿는 자만 천당에 간다"는 신념을 공개적으로 밝힌 바 있습니다. 비록 유태인이나 가톨릭 신자, 무종교인에게는 신뢰를 받지 못했지만 이른바 바이블벨트 (Bible Belt, 성서를 문자 그대로 믿는 사람들이 사는 지역)에 속하는 텍사스에서는 오히려 정치적 인기를 크게 얻을 수 있었습니다. 물론 그는 주지사로 당선되었고, 1999년에 보수적 교계 지도자들을 지사 관저로 초청해서는 안수기도를 받기도 했습니다. 바로 그 자리에서 그는 더 높은 자리 (곧 대통령 자리)로 부름 받았음을 알렸다 합니다. 일종의 계시를 하나님께 받았다고 간증한 셈이지요.

그는 어렵게 대통령이 되었습니다. 한국의 정치수준으로 봐도 이해할 수 없는 방식으로 대통령이 되었습니다. 엄격히 말하자면, 그는 국민에 의해 선출된 것이 아니라, 그의 아버지 부시가 임명한 대법원 판사들의 도움으로 피택된 것입니다. 우리 상식으로는 도무지 이해할 수 없는 일인데도, 그는 자신의 당선을 신의 섭리로 믿었습니다.

대통령이 된 뒤 부시는 매일 아침 일찍 일어나 커피 마시기에 앞서 조용한 곳에 가서 기도하면서 설교집을 읽었다고 합니다. 침례교 목사인 오스왈드 챔버스가 저술한 설교집 《주님은 나의 최고봉*My Utmost for His Highest*》을 읽고 영감을 얻었다고 하지요. 그 영감으로 그는 세계의 대통령이 되겠다는 소명의식을 갖게 된 듯합니다. 그리고 미국은 하나님께 특별한 소명을 받은 선민의 나라라고 확신하게 되었습니다.

인류 모두에게 자유라는 소중한 선물을 안겨주어야 할 소명을 신으로부터 위탁받았다고 확신했기에 미국 대통령으로서, 세계의 대통령으로서 단호하게 악의 축을 초전박살내야 하는 일에 몸소 앞장 선 것입니다.

역사와 인간의 생사를 주관하시는 전지전능한 하나님이 그에게 이 같은 막중한 사명을 맡겼다고 믿었기에 그의 결단은 신속했고, 그의 행동은 무서우리만큼 과감했습니다. 이라크 지도층을 주저 없이 악으로 규정하고, 그 악을 전광석화처럼 박멸하여 이라크인들에게 자유의 선물을 제공하는 것, 그것이 그가 신으로부터 받은 계시였습니다. 〈뉴스위크〉지는 부시를 구세주(메시아)의 사명을 지닌 '약자를 못살게 구는 강단의 목사'로 희화적으로 묘사하기도 했습니다.

희한하게도 부시 대통령 주변에서 그를 보좌하는 사람들도 거의 대체로 종교적 또는 세속적 근본주의자라는 점에서 신념 코드가 잘 맞는 사람들입니다. 그들은 하나같이 미국제일주의자들이며 미국의 세기가 도래했다고 확신하는 기독교 신자들입니다. 그래서 정기적으로 백악관에서 기도와 성경공부를 열심히 하기도 합니다.

부시의 안보보좌관이었다가 지금은 국무장관이 된 라이스Rice는 장로교 신자지만 부시의 메시아적 열정을 공유하고 있습니다. 라이스는 훌륭한 피아니스트지만, 이 복잡한 세상에서 만사를 흑백으로 그리고 선악으로만 보고 싶어 하는 부시를 가정교사로서 효과적으로 잘 돕고 있습니다. 체니 부통령과 지금은 사임한 전 국방장관 럼스펠드는 말할 것도 없습니다.

기독교 근본주의 입장에서 세계와 역사를 바라보는 이들은 앞으로 광활하게 펼쳐질 미국 지배 하의 단일한 세계 모습을 그리며 이미 얼마간은 그 세계 지배에 취해 있는 듯합니다. 팍스 로마나 시대와 19-20세기 초반까지의 팍스 브리타니카를 지나 마침내 팍스 아메리카나의 시대가

도래했음을 오래 전부터 자축하고 싶어 한 사람들입니다. 그들은 소련이 소멸된 뒤, 미국 유일 지배체제를 더욱 열망하면서 이 꿈의 실현에 방해가 되는 세력은 가차 없이 악의 축으로 낙인찍어 제거하고 싶어 했습니다.

그들의 세계 지배 구축이라는 야망의 거미줄에, 이른바 오늘날 악의 축에 속하는 나라들이 만만하게 걸려든 셈이지요. 먼저 미국의 일방주의 외교정책은 전통적 미국 남부의 군사우위문화와 개신교 근본주의 문화의 추동으로 더욱 강화되어 왔음에 주목해야 합니다. 이러한 배경에서 9·11 이후 이른바 부시 독트린이 나온 것입니다. 다름 아닌 예방전쟁정책 또는 선제공격정책입니다. 이것은 강자의 일방적이고 자의적인 상황판단에 따른 일방적 침략 정책과 다를 바 없습니다.

그런데 흥미롭게도 지금의 이라크는 바로 개신교 근본주의자들이 오랫동안 신앙적으로 혐오해 온 성서의 바벨론 후예라는 사실에 주목할 필요가 있습니다. 구약과 신약에서 모두 바벨론은 거대한 사탄(악마)으로 은유되고 있습니다. 게다가 바벨론 왕국의 침공을 받아 기원전 6세기 거룩한 성 예루살렘은 처참하게 궤멸되었으며, 유다 왕은 포로가 되어 바벨론 군대에 의해 눈알이 뽑힌 채 신하들과 함께 굴비처럼 묶여 잡혀갔습니다. 그리고 기나긴 고행의 유배생활을 겪었습니다.

스스로 21세기의 '새 이스라엘'로 군림하여 세계 역사를 주름잡고 싶은 부시의 사람들에게 지금 이라크는 더 절박하게 옛 사탄인 바벨론으로 다가왔을 것입니다. 특히 사담 후세인이 왕초 사탄으로 인식되었을 것입니다. 그러기에 그들에게 이라크 전쟁은 근본주의 하나님께 받은

계시와 소명에 따라 치러야 할 '거룩한 십자군 전쟁'일 수밖에 없는 것
이지요. 그 거룩한 사명에 대한 확신 때문에 양식 있는 세계인의 다수가
그토록 반대하는데도 부시와 그 일당은 십자군적 전의를 불태우고 있는
것이지요.

아빠 하나님은 공포의 신이 아니다

그렇다면 예수의 삶과 죽음을 통해 뚜렷하게 드러난 가치가 과연 개
신교 근본주의자들(미국이나 한국 어디서든)의 신앙과 같은 것일까요? 만
일 같다면, 저는 평생 개신교 신자로 살아온 것을 부끄럽게 여길 수밖에
없습니다. 그리고 그와 같은 기독교를 버릴 수밖에 없습니다. 그래서 저
는 단연코 예수의 삶이 보여준 교훈은 그러한 것이 아님을 가슴 터지도
록 외치고 싶은 것입니다.

먼저 역사의 예수는 당시 유대적 근본주의자들(또는 율법주의자들)에
의해 고난을 받고, 피소되어 로마의 극형인 십자가에 달려 돌아가셨음
을 지적하고 싶습니다. 예수를 죽인 자들 중에 바로 열광적인 유대 근본
주의자들이 그 중심에 있었지요. 그런데 예수의 하나님은 상대방을 적
으로 몰아 악마화하는 증오의 신이 아닙니다. 예수의 하나님은 '아빠'
하나님이었습니다. 어린아이가 아버지를 다정하게 부를 때 쓰는 아람어
가 아빠_Abba_입니다. 우리 자녀들이 아버지를 부르듯 말입니다.

예수에게 하나님은 인자한 아빠였습니다. 유명한 탕자 비유에 나오는

아빠처럼 말입니다. 그 아빠는 정말 엄마 같은 아빠지요. 자기 몫의 유산을 챙겨 도시로 나간 탕자를 애타게 기다리는 사랑의 어버이, 바로 그 아빠가 예수의 하나님이었고, 바로 예수 자신이었습니다. 여기에 '우리'와 '저들' 간의 적대적 거리는 없습니다. 아버지 재산을 부당하게 일찍 받아내어 방탕한 삶에 낭비했던 탕자와 아빠 사이에는 질책과 저주가 없습니다. 오히려 사랑의 소통이 너무나 아름답고 원활했습니다. 예수는 이런 아빠의 가슴으로 곧 닥쳐올 환난과 전쟁을 예감하시고 예루살렘 사람들, 특히 당시 유대 근본주의자들을 향해 눈물을 흘리셨습니다. 그리고 이렇게 호소하셨습니다.

"예루살렘아 예루살렘아 선지자들을 죽이고 네게 파송된 자들을 돌로 치는 자여 암탉이 그 새끼를 날개 아래에 모음같이 내가 네 자녀를 모으려 한 일이 몇 번이더냐 그러나 너희가 원하지 아니하였도다"(마 23:37-38).

예수는 여기서 자기 자신을 폭격하는 공격의 독수리가 아니라 폭격 당하는 순하고 약한 병아리를 날개 아래 품어 보호하려고 안간힘을 쓰는 암탉으로 묘사하고 있습니다. 그것은 그의 하나님이 바로 암탉 같은 하나님이기 때문이지요. 오늘날 바그다드 하늘을 '충격과 공포'의 온갖 무기로 붉게 물들이며, 병아리 같은 이라크의 어린이와 여성까지 무자비하게 폭격한 현대판 독수리 나라의 하나님이 결단코 아닙니다.

무엇보다 우리는 예수의 삶과 죽음에 나타난 가장 소중한 가르침에 주목해야 합니다. 예수는 원수를 악마화하지 않았습니다. 도대체 그는 천상에 사탄의 권력이 존재한다는 당시의 지배적 상식을 받아들이지 않았습니다. 유대 근본주의자들이 주장했던 악마는 비유컨대 하늘에서 번개가 내려치듯 떨어져 없어지는 것이었습니다(눅 10:18). 그는 원수를 악마로 정죄하기는커녕 오히려 사랑하라고 가르쳤습니다. 원수라 하더라도 악마는 아닌 것입니다. 오히려 원수를 무조건 악마로 정죄하는 마음이 악마답다고 하겠습니다. 더 정확히 말한다면 나 자신이 선할 수 있고 악할 수 있듯이, 나의 적도 선할 수 있고 악할 수 있습니다. 내 속의 악과 적의 악이 서로 도와 그 악마적 힘을 증폭시키게 되면 비극적 충돌이 불가피하지요. 악순환이 회오리바람처럼 일게 되지요.

그러기에 원수를 사랑하라는 예수의 명령은 결코 악을 사랑하라는 명령이 아닙니다. 오히려 원수 속에 있는 선을 키워주면서 내 속에 있는 선도 함께 키우라는 명령입니다. 원수를 사랑함으로써 원수와 내 속에 있는 악을 모두 무력화시켜 마침내 아름다운 관계, 곧 평화 속에서 서로 자라게 하는 힘을 예수는 가르쳤습니다. 이것이 곧 선순환의 아름다움이지요.

예수를 따른다는 이들의 이율배반성

설령 백보 양보하여 상대방을 악이라고 합시다. 이 경우 성서는 악을 이겨내되 반드시 선으로 이기라고 했습니다(롬 12:21). 악하다고 규정된 적을 악한 방법으로 이길 수 없습니다. 악한 수단으로 상대 적을 이겼다 하더라도 결국은 그 악의 힘에 굴복하고 맙니다. 원수는 이겼을지 몰라도 악에겐 패배한 것입니다. 그러기에 그렇게 이기는 것은 이긴 것이 아니라 진 것입니다.

예수는 스승의 적에게 칼로 대항했던 당신의 수제자에게 '칼을 쓰는 자는 칼로 망할 것' 임을 직접 현장에서 깨우치셨습니다. 적어도 예수를 따른다는 크리스천들이 온갖 세속적 무기를 동원해서 그들의 적을 섬멸하려는 것은 예수의 가르침을 정면으로 부정하는 것이지요. 그들 스스로가 진정한 예수따르미가 아님을 증명하는 어리석은 짓이기도 합니다. 칼, 총, 온갖 무기는 예수의 삶에는 없는 것입니다.

그간 미국이 개발해온 모든 신무기를 이라크 땅에서 실험해보려는 부시와 네오콘의 호전성은 그렇기에 너무나 반예수적입니다. 오히려 예수는 부시의 전쟁실험으로 억울하게 죽어 가는 모든 사람을 그분의 암탉 같은 날개로 품어 보호하려고 노심초사하고 계십니다.

부당한 제도 폭력에 의해 억울하게 사형선고를 받았지만 폭력으로 맞서는 대신, 치욕의 십자가를 지고 스스로 골고다 언덕으로 묵묵히 걸어가신 분이 바로 우리의 예수입니다. 자기를 폭력으로 죽이는 세력마저 용서의 품으로 껴안고 죽으신 분입니다. 그의 길은 세속적인 뜻에서 승리의 길, 곧 승리주의의 길과는 달랐습니다. 승리주의의 길은 폭력으로 가득한 길입니다. 그분은 스스로 끝까지 처참한 패배의 골고다 길로 어엿하게 가셨습니다. 그러기에 그 패배의 길 끝에 부활은 터져나오게 되어 있지요.

여기서 거듭난 신자에 대해 꼭 하고 싶은 말이 있습니다. 부시처럼 기독교 신자로 거듭난 체험을 소중히 여기면서, 아니 그렇게 소중히 여기기에 거침없이 전쟁을 수행할 수 있는 확신에 찬 사람들이 우리 주변에 너무 허다합니다. 예수를 믿고 새로 태어난 경험을 갖는 것은 매우 값진 종교 체험입니다. 예수를 닮고 예수를 따른다는 것은 본질적으로 그분이 사셨듯이 자기를 온전히 비워 남을 가득 채워주는 감동의 삶입니다. 그런데 자기 비움과 남의 채움은 단 한 번의 사건으로 끝나서는 안 됩니다. 이것은 끊임없이 이어지는 삶의 과정이어야 합니다. 그러기에 그 과정은 뼈아픈 자기반성과 자기 부정을 요구합니다.

거듭날수록 자기는 죽고 남들은 살아나야 합니다. 그렇게 하기가 결코 쉽지 않기에 끊임없이 기도하고 고투해야 하는 아픔의 연속입니다. 거듭난 일회적 경험을 자랑하는 신자가 그것에 매여 그렇지 못한 사람을 차별하거나 무시한다면 그 거듭남의 체험은 아무 소용이 없습니다. 그 체험으로 인해 더욱 겸손해져서 자기는 낮아지고 남을 높여야만 소중하고 감동적인 삶이 펼쳐지게 됩니다.

거듭남은 감동적 창조의 지속적 흐름입니다. 계속되는 자기 부정의 따뜻한 흐름입니다. 그 흐름에서 순간순간 하나님을 체험하고, 그 흐름으로 자기는 죽고 남들은 살려내 마침내 사람들 사이에 평화의 큰 강물 줄기를 이루어내는 일입니다. 우리는 저 낮은 곳으로 줄기차게 흘러 내려가는 예수의 겸손한 삶과 인품을 끊임없는 거듭남의 체험에서 항상 새롭게 만날 수 있어야 합니다.

딱하게도, 너무도 딱하게도 저는 부시, 체니, 럼스펠드, 볼포비츠 등의 미국 개신교 신자들에게서 이 같은 평화의 따뜻한 흐름을 도무지 느낄 수 없습니다. 오히려 살벌한 전의와 섬뜩한 살육의 의지를 확인하는 듯해 안타깝습니다. 그렇기에 아예 처음부터 부시처럼 거듭나서는 안 되지요. 정말, 그렇게 거듭날까 두렵습니다. 참으로 부끄럽습니다.

21세기의 십자군 전쟁

일찍이 예수를 유혹했던 사탄이 있었습니다. 청년 예수가 삭막한 중동 황야에서 메시아의 삶을 눈앞에 두고 실존적 고투에 들어갔습니다. 그때 사탄은 예수에게 메시아의 사명으로 달콤한 세 가지를 제시했습니다. 이 세 가지 유혹은 역사적으로 큰일을 해내고자 하는 모든 사람에게 나타나는 공통된 유혹이기도 합니다. 정말 물리치기 어려운 유혹입니다. 이 유혹을 이겨내지 못하면 진정한 지도자가 되기 어렵습니다. 또 지도자가 되어서도 안 됩니다.

첫째 유혹은 가장 흔한 유혹이지요. 이 세상에 돌처럼 흔해 빠진 것이 어디 있겠습니까? 이 흔한 돌을 희소가치를 지닌 떡으로 변화시키라는 것입니다. 경제적 어려움에 시달리는 처지에서 지도자가 되고 싶고 구세주가 되고 싶다면, 저 많은 돌을 떡으로 변화시킬 카리스마를 갖고 싶을 것입니다. 경제 문제만은 확실히 잡아서 위대한 지도자가 되고 싶겠지요. 그래서 개발 독재가 나타나는 것이 아닙니까? 경제성장 제일주의를 빙자한 가짜 메시아가 나타나 자기는 넘치게 채우면서도 백성은 철저히 비워 버리지요. 오히려 결과적으로 백성을 수탈하는 악마가 되고 말지요.

둘째는 권력의 유혹입니다. 세상을 향해 호령하면 모두가 그 호령에 따라 꼭두각시처럼 일사불란하게 움직입니다. 그렇게 세상을 쥐었다 놓았다 하고 싶은 것입니다. 역사적으로 로마의 네로 황제에서부터 히틀러와 스탈린을 거쳐 최근 군부독재에 이르기까지, 남을 복종시킬 수 있는 마력의 유혹에 빠진 지도자들은 셀 수 없이 많습니다. 그래서 역사는 어두워지는 것이지요. 그 결과 인류는 허망하리만큼 불행한 억압의 역사를 반복하게 되지요. 권력의 유혹은 이른바 민주주의 체제 아래서도 기승을 부립니다. 세계 지배욕은 오늘도 미국세기America century의 이름 아래 여전히 기승을 부리고 있습니다. 그 탐욕이 더 위선적으로 변하면서 숨김의 기교가 느는 것뿐이지요.

셋째, 경제적 부와 정치적 권력을 독식해도 만유인력의 법칙 아래 있는 한 인간은 높은 곳에서 떨어지면 상처 입거나 죽게 마련입니다. 세 번째 유혹은 초인간적인 능력을 지녀 스스로 신적 존재임을 과시하고 싶은 종교적 탐욕이라 하겠습니다. 신이 보낸 천사의 도움으로 높은 곳에서 떨어져도 만유인력의 법칙을 벗어나 살아남는 기적을 보여주고 싶은 교주적 욕망입니다. 종교적 권위 곧 신적 권위를 갖고 싶은 종교교주적 권위주의 탐욕이지요. 이것은 사이비종교의 교주가 되더라도 신의 이름으로 세상을 지배하고 싶은 유혹이라 하겠습니다.

이렇게 사탄은 오늘도 야망을 갖고 있는 사람들을 유혹하고 있습니다. 미국과 이라크의 전쟁을 보면서 저는 이 세 가지 사탄의 꼬임이 어김없이 작동되고 있음을 보는 듯합니다. 이라크 해방이라는 미명 아래, 이라크의 유전을 전일적으로 관장하고 싶은 경제적 탐욕이 꿈틀거립니다. 바로 이 점을 꿰뚫어 본 뉴욕 시민들은 "우리는 텍사코(석유회사)를 위해 싸우지 않을 것이다"라고 외쳤던 것입니다.

하지만 부시 팀은 21세기 유일한 제국주의로 거듭나고 싶은 강한 지배충동에 사로잡힌 듯합니다. 후세인 정부를 궤멸시키고 바그다드에 친

부시 정권이 들어선 것은 21세기 미국제국주의의 깃발을 더 높이 드는 신호입니다. 부시와 참모들은 그들 신의 이름으로, 아니 그들 신의 축복으로 21세기 십자군 전쟁에서 필승한다는 신념을 계속 불태워야 할 것입니다. 전쟁이 악화될수록 더욱 그리할지도 모릅니다. 그들의 신이 그들을 보호하고 인도해주기에 오직 승리만이 있을 뿐이라고 더욱 장담하고 싶고 또 그렇게 굳게 믿고 싶을 것입니다.

국내 어느 일간지 특파원 보도에 의하면, 쿠웨이트 사막에 주둔한 미 제5군단 사령부의 미군들이 북상 준비 중 이런 찬송가를 불렀다고 합니다. "나는 예수님 따르기로 결심했네. 돌아오는 길은 없나니…." 부시의 병사들도 최고 사령관의 신앙을 본받아 다만 승리의 길로 예수님 따라 전쟁하러 간다고 찬송가를 불렀던 듯합니다. 정말 예수께서 이 찬송가를 들으신다면 어떤 표정을 지으시겠습니까? 입만 열면 "하나님이 미국을 축복하시기를God Bless America"이라고 외쳐대는 미국 정치인들에게 암탉 같은 사랑의 하나님이 어떻게 반응하실지 걱정스럽습니다.

제발 하나님과 예수님의 이름을 망령되게 부르지 말도록 간절히 바랄 뿐입니다. 저는 확신합니다. 폭격에 맞아 죽어 가는 자식을 품에 안고 하염없이 눈물 흘리는 이라크의 엄마와 아빠들 속에 예수님이 살아 계시고, 그들과 함께 눈물 흘리고 계실 것을 말입니다. 오늘도 주님은 상처받은 저 병아리들을 자기 날개로 품으며 울고 계십니다. 그들을 사랑하시기 때문입니다. 그런데 한국 교회는 이 병아리들을 더 서럽게 울리고 있는 듯하여 제 마음이 심히 곤혹스럽고 괴로우며 부끄럽습니다. 암탉 같은 사랑의 예수가 없는 한국 교회 안에서 정말 부끄럽고 곤혹스럽습니다.

3

예수 없는 예수 교회

church

실물 예수를 박제해버린 제도 기독교가 하나님과 예수의 이름을 망령되게 내세우면서
저질러온 온갖 종교적, 신학적, 교리적 악행은 이제 중단되어야 합니다.

예수없는 예수교회
CHURCH

'믿사오니'를 외치는 예수 신자 곧 '예수믿으미'는
이토록 많으나 이 명령을 올곧게 따르는 '예수따르미'는
이렇게 적으니 곤혹스럽습니다.

최근 한국 개신교 신자들에 대한 여론 조사가 우리를 놀라게 하고 있습
니다. 한국개신교 신자들에 대한 세상의 인식과 평가는 대체로 부정적
입니다. 몇 가지 보기만을 들겠습니다. 먼저 한국 사람의 절반쯤이 무종
교인으로 나타났습니다. 그런데 이들 중 34%는 과거에 종교를 가져본
적이 있었는데 지금은 그 종교를 버렸다고 합니다.

한국 개신교의 추락

버림받은 종교를 보면 놀랍습니다. 가장 많이 버림받은 종교가 바로
개신교입니다. 56%의 무종교인이 지난날 개신교 신자였지요. 불교는

20%, 천주교는 18%에 불과합니다. 그러니 불교나 천주교에 비해 개신교를 폐기처분한 사람은 거의 세 배가 된다는 뜻이지요. 한마디로 한국 개신교는 가장 인기 없는 종교로 전락되고 만 듯합니다.

일반 시민들이 살고 있는 거주 지역에 개신교 교회가 너무 많다고 생각하는 사람도 전체의 67%에 이릅니다. 그렇지 않다고 보는 사람들은 12%에 불과합니다. 개신교회가 너무 많아 귀찮거나 싫다는 뜻이겠지요. 게다가 개신교 신자들이 비개신교 신자들보다 더 정직하다고 믿는 사람도 26%에 불과합니다. 다수의 국민들이 크리스천의 정직성에 대해 회의적입니다.

한국 개신교에 관한 한 소금과 빛의 역할은 이미 증발되어 없어진 듯하며 한국 크리스천의 윤리성도 실종된 듯합니다. 세계에서 제일 잘 나간다고 알려진 한국 개신교가 자기 나라에서는 불신과 모멸과 비판의 대상으로 전락되고 있다는 뜻이기도 하여 한국 기독교 신자로서 서글프기만 합니다. '믿사오니'의 열정에 있어서 세계 둘째가라면 서러워할 한국 크리스천이 예수의 삶을 '따름'에 있어서는 자국민들의 경멸을 받는 지경이 아닙니까? 어떻게 해서 이 지경에 이르렀는지 깊이 자성해보아야 할 것입니다. 하나님 앞에 석고대죄하는 심정으로 스스로의 행태, 개신교의 관행, 개신교회의 문화를 반성해보아야 할 것입니다. 하기야 이미 너무 늦은 감이 듭니다만….

'믿사오니'와 '따르오니'의 간극

역사적 생애의 끝머리가 가까워오는 때, 예수는 자신의 공적 사명에 대해 마음을 열고 제자들을 깨우치셨습니다. 한심했던 제자들에게는 그 깨우침의 말씀이 충격과 실망을 불러일으켰습니다. 왜냐하면 예수께서 온갖 권력의 중심부인 예루살렘에 올라가 당시 유대 지배세력으로부터 고난과 죽임을 당한다고 말씀하셨기 때문이지요. 놀라운 카리스마의 스승 예수가 맥없이 핍박당하고 죽는다는 것은 제자들에겐 불가사의한 일이었지요. 제자들은 그저 승승장구하는 승리자의 모습만 생각하는 탐욕적 환상에 사로잡혀 있었기에 그들에게 스승의 고난과 죽음의 예고는 도무지 받아들이기 어려운 충격 그 자체였습니다.

"어째 이런 일이 있을 수 있습니까!" 이것이 제자들의 즉각적 반응이었습니다. 찬란한 영광의 왕관을 쓰고 위엄 있게 세상을 통치하실 메시아에게 어떻게 그런 수치스러운 비극이 생길 수 있는지 강하게 반문한 것이지요. 그래서 제자의 대표격인 베드로가 예수를 단단히 붙들고 말리듯 대들 듯 항변했습니다. "주님, 안됩니다. 절대로 이런 일이 주님께 일어나서는 안 됩니다."

베드로는 마침 얼마 전 예수님을 "그리스도시요, 살아 계신 하나님의 아들"이라고 고백해서 칭찬을 받았던 일을 회상했을 것입니다. 그에게 스승 예수는 면류관을 쓴 왕이었습니다. 그가 영원히 살아 세상을 다스린다고 확신했기에 베드로는 예수의 고난과 죽음을 상상할 수 없었던 것이지요. 그때 예수님은 베드로를 정말 심하게 꾸짖었습니다. 수제자에게 "사탄아 물러가라"고 극언을 하셨습니다. 그리고 제자들을 둘러보시면서 그 유명한 예수 따르기 원칙을 천명하셨지요. "누구든지 나를 따라오려거든 자기를 부인하고 자기 십자가를 지고 따라오라."

이 명령은 모든 크리스천들이 반드시 그 뜻을 깊이 음미하면서 꼭 실천해야 할 지엄한 선포입니다. 뿐만 아니라 이 명령은 크리스천의 정체성을 뚜렷하게 밝혀주는 영원한 기준입니다. 예수따르미들이 반드시 걸어가야 할 길을 제시한 예수의 확고한 지침입니다. 개신교든 천주교든, 서구교회든 동방교회든 예수를 주님으로 고백하는 사람들은 반드시 이 말씀의 뜻을 올곧게 깨닫고 성실하게 따라야 합니다. 그래야 비로소 진정한 크리스천이 될 수 있습니다.

그런데 심각한 문제가 있습니다. 그것은 이 명령이 지난 세월 기독교 역사 속에서 조직적으로 왜곡되어 왔다는 점입니다. 이 왜곡으로 인해 이른바 기독교인들은 크게 양산되었으나 진정한 예수따르미들은 오히려 줄어들었거나 심지어 때로 핍박을 받게 된 듯합니다. '믿사오니'를 외치는 예수 신자 곧 예수 '믿으미'는 많아졌으나, 이 명령을 올곧게 따르는 예수 '따르미'는 적어진 것입니다. 최근에 와서는 예수 '믿으미'와 '따르미' 간의 간격이 더욱 커진 듯하여 더욱 곤혹스럽고 슬퍼집니다.

따지고 보면 이 같은 왜곡은 기독교가 제도화되면서 생겨난 것입니다. 예수 그리스도에 대한 신학화 작업이 진척되어 일정한 교리와 교조의 틀이 굳어지면서 예수 따르기는 힘들게 되었습니다. 따라야 할 예수, 곧 역사적 예수는 증발되고 만 듯합니다. 대신 그리스도에 대한 교리는 더욱 체계화되면서 강조되었습니다. 기독교의 신앙은 갈릴리 예수의 삶과 가르침을 따르는 실천적 결단이 아니라, 그분에 대한 교리의 절대 수용을 뜻하게 되었습니다.

기독교가 강력한 로마제국의 국가종교로 굳어진 뒤, 예수의 명령은 더욱 변질되었습니다. 십자가를 앞세워 이교도를 박멸하려 했던 11세기 십자군 전쟁은 이 같은 왜곡의 극단적 표상이라 하겠습니다. 십자군은 그 발상에 있어서나 그 실행과정에서 예수의 십자가 정신을 마구 짓밟는 행위였습니다. 기독교 왕국은 그 후로도 십자가의 참 정신을 계속 왜곡하거나 망각하면서 예수를 무력화하거나 박제화하거나 실종시켜왔습니다. 서구의 세속적 제국주의 침략 뒤에는 예수 없는 십자군식 발상이 자리 잡고 있었습니다.

비록 세속적 정치 운동이긴 하지만 히틀러의 세계정복 야욕도 다분히 십자군적 발상에서 나온 것으로 볼 수 있지요. 실제로 나치의 상징인 스와스티커 Swastika 는 십자가의 한 가지 변형이었습니다. 히틀러 자신이 메시아 의식을 지녔었지요. 그러기에 이제 말로만 요란하게 '믿사오니'를 외치는 데 그치지 않고 예수를 성실하게 제대로 따르려면, 예수의 명령이 지닌 참 뜻을 새롭고 올곧게 되새겨야 할 것입니다.

나를 비우고 남을 채우라

예수를 따르는 첫째 요건은 자기를 부인하는 결단과 행위입니다. 이 첫 요건을 제대로 깨닫지 못하면 심각한 왜곡현상이 생기게 마련입니다. 모든 십자군적 발상은 자기 부인을 거절한 데서 생긴 것입니다. 역사의 예수는 당신을 따르기 위해 제일 먼저 실천해야 할 일은 바로 자신을 부인하는 것이라고 강조하셨습니다.

자기 부인은 곧 자기 비움을 뜻합니다. 자기 비움이란 내 속에 가득 차 있는 온갖 탐욕과 독선을 비워내는 일입니다. 남을 지배하고 싶은 욕망, 남보다 더 많은 것을 소유하고 싶은 탐욕을 먼저 비워내야 합니다. 자기 비움의 정반대는 바로 독선을 통한 자기 채움입니다. 독선은 정말 독이 됩니다. 더더구나 종교적 독선은 예수따르미들이 반드시 버려야 할 제일의 금기사항입니다. 그런데 현실을 보면 종교인일수록 비종교인보다 더 독선적이고, 종교 지도층일수록 더 배타적인 듯하지 않습니까?

자기 비움은 비움 자체로 끝나는 것이 아닙니다. 자기 비움은 남의 채움으로 이어져야 합니다. 자기의 독선과 탐욕을 비워내되, 남에게는 좋은 것으로 가득 채워 주는 것이 자기 비움의 참뜻입니다. 남을 희망과 용기와 위로로 채워주면, 자신과 남 사이에는 누룩처럼 천천히 그러나 확실하게 하나님나라의 모습이 드러나고, 둘 사이에 가로 놓여 있던 온갖 잘못된 장벽들, 성의 장벽, 인종의 장벽, 계급의 장벽, 종교의 장벽, 이념의 장벽 등이 무너지기 시작할 것입니다.

실물 예수는 이 같은 장벽들을 제거해주셨습니다. 예수의 공생애 활동은 바로 이 장벽 허물기 활동이었습니다. 사도 바울도 이 정신에 따라 주인과 종의 벽, 유대인과 이방인의 벽, 남성과 여성의 벽을 헐어버렸습니다.

자신을 철저히 비워 남을 좋은 가치로 가득히 채워주는 행위는 자신에게 뜻밖의 큰 선물을 안겨다 줍니다. 그것은 새로운 자신의 발견입니다. 곧 비워진 자신이 새로운 자신으로 채워진다는 뜻입니다. 더 아름다운 새로운 존재로 거듭나는 것이지요. 이른바 '참 나'가 자신과 남 사이에 생긴 새로운 관계 속에서 잉태되고 태어나게 되지요. "보라 내가 새로운 존재로다" 하는 기쁨의 고백이 터져 나오게 되지요. 자신을 비워 남을 채워주는 과정에서 자신의 빈 공간이 새로운 자아로 채워지는 기쁨, 바로 그것이 예수따르미의 멋이요 맛이지요. 이것이야말로 예수따르미들이 감동으로 체험하는 영적 환희라 하겠습니다. 사도 바울도 환난과 핍박 속에서 이 같은 영적 기쁨을 항상 체험했기에 "항상 기뻐하라"고 당부한 것 아니겠습니까?

　한마디로 이 나눔의 기쁨은 사랑의 기쁨이기에 바로 하나님의 기쁨이기도 합니다. 하나님은 사랑이시고, 하나님 사랑은 바로 자기 비움의 사랑이기 때문입니다. 무서운 외재신外在神은 이 같은 사랑과는 거리가 멉니다. 예수께서 직접 체험하신 하나님은 자기를 비워 아들을 좋은 것으로 채워주시는 아빠 하나님이십니다. 병으로 시달리는 사람들에게 낫게 하는 힘을 값없이 선물로 주시는 분이시지요. 혈루병에 걸린 여성이 예수의 옷자락만 만져도 값없이 흘러들어간 힘, 바로 그것이 예수가 지닌 자기 비움의 힘이지요. 예수의 존재 자체가 온통 남을 위한 존재입니다. 자기 속에 잠재되어 있는 카리스마의 힘은 항상 그로부터 스스로 빠져나와 고통당하는 씨알 속으로 들어가는 힘입니다. 그래서 그 여인도 새롭고 건강하고 온전한 존재로 우뚝 설 수 있었던 것입니다.

자기 십자가를 지라

예수를 따르는 둘째 요건은 자기 십자가를 져야 한다는 것입니다. 이 의미를 보다 정확하게 이해하기 위해서 우리는 십자가의 역사적 의미를 먼저 알아둘 필요가 있습니다. 십자가는 고대 세계에서 행해진 가혹한 형벌의 도구였습니다. 페르시아와 카르타고에서는 고급 관료나 군 지휘관 등 상류층을 극형에 처할 때 사용하는 틀로 활용했습니다. 반대로 로마에서는 달아난 노예나 폭행죄를 범한 하류층을 처벌할 때 십자가 형틀을 사용했습니다. 식민지에서 로마체제에 반역하는 반체제인사들을 징벌할 때도 이 방법을 이용했습니다.

십자가는 인간이 육체적으로 겪을 수 있는 고통을 최대한 연장시키기 위해 고안된 고통 극대화의 형틀이었습니다. 뿐만 아니라, 정신적으로도 극도의 수치심을 불러일으키기 위해 고안된 잔인한 처형 도구였습니다. 그래서 뭇사람이 지켜보는 앞에서 옷을 벗기고 먼저 채찍으로 때린 뒤 무거운 십자가를 지워 모멸과 고통의 행진을 하게 했지요. 그뿐입니까? 나무에 달려 천천히 죽어가는 죄인의 머리 위에는 시체를 뜯어먹으려는 까마귀나 독수리 떼가 죽음을 기다리며 날고 있었고 십자가 밑에는 들개들이 먹이를 뜯어먹으려고 으르렁대고 있었습니다. 십자가에 처형된 범죄인의 시신은 온전하게 매장될 수 없었다고 합니다. 한마디로 그것은 죽은 자에 대한 최소한의 인간적, 사회적 대우마저도 허용하지 않는 인간 존엄성의 완벽한 박탈 행위였습니다.

이 같은 십자가 처형에 견주어보면, 근대의 사형방식은 다분히 '인간적'이라 하겠습니다. 프랑스 혁명 때 사용된 기요틴은 한순간에 생사를 가르는 것으로, 십자가에 견주면 '자비로운 사형 틀'로 볼 수 있지요. 총살도 그렇습니다. 약물로 죽이는 것은 더욱 더 인간적 배려에 바탕한 듯합니다.

예수는 인간이 고안해낸 가장 잔인한 처형 틀인 십자가에 달려 천천히 고통스럽게 돌아가셨음을 되새겨 봅시다. 십자가를 지라는 뜻은 자기를 부인함에 있어 가장 잔인한 육체적·정신적 고통을 겪을 각오를 하란 뜻입니다. 그러기에 예수따르기란 여간 어려운 일이 아니지요.

십자가형이 없어진 오늘의 상황에서는 십자가 지기를 이해하기란 정말 어렵습니다. 그러나 예수께서 십자가에 달릴 때 겪으셨던 육체적 아픔과 정신적 고통은 한편 제도 폭력의 잔인성을 시사하면서, 더 중요하게는 자기의 탐욕과 독선을 이겨내는 것을 뜻합니다. 한걸음 더 나아가 그 억울한 고통과 극심한 수치심을 이겨내는 것에 더하여 당시 세속적 메시아를 기대했던 많은 사람들의 값싼 기대와 소망을 과감하게 좌절시키는 예수의 아픔을 뜻합니다. 십자가 처형이 없어진 오늘의 상황에서 십자가를 진다는 것은 육체적 고난보다는 오히려 값싼 승리주의자 메시아의 도래를 바라는 탐욕적 기대를 철저히 비워내는 아픔을 뜻하겠습니다.

세속적 욕망의 차원에서 보면 십자가 지기는 허망하고 헛된 고행처럼 여겨집니다. 그러나 그 허무한 죽음은 승리 지상주의적 욕망의 철저한 포기를 뜻하기에 역설적으로 놀라운 변혁의 힘을 지니고 있습니다. 공생애 기간에 예수께서 보여주신 놀라운 기적에 견주어볼 때, 무력하기 짝이 없이 십자가를 지고 고통과 수치의 길로 걸어가신 예수의 처량한 모습은 언뜻 보기엔 허망해 보이기까지 합니다. 하지만 그 무력한 예수의 모습에서 우리는 값싼 승리주의를 우아하게 이겨내신 예수의 당당함을 볼 수 있어야 합니다. 십자가의 예수는 결단코 허무주의의 표상이 아니라 오히려 새 사람과 새 역사를 만들어내는 참된 소망과 능력의 징표입니다.

여기서 우리는 십자가를 진다는 뜻을 새삼 주목해야 합니다. 십자가는 지고 가는 것이지 앞세워 가는 것이 결코 아닙니다. 예수따르미는 십자가 지기와 십자가 앞세우기 간의 차이를 뚜렷하게 분별하고 그 차이의 깊은 뜻을 깨달아야 합니다. 십자가 앞세우기는 십자가를 이용하는 짓입니다. 십자가를 이용하여 자기탐욕을 채우는 짓거리입니다. 사사롭게는 개인의 부를 가져다주는 종교적 부적으로 이용하는 것이기도 하지요. 십자가로 보석을 만들어 자기신분 상승을 과시할 수도 있겠습니다. 여기에는 십자가를 플러스(+)의 부적으로 보는 천박한 생각이 깔려 있지요. 십자가 앞세우기를 집단적으로 강조하는 것은 집단이기주의를 극대화하는 일이고, 집단의 승리를 힘으로 담보해내려는 집단적 탐욕의 몸짓이기도 합니다.

앞에서 말한 십자군은 으레 십자가 군기를 앞세워 진군했습니다. 이교도나 이단자를 박멸하기 위해 십자가를 앞세웠습니다. 이때 십자가는 부족주의의 승리를 선동하는 부적으로 작동하게 되지요. 이것은 예수의 십자가 지기와는 근본적으로 차원이 다릅니다. 더 정확히 말하자면, 오히려 예수 십자가 지기를 거부하는 반예수적 행위라 하겠습니다.

오늘 개신교 신자들이 세상으로부터 좋은 평가를 받지 못하거나 심지어 경멸을 받게 된 데는 그만한 까닭이 있습니다. 그 까닭 중 하나가 십자가를 지고 가라는 예수의 명령을 십자가를 앞세워 가라는 명령으로 오해했거나 왜곡시켰기 때문입니다. 동네에 교회 십자가가 너무 많다고 생각하는 세상 사람들에게 십자가는 종교적 탐욕과 독선의 상징이나, 값싼 축복을 바라는 신자들의 종교적 부적으로 여겨질 것입니다. 무거운 십자가를 지기가 싫어 십자가에 바퀴를 달고 집단이기주의 실현을 위해 행진하는 개신교 성직자들을 세상이 과연 존경하겠습니까? 정말 가소롭고 부끄러운 일이 아니겠습니까?

베드로와 우리의 자화상

예수의 꾸지람을 들었던 베드로의 모습에서 우리 자신의 자화상을 똑똑히 볼 수 있어야 합니다. 우리도 베드로처럼 예수를 그리스도시요 살아 계신 하나님의 아들로 '믿사오니'를 고백합니다. 그런데 그토록 자랑스럽게 이 믿음을 고백한 베드로는 주님에게 끔찍스러운 책망을 들었습니다. '믿사오니'를 외치면서 자기 욕심을 채우려 하고, 진정한 메시아가 고난의 메시아임을 깨닫지 못하며, 오로지 승승장구하는 제왕적 승리자 메시아만 '믿사오니'를 외치며 예수를 쫓았던 제자들이 바로 오늘날 우리 자신의 모습이 아닙니까? 바로 이 모습을 예수는 광야에서 당신을 시험했던 사탄의 모습으로 본 것이지요. 그러니 우리 한국 개신교 신자들도 '예수 믿사오니'를 외치면서도 실제로는 예수따르미가 아니라 사탄따르미로 변질되고 있는 것이 아닌지요.

골고다의 수치와 고통, 그 억울한 죽음, 그 허무한 패배의 죽음이 갖는 깊은 뜻을 이해하지 못하는 오늘의 예수믿으미들은 진정한 예수따르미가 아니라 사탄따르미가 되고 말았다는 자괴감을 마땅히 가져야 합니다. 그리고 회개해야 합니다. 주님은 바로 이 점을 우리에게 깨우쳐주셨습니다. 광야에서 예수를 유혹했던 사탄은 결단코 십자가를 지지 않습니다. 이 점을 명심해야 합니다.

십자가를 이용하고 악용하며 그것을 앞세워 남을 강제로 비워서 자기를 채우는 이기적 존재가 바로 오늘의 사탄입니다. 남에게는 절망, 고통, 비겁함을 가득 채워주면서 자기는 쾌락과 특권으로 가득 채우는 것이 바로 사탄의 특기입니다. 예수의 고난과 패배의 참뜻을 깨닫지 못하고, 극구 승리의 큰길로 내닫기를 갈망하고 있는 오늘의 베드로들은 스스로가 2천 년 전 광야에서 예수를 유혹했던 바로 그 사탄의 얼굴을 갖고 있음을 깨달아야 합니다. 그래서 오늘도 우리를 향해 "사탄아 물러가라"고 꾸짖으시는 주님의 음성을 들어야 합니다.

한국의 예수믿으미들이 세상의 비판을 겸손히 받아들이는 대신 '믿사오니'를 더욱 소리 높이 외치면서 선교와 전도의 이름으로 십자가를 앞세워 승리주의적 자기집단 확장에만 열을 올린다면, 벼락처럼 꾸짖는 주님의 육성 곧 "사탄아 물러가라 너희들은 나를 넘어지게 하는 자로다"라는 음성을 계속 듣게 될 것입니다. 십자가를 앞세워 불투명한 교회 운영을 은폐하고 십자가를 앞세워 자식에게 종교권력을 세습하는 것은 오히려 예수를 교회 밖으로 내쫓는 짓에 불과합니다.

한국 개신교는 베드로에 대한 예수의 질책을 우레 소리로 두렵게 들어야 할 것입니다. 예수를 극구 말렸던 베드로가 바로 우리 자신이기 때문입니다. 베드로는 이때의 꾸중을 가슴에 깊이 새겨 훗날 십자가형에 처해졌을 때 자청해서 고통을 더했다고 합니다. 십자가에 거꾸로 달려 죽음으로 자기 비움의 고통을 더 아프게 겪었다는 것이지요. 거듭난 베드로는 허무한 패배의 죽음 너머에서, 아니 그 패배의 현장 속에서 이미 영광의 부활을 뜨겁게 체험했습니다. 한국 교회는 십자가에 거꾸로 매달려 순교한 베드로의 마음을 도무지 이해하지 못할 것입니다. 그러기에 한국 개신교회는 세상으로부터 경멸받고 버림받고 있습니다. 예수 없는 껍데기 교회로 크게 성장할수록, 예수의 질책과 세상의 모멸적 비난은 더 매서워질 것입니다.

10

예수 없는
신앙고백

가장 보편적인 교회의 신앙고백이면서
교회 교리문답의 골간으로 존중되어온 사도신경에서도
갈릴리 예수의 모습을 찾아볼 수 없습니다.

한국 교회는 지금 중대한 시점을 맞고 있습니다. 1907년 평양 장대현교회에서 시작된 회개운동이 지난 해 100주년을 맞이했습니다. 그간 양적으로 엄청난 성장을 거듭한 한국 교회는 이제 성장보다는 성숙에 대한 논의를 진지하게 고민하지 않을 수 없습니다. 그만큼 교회의 대사회적 역량이 한계를 맞고 있기 때문입니다.

이제 하나의 교리와 신조 아래 획일적으로 움직이는 교회 공동체가 아니라 다양한 형태의 교회 공동체가 시도되고 있음은 고무적인 일이라 아니할 수 없습니다. 정교하고 난삽한 교리에 매임 없이 깊고 뜨거운 신앙을 추구하며 특정 교파와 교조에 구속당하지 않은 채 열린 신학적 탐구를 계속해간다는 것은 분명 의미 있는 일일 것입니다. 이와 아울러 신학 지평이 넓어진 만큼 우리의 신앙이 깊고 뜨거워졌는지는 차분하게 성찰해볼 필요가 있습니다. 교회 리더십 행사에서, 예배 순서에서, 말씀 증거에서, 사귐에서, 일상적 삶에서 그 대안적 모습이 구현되고 있는지 말입니다. 특히 교회 안에서 꼴찌와 지극히 작은 자, 약자가 정말 주인 노릇을 하고 있는지 자문해보아야 합니다.

예수가 주인이 되는 교회라야 살아있는 공동체인데, 예수가 주인이 되면 동시에 예수는 종이 됩니다. 남의 발을 씻어주는 일을 하게 됩니다. 서로가 서로에게 종이 되어야 모두 주인이 되지요. 그럴 때 첫째와 꼴찌는 하나가 될 수 있습니다. 그런데 과연 한국 개신교회가 그러합니까? 그렇지 못하다면 이제 우리는 본격적인 회개운동을 펼쳐야 할 것입니다.

사도신경에 실물 예수가 없다

우리는 이 시점에서 보다 근본적으로 회개할 일이 있습니다. 지난 2천 년 가까운 장구한 세월 동안 실물 예수 없이도 기독교가 존속해온 사실에 대해서 말입니다. 역사적 예수(실물 예수) 없이 이미 두 세기를 보내고 있는 한국 기독교(신구교 모두)는 이제 우리의 현주소에 대해 투철한 반성을 해야 합니다.

이를 위해 동정녀 마리아에서 빌라도로 직행한 기독교 신앙고백의 문제를 심각하게 성찰해볼 필요가 있습니다. 가장 보편적인 교회의 신앙고백이면서 천 몇 백 년이 흐르도록 교회 교리문답의 골간으로 존중되어온 사도신경에서 우리는 실물 예수의 모습을 찾을 수 없음에 새삼 주목해야 합니다. 그럼에도 기원 5세기 이후 오늘까지 이 신앙고백이 거의 모든 기독교 종파들에 의해 아무 문제없이 암송되고 존중되고 있다는 사실이야말로 정말 놀랍습니다. 역사적 예수가 없는데도 대부분의 기독교 신자들이 도무지 그 어떤 허전함을 느끼지 못하고 있다는 사실, 그들의 그 안일한 불감증이 바로 문제의 핵심이 아닐까요?

복음서에 나오는 예수의 말씀과 행적을 모두 역사적 사실이라고 말하지 않더라도(근본주의자들이 그렇게 말함), 그것이 비록 예수 부활을 체험한 초대교회 공동체의 신앙 고백적 표현이라 하더라도(실존주의자들이 그렇게 주장함), 예수따르미의 신앙고백의 내용은 마땅히 실물 예수의 말씀과 행적과 삶의 주요 부분을 기초로 해서 작성되어야 할 것입니다.

그런데도 사도신경에서만 그러한 실물이 아예 처음부터 존재하지 않았던 것처럼 구성되어 있습니다. 거의 모든 세계 기독교 교회가 사도신경을 정통적 신앙고백으로 받아들이고 있는 오늘의 현실을 보면서 예수의 실제성이 실종되어버린 사도신경을 대할 때면, 저의 마음은 여간 불편하지 않습니다. 더욱 불편하고 놀라운 사실은 그 같은 예수의 실종을 조금도 허전해하거나 불편해하거나 놀라워하지 않는 기독교인들의 상투적 평안함과 관례적 암송입니다.

실물 예수는 말씀의 선포자요, 증거자요, 실천가였습니다. 하나님나라를 선포하고 그것을 이루시기 위해 구체적인 프로젝트를 제시하고 실천하신 분입니다. 그런데 이 예수가 선포된 그리스도로 변하게 되면서 역사적 예수는 박제화 되고 만 듯합니다. 찬란한 교리의 옷을 입고는 있지만 역사 속에서의 감동적인 선포와 역동적인 실천과는 거의 무관한 신앙숭배의 대상으로 추상화되어 버린 듯합니다. 역사의 예수가 선포자요 실천자라면 부활의 그리스도는 더더욱 선포자가 되어야 하고 더욱 뜨거운 실천의 주체가 되어야 함에도 불구하고 말입니다.

물론 그리스도는 실물 예수 이상이기도 합니다만 그렇다고 역사적 예수 이하로 떨어트려선 안 됩니다. 세계적인 천주교 신학자요 성서학자인 크로산Crossan은 이렇게 표현했습니다. "그리스도는 예수 이상이지만, 그렇다고 그 이하도 아니다." 참으로 실물 예수와 부활의 그리스도의 관계를 적절히 표현한 듯합니다. 그리스도는 역사적 예수보다 더 위대할 수는 있으나 그렇다고 역사적 예수의 모습을 훼손하거나 축소해서도 안 된다는 뜻입니다.

예수는 축소되고 그리스도는 확장되는 것은 곧 역사는 외면당하나 신화는 존중된다는 뜻입니다. 이렇게 되면 그리스도는 하나님과 죄인 사이를 이어주는 대속적 중개인의 역할을 담당하게 됩니다. 그런데 역사적 예수는 하나님을 알고 체험함에 있어서 당시 유대교적 브로커의 역할을 인정하지 않았습니다. 누구나 아빠Abba 하나님을 직접 체험할 수 있음을 선포하시고, 무상의 치유행위와 평등한 밥상 공동체라는 갈릴리 프로젝트를 실천하심으로써 누구나 하나님나라를 직접 체험하게 했습니다. 하나님과 인간 사이에 종교적 전문 중개인, 교리적 전업 복덕방, 신학적 전문 브로커를 인정하시지 않았습니다. 이런 뜻에서 실물 예수는 항상 하나님을 직접 체험한 참으로 영성 충만한 평신도라 하겠습니다.

그런데 예수가 제도교회 틀 속에서 교리적 숭배의 대상인 그리스도로 변질되면서 교리의 그리스도는 인간과 하나님 사이를 중개하는 독점적

브로커로 전락하고 말았습니다. 그런 과정에서 교리의 그리스도는 역사적 예수를 위축시키고 사장되게 하고 말았습니다.

동정녀 마리아와 빌라도 사이의 빈 공간

사도신경은 예수의 부재를 이렇게 표현하고 있습니다. "동정녀 마리아에게 나시고, 본디오 빌라도에게 고난을 받으사." 이 고백문에는 적어도 복음서가 증거하고 있는 중요한 실제 사건들이 대부분 빠져 있습니다. 물론 이 사건들의 역사성에 대해 왈가왈부할 수 있겠으나 다음 몇 가지 사실에 대해서는 신학자들 간에 얼마간의 공감이 있는 듯합니다.

예수는 로마의 식민지였던 팔레스타인에서 태어나 짧은 삶을 사셨습니다. 그가 서른 살쯤 되었을 때 광야에 나아가 깊은 명상을 하셨고, 그 명상 중에 시험을 겪었으나 이를 이기고 성령 충만하여 갈릴리로 귀환하셨습니다. 귀환하신 후 세례 요한의 문하생이 되었고, 요한이 처형되자 독자적 활동, 곧 예수 운동을 펼치셨습니다. 그의 독자성은 아마도 복수의 신이 역사에 개입하여 심판한다는 세례 요한 식의 운동을 뛰어넘어 사랑의 대안공동체 곧 하나님나라의 건설에서 찾을 수 있겠습니다.

역사적 예수는 나사렛 회당에서 자신의 선교 비전을 선포하셨고, 이를 곧 실천하셨습니다. 그는 방랑자 카리스마를 지니고 중병에 시달리는 병자를 어디서나 무료로 치료해주셨습니다. 당시 병은 단순한 육체적 질병이 아니었습니다. 종교 규범이 규정한 죄의 발현으로 인식되었기에, 환자들은 병으로 인한 육체적 고통에 더하여 정신적 사회적 고통까지 겪어야 했습니다. 이것은 억울한 이중적 고통이었습니다.

예수는 이 같은 질병인식체계 자체를 해체하셨습니다. 병자를 생물학적 균으로부터 뿐 아니라 질병을 사회적으로 규정한 체제 자체로부터 해방시켜 주셨습니다. 여기에 더하여 환자에게 새로운 자긍심과 정체성을 불어넣어 주셨습니다. "당신의 믿음이 당신을 낫게 하였소"라는 선포는 환자들에게 새로운 자긍심과 자신감을 심어주었지요. 그래서 새로운 존재로 살아갈 수 있게 했습니다. 그랬기에 실물 예수는 불온한 반체제 인사로 인식되기도 했습니다.

예수께서 마귀를 쫓아내신 것도 피해자를 원래 인격으로 회복시키신 치유행위였습니다. 귀신 들린 자는 인격적 주체성을 상실한 존재입니다. 거라사 지역의 귀신 들린 자는 로마군단의 떼마귀에게 자기 인격을 정복당했던 것이지요. 주인 아닌 존재가 자기를 주관한 것입니다. 예수의 마귀 쫓음은 인간의 인격을 주인에게 되돌려주는 인간해방의 실천 자체였습니다. 이것이 실물 예수의 구체적 치유 행적이었습니다.

예수는 또한 밥상 공동체를 펼치셨습니다. 밥상 공동체는 하나님을 중심에 모신 평등 공동체였습니다. 계급의 장벽, 성의 장벽, 종교의 장벽, 지역의 장벽이 무너지는 새로운 대안공동체의 구체적 모습이기도 했습니다. 이러한 역동적 선교활동을 통해, 사회·경제·정치적으로 억울하게 차별받고 억압받는 사람들과 격의 없이 사귀셨으며, 꼴찌와 지극히 작은 자로 위축되어버린 인생들에게 희망과 희열을 채워주셨습니다. 하나님나라는 다름 아닌, 바로 이들이 주인 되는 평등 공동체입니다. 이것이 예수의 갈릴리 프로젝트였습니다.

문제는 이 같은 실물 예수의 감동적인 모습을 사도신경의 어디에서도 찾아볼 수 없다는 사실입니다. 예수의 존재는 태어나서 곧 빌라도에게 고난 받고 처형되는 존재로 소개되고 있을 뿐입니다. 살아있는 실존인물 예수에 대한 언급은 전혀 없지만, 흥미롭게도 그의 죽음과 그 후의 모습에 대해서는 비교적 자세히 언급되고 있습니다. "장사한 지 사흘 만에 죽은 자 가운데서 살아나시며 하늘에 오르사, 전능하신 하나님 우편에 앉아 계시다가, 저리로서 산 자와 죽은 자를 심판하러 오시리라."

갈릴리 지역에서 감동적으로 활동하신 예수의 역동적인 모습은 전혀 보이지 않고, 장사한 것, 사흘 지난 것, 죽은 자 가운데서 살아나신 것, 하늘에 오르신 것, 하나님 우편에 앉아 계신 것, 거기서 산 자뿐 아니라 죽은 자들까지 심판하기 위해 오시는 것 등은 비교적 길게 서술되고 있습니다. 역사적 예수는 없고, 교리의 그리스도에 대한 신학적 표현은 상대적으로 길고 자세한 편입니다.

동정녀 마리아와 빌라도 사이의 그 허전한 빈 공간을 이렇게 채운다면 어떻겠습니까? "동정녀 마리아에게 나시고 흑암의 세계에 빛을 던지사 병마를 쫓아내시고, 부당한 차별의 장벽을 허무시며, 꼴찌와 지극히 작은 자들도 주인이 되는 사랑의 공동체를 세우시다가 유대와 로마권력에게 고난당하시고, 십자가 처형되셨으나 사흘 만에 부활하셨습니다."

실물 예수의 삶을 따르라

21세기는 염려스럽게도 '스스로 돈독한' 크리스천으로 자처하는 근본주의자들이 세계를 지배하려 하고 있습니다. 그러기에 평화의 소리는 들리지 않고 전쟁의 소리와 전쟁 직전 염려하는 씨알들의 소리는 더욱 크게 들리는 듯합니다.

이러한 위기의 시점에서 예수따르미들은 실물 예수를 예수따르미의 삶의 중심에, 그리고 그들의 신앙고백 중심에 다시 정중히 모셔야 합니다. 평화와 사랑과 정의의 주님을 삶 한가운데, 신학의 중심에, 신앙고백의 핵심에 정중히 모시고 그분의 뜻을 실천해야 할 것입니다. 이제 실물 예수를 모심에 있어 몇 가지 절박하고 올곧은 깨달음을 촉구하고 싶습니다.

첫째, 실물 예수는 영적 존재로서 역사적인 사건들의 중심부에 서 있었음을 새삼 강조하고 싶습니다. 그는 광야의 시험도 영의 힘에 이끌리어 체험하셨고, 그 시험을 영의 힘으로 이기시고 성령 충만하여 귀향하셨습니다. 세례 요한으로부터 세례 받았을 때도 성령의 힘이 작동했습니다. 독자적으로 선교활동을 하기 위해 고향인 나사렛 회당에서 메시지를 선포할 때도 성령의 힘이 그에게 임했지요. 세례 요한의 제자들이 예수의 정체를 확인하기 위해 방문했을 때도, 그는 성령의 능력으로 그의 갈릴리 비전이 구체적으로 실천되고 있음을 상기시켰습니다. 온갖 중병환자가 치유되고, 지체 장애자들이 온전케 되고, 가난한 자들에게 기쁜 소식이 전달된다는 사실을 세례 요한에게 알려주라고 했습니다.

이 같은 놀라운 사건은 영의 능력으로 예수가 일으킨 사건이요 그것은 곧 하나님나라의 구현이기도 했습니다.

또한 역사적 예수는 그 영의 눈으로 자연을 보셨습니다. 주변의 밑바닥 인생이 먹을 것과 입을 것이 없어 염려할 때, 공중에 나는 새를 가리키며 그들을 위로하셨고, 들판에 흐드러지게 피어 있는 백합화를 지목하며 그들을 격려하셨습니다. 인간의 생명은 새와 꽃의 생명보다 소중하다는 가르침이었습니다. 역사적 예수는 사랑에 찬 영의 눈으로 인간과 자연과 사물을 관찰하셨습니다.

그런데 이 같은 실물 예수는 영적 존재로서 시공을 초월하여 오늘 우리와도 함께하십니다. 예수가 그리스도로 고백되는 것도 바로 이 같은 예수의 현존 체험, 영적 체험과 연결되는 것이지요. 부활의 그리스도 체험은 신자 개인의 신비한 체험으로 끝나버리는 것이 아니라 실물 예수의 비전과 프로그램으로 연결됩니다. 또 그렇게 되어야 합니다. 우리가 21세기에서 마땅히 해내야 할 과제, 이를테면 평화를 만들어 가는 일을 위해서도 그리스도의 영성이 필요합니다. 예수의 영성은 역사적 실천을 가능케 하는 동력이면서 동시에 지금도 우리에게 능력 주시는 실존적 힘의 원천이기도 합니다. 그래서 영적인 것과 역사적 실천은 둘이 아니라 하나입니다.

둘째, 오늘 우리가 당면한 심각한 문제들을 올곧게 해결하기 위해 예수와 영적으로 끊임없이 역지사지해야 합니다. 전쟁문제, 부패문제, 질병문제, 사회적 차별문제, 분단문제, 죽음문제 등을 풀기 위해 고뇌하는 오늘날 예수따르미는 항상 이렇게 자문해야 할 것입니다. "예수님이라면 이 문제를 어떻게 보고, 해석하고, 접근하고, 해결해 나가실까?" 이러한 질문은 역사적 예수의 행적, 그분의 말씀과 삶을 구체적으로 알아야만 적절하고 올바르게 대답될 수 있습니다. 동정녀 마리아에서 빌라도로 바로 뛰어 넘어가면 도무지 이러한 질문이 나올 수도 없고, 나온다 해도 적절한 해답을 얻을 수도 없습니다.

예수의 경구나 비유의 말씀이 그분의 하나님나라 건설 프로젝트와 어떻게 연결되는지 우선 알아야 당면한 문제를 은혜롭게 푸는 데 필요한 실마리를 얻게 될 것입니다. 예수따르미들이 역사적 예수에 관한 이해를 더 높여야 할 까닭이 바로 여기에 있습니다. 예수의 입장을 알아야만, 그분의 입장에서 오늘 우리의 문제를 조명해볼 수 있는 것 아니겠습니까?

예수의 영은 당신의 이름으로 펼쳐지는 십자군 전쟁으로 인해 억울하게 죽어가거나 고통당하는 수많은 사람들의 처참한 모습을 보시고 오히려 괴로워하실 것입니다. 그러하기에 우리는 실물 예수의 말씀과 행적을 올곧게 이해해야 합니다. 예수는 경직된 교리를 적용하여 이단을 만들어 핍박하는 일이나, 마녀를 만들어 화형시키는 일을 결코 허용하시지 않을 분입니다. 자기와 생각이 다른 집단이나 문화를 악의 축으로 단죄하고 선제공격으로 박멸하려는 일도 결코 찬성하시지 않을 분입니다. 타민족이나 타종교를 차별하거나 궤멸하는 일에 온 힘을 다해 반대하실 것입니다. 지난 세월 제도 기독교가 예수를 교리로 박제화하면서 기독교의 이름으로 저질렀던 온갖 부끄러운 짓들도 따지고 보면 예수 없는 신조에 매달렸던 사실과 무관하지 않습니다.

실물 예수는 암탉 같은 하나님의 날개 아래로 인간을 모으셨습니다. 모든 인간은 같은 자녀로 보호받고 사랑받는 존재임을 깨우쳐주시면서 암탉이 병아리를 품듯 당신 자신이 그들을 품어보려고 애쓰셨습니다. 그리고 하나님이 우리를 사랑하시듯 우리에게 서로 사랑하라고 권고하셨습니다. 서로 사랑할 때 우리가 하나님을 직접 체험할 수 있음을 깨우쳐주셨습니다. 사랑은 자기를 비워 남에게 아름다운 것으로 채워주는 행위입니다. 바로 그 행위 속에 하나님은 살아 움직이십니다. 바로 그 실천 속에 우리는 갈릴리 예수와 부활의 그리스도를 모두 함께 영적으로 체험하게 되는 것이지요.

예수 운동은 현재진행형이다

이 같은 영적 체험이야말로 오늘 아직도 미완으로 남아 있는 하나님 나라 사업을 계속 추진하고 완성해나가는 데 긴요한 힘의 원천이 됩니다. 아직도 우리 주변에는 억울한 꼴찌들이 많고, 지극히 작은 자로 취급받고 버려진 인간들이 허다합니다. 병들었지만 경제적 능력이 없어 죽어가는 인간들이 수없이 많이 있습니다. 위선과 부조리, 강압과 착취의 지배구조로 인해 억울하게 차별과 수탈과 억압을 당하는 오늘의 '죄인'들이 허다합니다. 그래서 예수 운동 곧 하나님나라의 선교는 아직도 필요합니다.

예수 운동은 아직도 미완의 과업으로 남아 우리를 부르고 있습니다.

예수따르미 공동체가 존재하고 활성화되어야 할 까닭이 바로 여기에 있습니다. 예수따르미의 삶은 실물 예수의 삶을 지향하는 것이기에 우리는 목표로서 예수를 바라보고 그를 따르려고 합니다. 그러나 그를 따르는 일은 결코 쉽지 않으며, 때로는 고난의 골고다 언덕을 지나가야 하는 괴롭고 외로운 일입니다.

그러기에 오늘 우리 삶의 자리에서 부활의 그리스도 능력을 더욱 체험하려고 노력해야 합니다. 실망과 좌절에 사로잡혀 힘없이 엠마오로 내려가던 제자들에게 친히 떡을 떼어주시며 갈릴리 예수의 밥상 공동체 운동을 상기시켜 주심으로써 힘과 용기와 희망을 불어넣어 주셨듯이, 우리가 어려운 조건에서도 불우한 이웃과 함께 소중한 것을 떼어 나누는 순간, 실물 예수는 영적으로 우리와 함께 살아 움직이십니다. 바로 그분을 느끼고 체험하는 기쁨을 누려야 합니다.

실물 예수를 박제해버린 제도 기독교가 하나님과 예수의 이름을 망령되게 내세우면서 저질러온 온갖 종교적, 신학적, 교리적 악행은 이제 중단되어야 합니다. 교회갱신, 교회혁신이 절박하게 필요한 까닭이 바로 여기에 있습니다. 이 같은 변혁은 실물 예수의 복원으로부터 시작되어야 합니다. 지난날 역사적 예수를 오늘 우리 삶의 자리에서 뜨겁게 영적으로 만나는 공동체의 삶에서 시작되어야 합니다.

이제 한국 개신교회는 역사적 예수가 부활의 그리스도로 이어지면서 우리를 죄악으로부터 해방시키고 새롭고 온전한 존재로 세워주실 것을 믿고 고백해야 합니다. 물론 우리는 전통적 속죄론이 비록 기독교 신앙을 사사화私事化시키고, 탈정치화시키며, 탈역사화시킨 잘못을 항상 잊지 않으면서도, 그것이 사랑과 공의의 새 질서, 용서와 평화의 새 세상을 구축하는 데 긴요하게 쓰일 신학적 자원이 될 수 있음을 또한 잊지 말고 고백해야 합니다.

그뿐입니까? 예수가 그리스도임을 고백함으로써 한국 교회는 창조의 보전과 완성을 위해, 인간의 생명과 존엄을 위해, 하나님의 평화와 정의 실현을 위해 더욱 헌신할 수 있어야 합니다. 이것이 바로 새로운 대안 공동체의 신앙고백이요, 이 고백이야말로 실물 예수를 중심에 모시고 부활의 그리스도의 영과 능력을 뜨겁게 체험하려는 예수따르미의 고백이 아니겠습니까?

어두운 역사 한가운데 빛으로 오셔서 혼돈 속에 헤매는 백성들에게 진리의 새 길을 제시하신 예수 그리스도의 삶을 본받기 위하여, 우리는 십자가의 고통과 함께 부활의 영광을 뜨겁게 기억하고, 마침내 이 땅 위에 하나님의 다스림이 이뤄지는 그날을 향하여 오늘도 예수 그리스도의 몸 된 공동체를 가꾸어 나가기로 결단해야 합니다. 외롭지만 힘차게, 괴롭지만 기쁘게 공동체를 가꾸어 나가려면, 매주, 매일, 매순간 개인과 공동체로서 실물 예수와 부활의 그리스도를 함께 체험할 수 있어야 합니다.

그런데 실물 예수의 삶을 모르고서 어떻게 그와 역지사지할 수 있겠습니까? 이 같은 역지사지 없이 어찌 실존적 체험을 할 수 있겠습니까? 예수 없는 기독교에서, 실물 예수와 그리스도가 분열되어 있는 한국 교회에서 역사적 예수 중심의 새 공동체를 세워나가려는 결단이야말로 오늘 한국 개신교가 내려야 할 중요한 결단이라 하겠습니다. 이제 교리의 그리스도에 의해 오랫동안 추방된 실물 예수를 새롭게 모셔야 합니다.

예수 없는 개신교회가 예수와 함께 그리스도를 모시는, 영적이면서도 역사적인 결단을 해내는 예수의 개신교로 나아가야 합니다.

11

예수
이름으로 예수를
괴롭히는 교회

예수의 이름으로 전쟁을 선동하고,
증오심을 북돋우고, 온갖 종류의 차별을 강변한다면
그 죄악은 세속적 범죄보다 더 심각하다고 하겠습니다.

대체로 이름과 현실은 따로 놀기 쉽습니다. 말로는 자유민주주의를 강조하면서 실제로는 인간의 기본권을 제약했던 군사통치 시절이 대표적인 본보기입니다. 스스로 동방예의의 나라라고 내세우지만 살벌한 시장바닥 같은 우리 현실에서 예절이 이름만 남아 있는 것도 마찬가지입니다. 정치나 경제 분야에서 이름과 현실이 따로 노는 것은 흔한 일입니다. 그런데 신성한 종교의 영역에서 이름과 실제가 분리된다면, 그 종교는 위선의 극치에 이르게 될 것입니다. 아니 그 종교는 본질적 가치를 이미 상실한 빈껍데기와 다를 바 없습니다. 그것은 가증스러운 껍데기로 남을 뿐입니다.

누가 예수의 이름을 들먹이는가?

한국 개신교의 상황에서는 예수 이름과 교회 현실이 오랫동안 따로 노는 것 같습니다. 심지어 예수 이름으로 예수와 하나님을 욕되게 하는 일이 여기저기서 비일비재로 일어나고 있습니다. 그런데도 교회 지도자들은 이러한 현실에 대해 무관심하거나 침묵을 지키고 있습니다. 이것이 오늘 한국 기독교 위기의 한 징표일 것입니다.

돌이켜 보면 한국 교회는 예수 이름을 빙자하여 부끄러운 분열을 거듭해 왔습니다. 장로교가 '그리스도'와 '예수'로 분열된 것은 한 예일 뿐입니다. 때로 예수 이름으로 개신교 신자들의 배타성과 독선이 변호되기도 합니다. 교회 지도자들은 국민을 부당하게 억압한 정치 지도자를 예수 이름으로 축복해주기도 했습니다. 만인이 지켜보는 국회 청문회에서 자신들의 부끄러운 짓을 예수와 하나님 이름으로 합리화하고 강변한 예들도 있었습니다. 세습 문제로 지탄을 받고 있는데도 계속 예수의 이름으로 신도들을 축복해주는 대형교회도 있습니다. 그러니 반복음적 행위가 예수 이름으로 버젓이 이뤄지고 있다고 하겠습니다.

다행히도 올 미국 대통령 선거에서는 각 후보들이 예수 이름을 빌어 자기 입장을 돋보이게 하지 않습니다만, 8년 전에는 예수 이름을 탐욕의 정치에 마구 활용했습니다. 공화당 후보였던 부시는 예수를 자기의 개인적 구세주로 믿으며, 그분을 정치철학자로서 가장 좋아한다고 외쳤습니다. 2000년 6월 10일을 텍사스 주의 '예수의 날'로 선포할 정도였습니다. 그런가 하면 민주당 후보였던 고어도 문제에 부딪칠 때마다 '예수께서는 어떻게 대응하셨을까?'What would Jesus do?'를 자문한다고 고백했습니다. 그리고 하나님 이름을 자주 찾는 정통 유대인 상원의원 리버만을 부통령 후보로 영입했습니다. 리버만은 수락연설에서 하나님을 열세 번이나 언급했습니다. 그는 지금 당을 바꾸어 공화당 후보지원에 적극 나서고 있습니다.

미국의 대선에서 예수 이름과 하나님 이름이 널뛰다시피 정치인들의 입에 오르내리는 만큼 미국 정치가 진정 예수 뜻에 합당하게 펼쳐진다면 얼마나 좋겠습니까? 예수 이름의 능력이 도대체 어떠한 것입니까? 예수 이름이 현실의 값진 변화와 관계없이 함부로 오르내려도 되는 것입니까?

변화의 세 가지 원동력

베드로와 요한은 초대 예루살렘 교회의 지도자였습니다. 두 사도의 영향력은 초기에는 대단했던 듯합니다. 그들은 관례에 따라 오후 3시가 되면 성전으로 나아갔습니다. 어김없이 교인들에게 구걸하기 위해 앉은 뱅이 한 사람이 성전에 나타나곤 했습니다. 구걸자의 등장은 관례 같아서 모두들 그 앉은뱅이에게 특별한 주의를 기울이지 않았습니다. 그런데 여기 놀라운 변화의 조짐이 나타납니다.

베드로와 요한은 그를 주목했습니다. 이것이 첫 번째 메시지입니다. 의미 있는 역사적 사건의 시초는 바로 이 같은 주목, 새삼스러운 관심에서 출발합니다. 보통 사람들은 그저 무관심하게 지나쳐 버리는 일에 대해 창조적 변화를 일으키는 사람은 새삼 주목합니다. '주목'을 '관례적 무관심'과 대조해봐야 합니다. 예수를 따르는 행위는 결코 무관심에서 나올 수 없습니다. 그것은 주목의 결단이요, 주목에서 나오는 행동입니다. 주목은 아주 새롭게 본다는 뜻입니다.

그렇다면 무엇을 주목해야 할까요? 비인간화된 존재와 그 상황에 주목해야 합니다. 이것은 착한 사마리아 사람이 강도떼에게 당하고 거의 죽게 된 피해자에게 가졌던 비상한 관심과 같은 것입니다. 매일 오후 3시가 되면 미문 앞에서 구걸하는 앉은뱅이는 언뜻 보아도 비인간적 조건을 갖고 있었습니다. 그는 육체적으로 장애가 있었습니다. 물론 육체적인 장애가 자동적으로 비인간화의 모습일 수는 없지만, 그것이 구걸이라는 행위와 연결될 때 비인간화의 조건이 되는 것이지요.

스스로 문제를 풀어가려고 애쓰지 않고 비굴하게 구걸에 매달려 쉽게 살아가려 한다면 그 비굴함은 곧 자기 인격을 능멸하거나 훼손시키는 행위와 같습니다. 게다가 모멸적 자기 비하 행위를 관례처럼 태연하게 계속한다면 그것은 더욱 비참한 비인간화의 모습일 것입니다. 그러기에 미문 앞에 구걸했던 사람은 지체장애, 구걸 행위, 그리고 자기 비하 행위에 대한 무관심이라는 삼중의 딱한 모습을 보여주고 있습니다.

그 중에 가장 심각한 것은 자신의 비뚤어진 인간 모습을 당연시했기에 아픔을 느끼지 못하고 있는 그의 무지나 무관심입니다. 예수따르미는 마땅히 이러한 비인간적이고 비극적 사실을 예의 주시해야 합니다. 신학자 허조그Herzog는 고통이 있는 곳에 신학이 있어야 한다고 했습니다. 저는 거기에 한 가지를 더 보태고 싶습니다. 일상성에 매몰되어 억울한 고통을 느끼지 못하고 당연한 듯 비굴하게 살아가는 태도에 대해 예수따르미의 신학적, 신앙적 주목이 있어야 합니다.

베드로와 요한은 앉은뱅이 구걸자에게 "우리를 보라"고 요청했습니다. 이것은 무슨 뜻일까요? 자신들이 돈을 넉넉하게 줄 수 있는 사업가나 부자가 아님을 똑똑히 보라는 말씀 같기도 합니다. 자신들이 예수의 삶과 죽음, 부활과 성령의 힘을 증거하는 사도이지 돈을 버는 사업가가 아님을 강조한 것 같기도 합니다. 그렇다면 돈으로 문제를 해결하려는 태도, 황금 만능주의적 생각을 버리라는 뜻이 되기도 합니다. 그렇습니다. 그때나 지금이나 변함없는 인간의 유혹은 돈으로, 물질로 문제를 쉽게 풀려고 하는 유혹입니다. 바로 이런 욕심을 앉은뱅이 또한 갖고 있었습니다.

사도들이 보라고 한 것은 새로운 대안을 보라는 뜻이었습니다. 금과 은으로 문제를 풀려고 하지 말고 보다 새롭고 근본적인 방식으로 문제를 풀라고 명령한 것이지요. 그 새로운 방법이 무엇입니까? 그것은 "예수 그리스도의 이름"입니다. 이것이 두 번째 메시지입니다.

이 명령의 뜻을 좀 더 음미해봅시다. 사도들이 보라고 한 것은 두 사도의 겉모습을 보라는 뜻은 아니었습니다. 문제 해결의 열쇠가 베드로와 요한이라는 사도직에 있음을 강조한 것도 아닙니다. 사도의 외모나 직분을 보라는 것이 아니라 사도들이 갖고 있는 것, 사도들을 사도답게 해주는 것, 사도 속에 있는 새로운 힘, 곧 나사렛 예수 그리스도의 이름이 지닌 힘을 보라는 것입니다.

나사렛 예수는 역사적 인물의 이름이고, 그리스도는 부활하신 메시아의 이름입니다. 역사적 예수의 힘을 그리스도의 힘과 함께 받아들여 그 이름으로 새로운 변화를 체험하라는 명령입니다. 여기서 이름은 곧 현실 변혁의 힘이요, 변혁의 실제는 이름 그 자체입니다. 다시 말하면 예수 그리스도에게는 이름과 실제가 분리되지 않습니다. 그의 이름은 곧 새로운 현실과 실천을 만들어내는 힘이고, 그 힘의 실제가 바로 이름입니다. 그에게는 이름과 힘이 항상 함께 있습니다. 이름과 힘, 이름과 변혁이 분리될 때 기독교는 변질되고 맙니다. 자칫 사기술로 떨어질 수도 있습니다.

그렇다면 그 힘은 어떻게 나타나는 것일까요? 이것이 세 번째 메시지입니다. 예수 그리스도의 이름은 인간으로 하여금 비인간화된 상황과 조건, 그 존재양태에서 해방되게 하는 힘입니다. 이 힘을 예수는 그의 고향마을에서 행한 첫 말씀 증거(눅 4:16-19)에서 강조하고 있습니다.

여기 지체장애인이 있습니다. 지체장애는 비인간화의 한 속성입니다. 지체장애는 온전케 되어야 합니다. 앉은뱅이는 먼저 일어나야 합니다. 일어난다는 것은 평상시의 비뚤어진 상태에 안주하는 데서 과감히 벗어남을 뜻합니다. 비인간화된 안주 상태를 부수면서 벌떡 일어나야 합니다. 사람은 일어나야 사람이 됩니다. 인간만이 직립하여 일하고 창조하는 동물입니다. 앉아만 있어서는 안 됩니다. 그것도 지체장애로 앉아 있어서는 안 됩니다. 예수는 그것을 결코 원하시지 않습니다. 예수는 그러한 조건에서 벌떡 일어서기를 원하십니다. 베데스다 연못가에서 38년을 죽치고 앉아 있던 중병환자를 벌떡 일으키신 예수를 기억하기 바랍니다.

그뿐입니까? 예수 그리스도의 이름은 걸어가게 하는 힘입니다. 어디를 향해 걸어갈까요? 다시 암흑과 의존과 구걸의 상황으로 걸어가야 할까요? 결코 아닙니다. 두 다리로 당당히 걸어가되 하나님을 찬양하는 삶으로 나아가야 합니다. 매일매일 그 방향으로 나아가야 합니다. 한 걸음 더 나아가 예전의 자기와 같이 앉은뱅이 상태에 자족하여 안주하면서 비굴하게 인격을 팔며 쉽게 살아가는 비인간화된 존재들을 일으키고 걷게 하고 뛰게 해야 합니다. 예수 공동체와 하나님나라를 세우는 삶으로 나아가야 합니다. 즉 예수 이름은 정의와 평화를 강물처럼 흐르게 하는 힘입니다. 그것은 온전한 인간으로 나아가는 참된 해방과 광복을 체험케 하는 힘이기도 합니다. 인간을 억압하는 마귀의 사슬에서 해방시키는 힘입니다.

예수의 이름으로 예수를 괴롭히지 말라

이런 점에서 만일 기독교 신자들이 예수 그리스도의 이름으로 전쟁을 선동하고, 증오심을 북돋우고, 온갖 종류의 차별(인종, 성, 지역, 계급)을 강변하고, 인권을 제약하는 일에 앞장선다면, 그리고 약자들의 의존심을 계속 부추긴다면 그 죄악은 세속적 범죄보다 더 심각하다고 하겠습니다. 예수와 하나님을 전쟁 광분자로, 평화 파괴자로, 분열주의자로, 독선과 탐욕자로, 인권 유린자로 격하시키는 일이며 욕되게 하는 짓입니다.

로마 교황이 예수와 하나님의 이름으로 저질러진 교회의 잘못을 세계 앞에 회개한 일이 있습니다. 십자군 범죄가 1095년 교황 우르반 칙령에 따른 것이었기 때문입니다. 십자군은 1차원정 때만도 7만 명의 유대인 과 회교도를 학살했습니다. 가톨릭교회가 히틀러의 유대인 학살에 침묵 을 지킨 것도 사죄했습니다. 중세 종교재판을 통해 많은 신자들과 사람 들을 예수의 이름으로 고문하고 화형으로 죽인 죄, 선교와 전도의 미명 아래 신대륙에 진출하여 원주민을 학살한 죄도 회개했습니다. 16세기 1,500만 명이었던 멕시코 원주민이 지금은 300만 명으로 축소되고 말았 지요. 이 모든 끔찍스러운 범죄가 예수와 하나님의 이름으로 저질러졌 습니다.

가톨릭교회의 수장인 교황은 몸과 마음을 떨면서 엄청난 교회의 잘못 을 세계와 역사 앞에 겸허하게 사죄했습니다. 저는 TV로 이 광경을 지 켜보았습니다. 정말 너무나 감동적이었습니다. 만시지탄의 감은 있으 나, 교회 지도자가 비로소 예수 이름의 참 힘을 깨닫게 되었다고 생각했 기 때문입니다. 예수 이름의 참 힘대로 교회를 이끌지 못했음을 회개했 기 때문입니다.

개신교회도 예수 이름으로 예수를 무수히 십자가에 못 박았음을 고백 하고 회개해야 합니다. 캄캄한 밤에 서울 도심지에 반짝이는 수많은 교 회 십자가를 볼 때, 저는 때때로 바로 저 십자가에 오늘도 우리 주 예수 그리스도가 달려 신음하고 계신 것은 아닐까를 생각하며 몸과 마음이 떨 려올 때가 있습니다. 한국 교회의 십자가가 예수 이름으로 예수를 처형 하는 형틀처럼 여겨질 때가 있습니다. 그 형틀에 달려 괴로워하는 예수 를 보는 듯하여 죄송스러울 때가 있습니다.

큰 교회 목사의 세습 문제를 들을 때 그러합니다. 옷 로비 사건과 같은 일을 들을 때 그러합니다. 분단을 고착시키면서 예수 이름으로 북한 동포를 증오하는 소리를 들을 때 그러합니다. 냉전체제를 예수의 이름으로 변호할 때 그러합니다. 온갖 신앙의 독선과 탐욕을 예수 이름으로 강변할 때 그러합니다. 군사독재를 예수 이름으로 지지할 때 그러합니다. 예수 이름으로 종교적 위선과 조직의 비리를 은폐할 때 그러합니다. 개인의 축복과 집단 이기주의를 예수 이름으로 간구할 때 그러합니다. 정말 이제는 예수 이름으로 기도하기가 두려워집니다.

예수, 그 이름은 변혁의 힘

미문 앞에 앉아 있는 앉은뱅이 모습에서 저는 저 자신의 모습을 확인하게 됩니다. 앉아 구걸하는 짓이 편하고 쉬우니까, 일어날 생각도, 걷고 뛸 생각도 하지 않는 우리의 나태한 관례적인 신앙을 거기서 보게 됩니다. 돈이면 문제가 해결된다는 사고에 깊이 젖어 있는 우리의 안일한 모습도 보게 됩니다. 한국 교회는 말로는 신앙을 말하면서도 돈이 너무 많아 예수 이름의 힘을 제대로 올곧게 행사하지 못하는 것은 아닌지요. 큰 교회, 부자교회를 대를 이어 맡고 싶은 것도, 돈의 힘과 조직의 힘을 무의식적으로 숭배한 탓이 아닐는지요. 물론 그런 교회일수록 예수 이름을 더욱 크게 외치고 그에 대한 아멘 소리도 크겠지만, 실은 이름과 현실이 위선적으로 따로 따로 노는 것이 아닐는지요.

금과 은이 없기 때문에 오히려 예수 이름으로 참된 구원의 기적, 해방의 기적, 온전케 하는 사건을 일으켰던 사도들이 정말 그리워집니다. 예수 이름으로 너무나 위선적인 세속권세와 명예와 부를 탐닉해온 우리의 천박한 모습을 볼 때마다 베드로와 요한 같은 지도자가 그리워집니다. 죄 중에 가장 가증스러운 죄가 있다면 그것은 바로 가장 신성한 이름으로 그 신성을 훼손하는 종교적 위선 행위라 하겠습니다. 이제는 한국 개신교의 그 종교적 위선과 독선을 겸손하고 철저하게 회개하여 예수 이름의 놀라운 힘을 정말 자랑스럽게 증거해야 할 때입니다.

한국 교회는 이제 새롭게 벌떡 일어서야 합니다. 그리스도 예수 안에서 새 삶을 향해 걸어가야 합니다. 그렇게 하기 위해 우리 주변에 있는, 억울하게 고통당하면서 사람다운 대접을 못 받는 비인간화된 사람들을 새삼 주목해야 합니다. 비인간화된 조건 속에 살면서도 그것을 바꿀 생각도 하지 않고, 오히려 그 속에 안주하면서 인간의 품위를 스스로 훼손시키는 사람들, 그 사실도 미처 깨닫지 못하는 사람들을 예수의 이름으로 주목해야 합니다. 그리고 예수 이름으로 그들을 흔들어 깨우고, 일으켜서 새 존재로 당당히 걸어나가게 해야 합니다. 예수 이름의 능력을 그들과 함께 체험해야 하지 않을까요?

교회가 참된 예수 그리스도의 몸이라면 교회는 이 같은 체험을 통해 예수 이름에 담긴 놀라운 구원의 힘, 해방의 능력을 증거할 수 있어야 합니다. 예수 이름은 결코 한낱 이름에 그칠 수 없습니다. 명목이나 명분 그리고 허명에 그칠 수 없습니다. 그것은 폭발하는 구원의 힘이요 변혁의 동력입니다. 그 힘이 교회를 올바르게 바꾸고 이끌며 움직여 나가야 합니다. 그러기에 먼저 예수 이름을 잘못된 지배 이데올로기(허위의식)로 변질시켜온 우리 자신을 회개해야 합니다. 그리고 이데올로기로부터 자유로운 인격 공동체가 되어야 합니다. 역사적 예수와 부활의 그리스도를 그 이름으로 순간순간 체험하면서 이 땅과 역사 속에 하나님나라, 곧 사랑과 용서의 새 질서, 정의와 평화의 새 세상을 세워 나가야 합니다.

이 일에 예수의 이름은 참으로 소중합니다. 바로 변혁의 힘 자체이기 때문입니다. 그러기에 이제부터는 예수교 신자들이 예수의 이름으로 예수님을 괴롭히는 일이 있어서는 안 될 것입니다. 예수님을 그 이름과 그 힘으로 분열시키지 말아야 합니다. 역사적 예수와 그리스도는 항상 우리를 온전케 하시기 때문입니다.

무덤은 비우고
역사는 채우고

예수를 죽인 로마제국의 권력이 정당하다면,
예수는 무덤에 갇힌 채 썩어 없어져도 됩니다.
그러나 그럴 수 없기에 그의 무덤은 반드시 비어 있어야 합니다.

부활절은 기독교의 3대 절기 중 하나로, 한국 교회는 해마다 이날을 의례적인 잔치의 날로 보냅니다. 안타깝게도 부활 사건이 갖는 해석학적 깊은 의미를 되씹거나 그 실천적 의미를 다시 다짐하는 일은 별로 없는 듯합니다. 오히려 현재 우리의 몸이 예수 부활 신앙을 통해 영원히 존속되기를 바라는 천박한 종교적 탐욕, 곧 영생 욕심이 팽창하는 시간이기도 합니다.

일반적으로 정통복음주의 신학에서는 예수 부활 사건을 사실적 사건으로 믿고 그것을 인과론적으로 증명해보려는 움직임이 강합니다. 이를테면 '빈 무덤'과 '예수의 현현' 사건을 함께 묶어 예수 부활의 충분조건이라고 주장합니다. 예수의 무덤이 사흘 후 비었고, 그 후 부활의 예수가 제자들에게 나타났다는 사실이 예수의 부활을 사실로 증명한다는 주장이지요.

그런가 하면 역사적 예수 탐구에 관심 있는 신학자들은 예수 부활에 대한 서술 양식의 문제, 곧 그것이 사실적 서술이냐 아니면 은유적 상징 서술이냐 하는 문제는 일단 접어두고, 그 사건이 갖는 해석학적 의미를 깊이 천착해보려고 합니다. 2천 년 전에 일어났던 부활이 오늘 21세기에 사는 우리에게 무슨 의미가 있는가, 특히 어떤 실천적 의미를 던져주는가에 주목합니다.

예수 부활의 의미와 중요성

저는 예수 부활이 갖는 해석학적 의미와 중요성을 짚어보고자 합니다. 특히 그 실체적 중요성에 주목하고자 합니다. '빈 무덤'과 '현현'이 오늘 우리 그리스도따르미에게 주는 실체적 의미를 깊이 되씹어보면서 새로운 깨달음과 결단에 이르고 싶습니다.

첫째, 예수 부활은 예수께서 갈릴리에서 시동을 건 하나님나라 운동의 한 차원 높은 지속과 실천을 의미합니다. 갈릴리라는 절망과 고통의 땅, 막강한 로마제국의 폭력에 의해 말할 수 없는 아픔을 겪었던 로마의 변방 식민지에서 예수가 펼친 사랑의 해방운동, 평화와 정의의 프로젝트는 로마의 실정법에 의해 무참히 저지되고 파괴되었습니다. 그 운동이 예수와 함께 십자가에 처형당한 것이지요.

그런데 처형당한 지 사흘 만에 예수가 부활했음을 제자들은 체험했습니다. 그러기에 그의 부활은 그 어떤 제국의 물리적 힘도 예수의 갈릴리 운동을 중단시킬 수 없음을 감동적으로 증언합니다. 로마제국과 그 부역세력들(예루살렘의 성전세력)이 죽여 놓은 사랑과 평화의 운동을 하나님이 되살려 놓은 것이지요. 그 운동이 되살아났을 뿐 아니라 엄혹한 제국현실 속에서도 더욱 활기차게 추진되었음을 뜻합니다. 그것은 또한 하나님의 종말적 운동, 곧 하나님의 역사적 대청소작업의 획기적 시작을 의미합니다. 시공우주時空宇宙의 끝장내기가 아니라, 로마제국 같은 시공적 악의 존속을 끝내려는 운동의 시작을 알려줍니다. 그러기에 예수 부활은 아예 처음부터 역사적 실체성과 실천성을 지니는 역동적 사건입니다.

둘째, 예수 부활은 빈 무덤 소식과 현현 체험을 통해 그 실체의 의미를 구체적으로 제자들에게 깨닫게 해줍니다. 여성 제자들이 예수 무덤이 비었음을 목도했다는 증언을 접했을 때 잠시 남성 제자들은 두려움과 혼란에 빠졌습니다. "누가 우리 선생님의 시신을 훔쳐갔나" 하며 당혹해하다가도 "정말 다시 살아나신 것이 아닌가" 놀라기도 했습니다.

그런데 빈 무덤 얘기가 흘러나온 뒤 곧 이곳저곳에서 다시 살아나신 예수를 직접 만나게 되는 사건들이 연이어 터져 나옵니다. 현현 사건으로 빈 무덤 이야기가 이어지면서 "아하, 말씀하신 대로 죽은 지 사흘 안에 정말 살아나셨구나!", "예수님이 진짜 우리의 메시아로구나!" 하는 새로운 깨달음에 이르게 되지요. 이 깨달음의 감동이 폭포수처럼 제자들에게 쏟아져 내렸습니다. 여기서 우리는 몇 가지 그 감동이 갖는 실체성에 대해 확인할 필요가 있습니다.

무엇보다도 먼저 이 깨달음이 개인의 한낱 심리 변화에 불과한 것은 아니라는 사실입니다. 그것은 제자들의 존재양식의 변화, 그것도 총체적 근본적 변화를 불러일으켰습니다. 곧 그들에게 실체적 변화가 생겼다는 것이지요. 그들의 아둔함, 비겁함, 탐욕스러움, 미련함, 절망(예수 처형 직후)이 이제 빈 무덤과 현현의 잇단 체험을 거치면서 결연함, 용기, 눈뜸, 순교의 열정과 헌신으로 돌변했습니다. 이 같은 질적 비상을 경험하면서 제자들은 새로운 존재로 거듭났습니다. 그러기에 부활의 환상을 보고 낭만적 변신이나 일시적 심리적 변화를 경험한 것이 결코 아닙니다. 새로운 존재로 확 달라져 새로운 역사를 만들기 위해 온갖 어려움을 견디어낼 수 있게 되었습니다.

바로 이런 변화를 통해 역사적 예수의 갈릴리 프로젝트는 이제 부활의 그리스도 사역으로 이어집니다. 육체의 예수 없이도 갈릴리 계획과 운동은 한 차원 높게 펼쳐지기 시작했습니다. 갈릴리에서의 식탁공동체 운동은 한편 성만찬 형식으로, 다른 한편 나눔의 평등 공동체 운동으로 나아가게 됩니다.

그뿐이겠습니까? 갈릴리에서 예수가 실천하셨던 무상의 치료사역이 나사렛 예수 그리스도의 이름으로 제자들에 의해 지속되었습니다. 베드로와 요한은 바로 그 이름, 곧 나사렛 예수 그리스도의 이름으로 절름발이를 벌떡 일으켰습니다. 비록 금과 은은 없으나 갈릴리의 예수 곧 나사렛 예수와 부활의 그리스도 이름을 함께 부르며 그 이름의 능력으로 치유선교를 뜨겁게 펼쳤습니다.

이 치유의 효과는 결코 환상이 아니었습니다. 초대교회에서 벌어진 역사적 실체였습니다. 흥미롭게도 예수 이름은 그저 간판이 아니었습니다. 그저 명목만이 아니었습니다. 그것은 놀라운 기적을 불러일으키는 실체적 힘이었습니다. 예수의 갈릴리 프로젝트는 이제 여러 제자들에 의해 힘 있게 실체적으로 실천되기 시작한 것이지요.

비록 로마제국의 제도폭력이 더욱 기승을 부리며 제자들과 사도들, 예수따르미들의 용기 있는 새 질서 선포와 실천을 억눌렀지만, 그들은 굽히지 않았습니다. 순교를 두려워하지 않고 부활을 증언하며 로마의 폭력과 탐욕과 독선, 특히 로마의 신학적 이데올로기(로마 황제만이 신이며 메시아라는 로마 지배 이데올로기)를 종식시키고 대안의 질서 곧 사랑과 해방, 평화와 정의의 새 하늘과 새 땅을 선포하며 실천하려 했습니다. 그것은 예수 부활의 살아있는 구체적 증거였습니다.

셋째, 부활의 신학적 의미 가운데 예수와 그리스도 간에 설치된 신학적 장벽을 허무는 일의 중요성에 주목할 필요가 있습니다. 그간 여러 신학자들이 역사적 예수 탐구에 대해 회의적인 입장을 취해왔습니다. 불트만Bultmann은 4복음서의 예수도 초대교회의 케리그마로 이해했고, 역사적 예수를 찾는 일이 거의 불가능하다고 판단했습니다. 이 같은 단절에는 사도 바울에게도 일말의 책임이 없다 하기 어렵습니다만, 그간 혈육의 예수 곧 나사렛 예수(갈릴리 예수)는 대체로 신학자들의 관심 밖에 있었지요. 역사학자들이 탐구해야 할 과제로 미루어지기도 했습니다.

그런데 갈릴리 예수가 부활의 그리스도와 결코 떨어질 수 없음이 예수 부활 사건 속에 깊이 스며들어 있음을 새삼 깨닫게 됩니다. 성서가 증언하는 몇 가지 단서에 주목해볼 필요가 있습니다. 예수 무덤을 찾아왔던 여성 제자들에게 그리스도는 이렇게 말씀하십니다.

"무서워하지 말라 가서 내 형제들에게 갈릴리로 가라 하라 거기서 나를 보리라"(마 28:10).

왜 갈릴리입니까? 왜 부활의 그리스도가 역사의 예수가 활동했던 흑암과 절망의 땅 갈릴리로 먼저 가시겠다고 했겠습니까? 바로 거기가 가장 억울한 인간의 고통이 깊고 넓게 뿌리내렸던 사망의 그늘진 로마 식민지 땅이었기에, 거기에 사랑과 정의와 평화와 해방이 가장 절박하게 필요했기에 부활의 그리스도께서 그곳으로 가신 것이 아닐까요? 더욱이 그곳은 예수의 하나님나라 프로젝트가 구체적으로 시작되고 실천된 곳이 아닙니까! 여성 제자들에게 그리스도께서 먼저 갈릴리로 가서 그곳에서 제자들을 만나겠다고 일렀을 때, 부활의 그리스도가 바로 갈릴리 예수임을 다시 한 번 뜨겁게 알려주신 것이 아닙니까!

부활의 그리스도와 갈릴리 예수

우리 기독교와 교회는 불행하게도 그리스도와 예수를 신학적으로, 또 실제로 분리시켜온 잘못된 판단을 깊이 뉘우치며 고쳐나가야 합니다. 예수가 그리스도와 분열되면, 교회의 삶 속에서 복음은 불완전하게 남기 쉽습니다. 사도신경만 해도, 로마의 콘스탄틴 황제의 냄새가 너무나 짙습니다. 교회가 로마제국의 권력 속으로 편입되면서 갈릴리 예수는 증발해버리고 말았습니다. 역사적 예수 특히 하나님나라 운동을 펼쳤던 갈릴리 예수는 흔적조차 남아 있지 않습니다. 식탁 평등 공동체 운동이나 무상치유 운동을 감동스럽게 펼쳤던 예수는 전혀 찾아볼 수 없습니다. 하나의 그리스도, 하나의 교회, 하나의 제국이라는 통치이념에 봉사하는 교리화된 그리스도만이 남아 있지요.

해방된 이후 한국 교회사를 되돌아보면, 그곳에서도 그리스도와 예수가 분리되면서 서로 싸우게 됩니다. 즉 한국 교회가 분열되는 아픈 역사적 사실을 확인하게 됩니다. 예수교장로교와 그리스도교장로교(기독교장로교)로 추악하게 갈라졌던 역사적 사건을 만나게 됩니다. 그 분열이 오늘까지 지속되고 있음을 또한 부인할 수 없습니다. 이 부끄러운 분열의 역사를 늦게나마 가슴 치며 회개해야 합니다. 다시 말하거니와 예수는 결코 그리스도에서 분리될 수 없기 때문입니다. 부활이 바로 그것을 뜨겁게 증언해주고 있습니다.

제자들의 체험 또한 부활의 그리스도가 갈릴리 예수임을 증언해주고 있음을 보여줍니다. 엠마오로 내려갔던 두 제자들은 부활의 예수와 동행했으나 그가 예수임을 깨닫지 못합니다. 떡을 떼는 순간에야 비로소 두 제자들은 그가 바로 갈릴리에서 함께 떡을 떼며 평등 공동체 운동을 펼쳤던 나사렛 예수임을 깨닫게 됩니다. 부활의 주님이 바로 갈릴리 예수였음을 온 몸으로, 온 마음으로 새롭게 깨닫게 된 것이지요. 그래서 그들은 절망의 여정을 끝내고 끔찍한 예수 처형 장소가 있는 예루살렘으로 용기 있게 다시 올라갔던 것입니다. 새 존재로 태어나 새로운 역사를 만들기 위해 엠마오에서 예루살렘으로 달려간 것이지요.

부활의 그리스도가 역사적 예수임을 증거해주는 또 하나의 사건은 막

달라 마리아를 비롯한 여성 제자들이 예수 무덤이 비어 있음을 발견한 것입니다. 다시 말해 부활의 그리스도는 부활의 증거를 베드로를 위시한 남성 제자들보다 막달라 마리아에게 먼저 보여주셨습니다.

왜 그랬을까요? 갈릴리 프로젝트에 성차별이 있었던가요? 아닙니다. 갈릴리 예수는 여성을 차별하지 않았습니다. 꼴찌에게 더 따뜻한 사랑의 배려를 하셨던 예수는 여성 일반뿐만 아니라 남권사회에서 부당하게 차별받았던 딱한 여성들을 더 평등하게 대우하셨지요. 그러기에 부활의 주님은 온갖 악평에 시달렸던 여성들에게 부활의 증거를 확실하게 먼저 보여주신 것 아닐까요? 예수의 권위서열에서는 억울한 여성, 꼴찌의 여성들이 남성들보다 더 높은 대접을 받은 것 아닙니까? 그것이 바로 하나님이 다스리시는 아름다운 모습 아닙니까! 그것이 바로 로마제국의 남권중심주의 질서와 다른 것이 아니겠습니까! 부활의 그리스도께서 바로 그 새 질서의 아름다운 모습을 여성들에게 먼저 보여준 것이 아니겠습니까!

부활체험과 속죄신앙으로 거듭남

이제 부활의 실체성을 다른 차원에서 조명해보고 싶습니다. 그것은 막강했던 로마당국의 힘으로도 막아낼 수 없었던 부활 사건이 갈릴리 예수의 하나님나라 운동을 더 활기차고 새롭게 펼치도록 제자들을 고무시켰다는 사실에서 유추할 수 있는 기쁜 소식입니다. 다름 아니라 하나님과 부활의 그리스도께서 우리를 당신의 협력자로 초청해주셨다는 기쁜 소식입니다. 이것은 무슨 뜻입니까? 최근 가톨릭 신학자 크로산은 이것을 신인합동神人合同의 종말collaborative eschaton이라고 불렀습니다.

우리가 고백하는 바와 같이, 부활은 전적으로 하나님의 일입니다. 하나님이 시작하셨고, 주도하신 사건입니다. 여기에 인간의 노력이 끼어들 여지는 전혀 없습니다. 부활 사건은 전적으로 은총입니다. 그런데 부활의 깨달음과 감동으로 하나님나라 운동이 새롭고 활기차게 펼쳐지면서 예수 그리스도의 따르미들은 그 운동의 공동 주역으로 초대받았습니다. 연약했고 비겁했고 몽매했던 제자들이 감히 어떻게 부활의 그리스도와 함께 동역자로 사랑과 용서, 평화와 정의의 새 질서 운동에 참여할 수 있겠습니까? 동역자의 능력과 자격이 전혀 없는데도 말입니다. 여기에서 하나님의 두 가지 선물을 주목하고자 합니다.

하나는 성령의 선물입니다. 오순절 사건에서 연약한 신도들에게 힘과 능력을 주시는 성령의 선물을 확인하게 됩니다. 성령은 위로자요 힘주시는 분입니다. 성령은 하나님이 당신의 능력을 인간과 함께 나누는 데서 나타납니다. 하나님이 당신의 막강한 힘을 연약한 인간과 나눌 때 더 뜨겁게 나타나는 것이 바로 성령의 힘입니다. 이 성령의 능력으로 제자들은 하나님운동의 동반자가 될 수 있었습니다.

또 하나의 선물은 속죄신앙일 것입니다. 갈릴리 예수가 로마의 벌거벗은 제도폭력에 고난당하시고 십자가에 처형당하신 것은 올곧은 일을 할 때 우리 모두가 감당해야 할 고난이요 고통이었습니다. 그런데 우리는 비겁하고 연약하여 그 고통을 피했습니다. 그러기에 예수는 우리가 마땅히 받아야 할 고통을 대신 받으신 것입니다. 이 대고代苦는 로마의 폭력이 두려워 그에 항거하지 못한 우리의 잘못과 죄를 용서해주는 대속의 은총으로 이어집니다. 죽을 수밖에 없던 우리 죄인으로 하여금 새로운 존재로 일어설 수 있게 하는 깨달음과 기쁨으로 이어집니다. 바로 이같은 깨달음의 결단으로, 더 용기 있고 신나게 하나님나라 운동에 온 존재를 던질 수 있습니다.

실제로 예수의 1세대 제자들은 거의 모두 로마학정 아래 순교 당했습니다. 심지어 거꾸로 십자가에 처형되는 고통을 감수하기도 했습니다. 이 같은 엄청난 용기는 예수 그리스도의 사랑에 대한 감동에서 나온 것이고, 그 사랑을 대고와 대속의 이해 속에서 더 실감나게 느낄 수 있었던 것 아니겠습니까?

〈어메이징 그레이스〉라는 영화가 있습니다. 동명의 찬송가 가사를 지은 존 뉴턴 목사로부터 영감을 받은 한 젊은 영국 정치인의 노예제도 폐지운동에 관한 영화입니다. 노예를 팔아 치부했던 죄를 용서받고 새 삶을 살았던 이의 신앙을 본받아 노예제 폐지운동을 펼치는 얘기였습니다. 속죄의 은총을 강하게 느낄수록 노예해방의 새 역사를 더욱 용기 있게 펼쳤다는 것입니다. 이 영화는 부활체험과 속죄신앙으로 새로운 깨달음에 이른 예수 제자들이 가혹한 로마당국의 핍박 속에서도 갈릴리 운동을 더욱 힘차게 펼쳐나갔던 사실을 연상케 합니다.

신인합동의 끝내기운동에서 부활신앙과 속죄신앙이 소중한 신앙자원이 될 수 있음을 느끼고 고백할 수 있어야 합니다. 죽을 수밖에 없는 죄인을 살리신 은총에 보답한다는 확신이 있을 때 죽음의 위협 앞에서도 여유 있게 웃으며 사랑을 실천할 수 있기 때문이지요. 우아하고 여유 있게 죽을 수 있는 용기, 그것이 있는 한 세상의 어떤 악한 권력도 하나님나라 운동을 중단시키거나 죽일 수 없을 것입니다.

무덤에서 나와 삶의 현장 속으로

끝으로 빈 무덤과 현현의 의미를 우리의 일상에서 다시 한 번 살펴봅시다. 예수는 결코 무덤 안에 갇혀 썩어버릴 수 없었습니다. 왜 그렇습니까? 예수를 폭력으로 죽인 로마제국의 권력이 정당하고 건재하며 나아가 계속 승리한다면, 예수는 무덤에 갇힌 채 거기서 썩어 없어져도 됩니다. 그러나 그럴 수 없기에 예수의 무덤은 반드시 비어 있어야 합니다. 지금도 마찬가지입니다. 그 어떤 국가나 체제의 폭력도 예수따르미들을 사망의 무덤 속에 가둬 썩게 할 수 없습니다.

우리가 존경하는 분의 묘소를 참배하는 의미가 무엇일까요? 묘소 앞에서 그분의 숭고한 삶과 뜻을 기리고 따르려고 결단하는 바로 그 순간, 그분의 존재는 되살아나 참배자의 존재 속에 들어오게 됩니다. 비록 그분의 육신은 무덤 속에서 썩고 있지만, 그분의 숭고한 존재와 그 삶과 의미는 무덤에 갇힐 수 없습니다. 되살아나 참배자의 가슴 깊숙이 시리도록 스며들게 됩니다. 그 존재의 향기와 힘이 다시 살아 움직입니다. 그래서 그분의 무덤은 빈 무덤이 되는 것입니다. 무덤은 비고 새로운 결단이 차오릅니다. 여기서 보다 밝고 맑은 새 역사가 채워지게 되는 것이지요.

그러나 악인의 무덤은 어떠합니까? 악인의 무덤에는 아무도 찾아가지 않습니다만, 찾는다 하더라도 악인이 계속해서 그 무덤에 갇혀 있기를 바라게 됩니다. 영원히 그곳에 갇혀 있기를 바라기에 악인의 무덤은 결코 비어 있어선 안 됩니다. 그러나 예수의 무덤은 항상 비어 있어야 하지요. 우리가 성지순례를 하는 까닭이 바로 여기에 있습니다. 빈 무덤에서 나와 우리를 격려하시는 분을 만나고 싶어 순례하는 것 아닙니까!

빈 무덤에서 나와 사람들에게 다시 영적 몸의 힘을 보여주신다는 것은 바로 하나님의 응원이 우리 현실 속에서 이뤄지고 있다는 뜻입니다. 부활 승천하신 그리스도는 결코 하나님 오른편에 편하게 앉아 계시기만 하지 않습니다. 항상 하나님 우편에 조용히 앉아 그 권위를 보여주시는 분은 교리의 그리스도일 뿐입니다. 부활 승천하셨지만, 오히려 갈릴리로 달려가시는 사랑의 그리스도는 오늘도 살아계십니다. 그분은 역사의 현장에서 억울하게 고통을 겪는 당신의 딸과 아들과 언제나 동고同苦하시는 동고주同苦主이십니다. 강도에게 폭행당해 죽어가는 인간에게 사마리아 사람처럼 다가가는 동고주, 사랑의 주님이시죠. 스데반이 돌에 맞아 죽임을 당하기 직전에 그를 위해 벌떡 서 계셨던 바로 그 사랑의 주님을 저는 믿습니다.

저는 오늘 이 시간에도 부활의 주님이 우리를 사랑으로 응원하고 계심을 확신합니다. 세상의 어떤 권세든, 그것이 네로의 폭력이든, 히틀러의 학살이든, 스탈린의 고문이든, 그 어떤 폭행도 하나님의 자유운동, 사랑운동, 평화운동, 정의운동을 중단시키고 죽일 수 없습니다. 그리고 그 운동을 무덤에 가둘 수 없습니다. 그 운동은 성령의 도우심을 받아 아름다운 완결점에 도달할 때까지 끊임없이 지속될 것입니다. 우리는 그 영광의 완결점을 향해 달렸던 믿음의 선배, 사도 바울의 다음과 같은 고백에 귀를 기울여야 합니다.

"주님은 영이십니다. 주님의 영이 계신 곳에는 자유가 있습니다. 우리는 모두 너울을 벗어버리고, 주님의 영광을 바라봅니다. 이렇게 해서, 우리는 주님과 같은 모습으로 변화하여, 점점 더 큰 영광에 이르게 됩니다. 이것은 영이신 주님께서 하시는 일입니다"(고후 3:17-18, 표준새번역).

주님이 하시는 이 일에 동참할 때, 우리는 무덤을 비우고 힘차게 나오시는 응원자 주님을 닮아 그분의 따르미가 될 것입니다. 그리하여 마침내 어둠의 역사, 절망과 증오의 역사를 끝장내고 사랑과 해방, 평화와 정의의 새 역사를 이 땅에 채울 수 있을 것입니다. 무덤은 비워지고 역사는 새롭게 채워지게 될 것입니다. 이것이 부활의 의미입니다.

13 껍데기
신앙은 가라

'예수 믿기'와 선교 시장을 확장하는 종교적 마케팅 활동에는
맹렬하면서도 예수의 삶과 말씀 실천을 무시하는 풍토는
껍데기 신앙에 불과합니다.

한국의 교육 현실과 교회 현실은 비슷하게 답답한 면이 있습니다. 창조
적 질문도 없고, 활기찬 사랑 실천도 없다는 공통점이 그것입니다. 한국
교육의 현실에서는 일방적인 훈도는 있으나 열린 배움은 없다시피 합니
다. 배움이 있다 해도 그것은 외로움에 머물러 깊은 깨달음에 이르지는
못합니다. 일방적인 암기만 강요되고, 쌍방적인 의사소통이나 대화는
별로 없습니다. 학생들은 빈병이나 백지와 같은 객체로 여겨질 뿐 스스
로 진리를 탐구할 수 있는 능력을 지닌 주체적 탐구자로 존중받지 못합
니다.

'믿음만으로'의 역효과

지난 시대를 빛낸 위대한 인물들은 각기 다른 시대 다른 나라에서 살았지만 대체로 한 가지 공통점을 지니고 있습니다. 모두가 당시 관례나 기존의 패러다임을 뒤집는 새로운 발상을 가지고 참신한 패러다임을 과감하게 제시했다는 것입니다. 그들은 남이 당연시하는 관례의 세계에 창조적 질문을 끈질기고 용기 있게 제기한 사람들이었습니다. 구텐베르크, 루터, 코페르니쿠스, 갈릴레오, 콜럼버스, 뉴턴, 프로이드, 아인슈타인 등이 그러합니다. 천재는 기발하고도 전복적인 질문을 조용히, 그러나 거침없이 쏘아대는 사람입니다. 덕분에 값비싼 대가를 치르면서도 인간 삶의 질을 더 높이는 데 크게 공헌할 수 있었습니다.

그런데 한국 교육은 창조적 끼氣를 원천적으로 꺾는 교육입니다. 너무 튄다고, 너무 일탈한다고 교도소에 보내거나 정신병원에 입원시키는 교육입니다. 왕따시키거나 추방하는 닫힌 교육입니다. 이런 환경 속에서는 수능 시험성적이 월등하다 하더라도, 그 점수로 인류문화의 질을 높이는 데 공헌할 수 없습니다. 그 점수가 천재의 끼, 창조적 끼를 나타내는 지수가 될 수 없기 때문이지요.

바로 이런 현실에서 예수 가르침의 참 모습을 새삼 주목해봅시다. 한국 교회 현실은 어떠한가요? 한마디로 창조적 질문, 호기심 어린 질문을 근본적으로 억압하거나 기피하는 현실입니다. 질문은 곧 의심을 뜻하며, 의심은 곧 불신앙을 뜻한다며, 그저 '믿기만 해'를 강조합니다. 믿음이 깊을수록 질문하지 않는 것이 옳다고 가르칩니다. 이처럼 닫힌 교회 현실은 그릇된 신학적 이해와 무관하다 할 수 없습니다. '믿음만으로', '은총만으로'라는 개신교 신학이 낳은 역효과라 해도 지나침이 없겠습니다.

'믿음만으로Sola fide'는 주로 개신교 교리를 암기하고 이를 지키려는 의지를 소중히 여깁니다. 율법 준수 행위로는 구원을 얻을 수 없고 오직 교회가 강조하는 예수 그리스도에 대한 교리를 믿고 지켜야 구원에 이른다고 주장합니다. 이때 믿음은 예수의 사랑을 실천하는 행위와 동떨어진 것입니다. 사랑 실천이라는 예수의 삶을 체험하기보다 니케아회의 이후 굳어진 기독교 교리를 암기하고 지키는 것이 바로 믿음 행위지요. 그러기에 삼위일체 교리에 대한 도전적 질문은 금물로 여겨지고 역사적 예수의 삶을 탐구하는 것조차 불경한 것으로 정죄되었습니다. 교리가 예수보다 더 위대한 것으로 숭상되었습니다. 기가 막히게도 우상 파괴를 실천한 예수를 교리의 우상으로 숭배하는 셈이지요.

'은총만으로Sola Gratia'도 문제입니다. 물론 율법 준수라는 행위로 구원 받는 것은 아닙니다. 예수 사랑을 실천함으로써 구원 받을 수 있습니다. 그러나 예수 사랑을 실천하기란 참으로 어렵습니다. 외로움과 괴로움을 감당해내야 하기에 그리스도의 영적 능력에 호소할 수밖에 없습니다. 부활하신 예수의 영적 능력을 힘입어야만 예수 사랑을 실천할 수 있습니다.

그런데 '은총만으로'는 자칫 값싼 기복신앙을 부추길 수 있습니다. 신자 개개인이 최선을 다하려는 윤리적 결단, 사랑 실천의 결단을 경시하도록 부추길 수 있습니다. 다시 말하면 '은총만으로'는 게으른 신앙생활, 값싼 축복을 바라는 신앙생활을 은근히 조장하고, 윤리 없는 한국 교회와 개신교 신자를 양산하기까지 합니다.

무엇보다 '믿음과 은총만으로'에 기초한 교회 풍토에서는 창조적 질문의 기세가 쉽게 꺾이게 됩니다. 과연 예수는 질문의 기세를 꺾으셨을까요? 아닙니다. 예수는 스스로 질문 던지기를 주저하지 않으셨고, 질문한 사람들의 도전적 기세를 오히려 크게 북돋워주셨으며, 쌍방향 대화를 통해 질의자와 함께 진리에 도달하기를 즐기셨습니다. 또 그렇게 얻은 진리의 실천을 무엇보다 소중히 여기셨습니다. 어떤 뜻에서 예수는 실천으로 안내해주시는 위대한 소통자요 대화자였습니다. 예수의 소통 능력이 나타나고 있는 세 가지 상황을 주목해 봅시다.

열린 태도, 열린 대화

첫째, 누가복음 10장에는 예수와 한 질의자(율법학자) 간의 대화가 나옵니다. 어떤 율법사가 예수를 함정에 빠트리려는 못된 의도로 예수께 도전적 질문을 던집니다. "선생님 내가 무엇을 하여야 영생을 얻으리이까?"(25절) 예수는 이 질문자의 속뜻을 꿰뚫어 보셨겠지요. 불쾌했을지도 모릅니다. 하지만 그를 나무라거나 그의 끼氣를 꺾지 않으시고 오히려 그의 전문지식을 존중해주면서 이렇게 되물으셨습니다. "율법에 무엇이라 기록되었으며 네가 어떻게 읽느냐?"(26절)

먼저 한국식 표현 방식에 대해 문제를 제기하고 싶습니다. 예수는 반말로 질문하고 율법학자는 정중하게 질문하는데, 예수의 나이가 30세

조금 넘었다고 볼 때 우리말 표현은 예수를 대단히 오만한 분으로 호도하는 셈이지요. 하기야 우리말 성서에 나오는 예수 말씀은 모두 반말로 되어 있습니다. 그리스도로 더 높이기 위해 짐짓 그렇게 표현했겠습니다만, 저는 실제로는 예수께서 이렇게 되물으셨다고 생각합니다. "선생님은 율법학자시니까 율법을 잘 아시겠는데, 과연 율법에는 이 문제에 대해 무엇이라 객관적으로 기록되어 있습니까? 보다 중요한 것은 선생님께서 주관적으로는 어떻게 그 기록을 해석하느냐는 것입니다."

따뜻한 대화자의 마음을 가진 주님은 자기를 함정에 빠트리려 하는 율법학자의 실력을 인정해주는 겸손함을 갖고 계셨지요. 악의에 찬 질의자를 선의로 인도하시는 예수의 열린 태도에 주목하시기 바랍니다. 비록 못된 마음을 품고 있는 질문자라 할지라도 그 질문의 기를 무례하게 꺾지 않으셨습니다.

질문자가 예수의 정중한 되물음에 대답하자, 예수는 흔쾌히 그의 정답을 확인해주셨습니다. 그리고 한마디를 더 보태셨습니다. 곧 "그 대답을 실천하십시오"라고 하셨습니다. 실천이 가장 중요합니다. 영생에 이르는 길에 관한 교리적이거나 신학적 설명이 중요한 것이 아니라 그것의 실행이 가장 중요한 것입니다.

바로 이 점에 있어서 한국 교회는 크게 반성해야 합니다. 교리적 대답이 정답이라 할지라도 실천하지 않는다면 아무 소용이 없습니다. 세상의 구조적 불의와 부패와 부정에 휘말리면서도 교리적 정답만 잘 알면 훌륭한 기독교 신자로 행세하게 되는 잘못된 신앙풍토와 교회풍토는 아직도 우리를 안타깝게 합니다.

이 같은 열린 대화에서 갈릴리 예수는 가장 뜻 깊고 감동적인 비유, 곧 '선한 사마리아인의 비유'를 들려주십니다. 이 비유의 끝에 예수는 또 질문을 던지셨습니다. "선생님의 의견에는 이 세 사람 중에 누가 강도 만난 사람의 이웃이 되겠습니까?"

정답을 회피할 수 없도록 권위 있으면서도 정중한 질문이었습니다. 아무리 머리가 나쁜 사람이라도 감히 제사장이나 레위인이 강도 만난 사람의 이웃이 되었다고 대답할 수 없을 것입니다. 오직 사마리아 사람만이 이웃 노릇을 했기 때문이지요. 비록 율법학자가 그토록 경멸했던 사마리아인이라 하더라도 최소한의 논리를 갖추었다면, 예수의 질문에 하나뿐인 정답을 내놓을 수밖에 없습니다.

그래서 그는 대답했습니다. "강도 만난 자의 아픔을 함께한 사람입니다."

그러자 예수는 이렇게 말씀하셨습니다. "가십시오. 귀하도 이와 같이 실천하십시오."

역시 실천에 무게를 두셨습니다. 이 비유는 소중한 예수 상을 한국 교인들에게 심어주고 있습니다. 진리에 이르기까지 정중하게 질문하면서 열린 대화를 이끌어 가시는 예수의 모습입니다. 열린 마음으로 질문을 받아주시고 스스로 열린 마음으로 질문하시는 위대한 소통자이며 겸손한 스승의 모습입니다. 그 예수님은 질문을 불신앙으로 경멸하시지 않았습니다. 그러나 여기서는 사랑 실천보다 교리신앙에 몰입하는 한국 교회를 은근히 그러나 확실히 나무라시는 듯합니다. 제사장의 교회, 레위인의 교회로 전락해버린 한국 교회에게 제사장과 레위인의 신앙 대신 불신자 사마리아인처럼 행동하라고 가르치시는 듯합니다.

용기 있고 진솔한 대화

예수의 대화와 소통 능력은 요한복음 4장에서도 잘 나타납니다. 여기에서는 서로 소통해서는 안 될 사람들 간의 대화가 펼쳐지고 있습니다. 예수는 당시 대화의 규범적 틀조차 무시하시면서 한 여인을 진리로 안내하셨습니다. 금기를 깨면서 대화에 나서신 것입니다.

당시 점잖은 유대인은 사마리아 지역을 거쳐 예루살렘으로 가지 않았습니다. 사마리아는 종교적으로 불결한 금기의 땅이었습니다. 그런데 예수는 제자들과 함께 그곳에 발을 들여놓았습니다. 마침 점심때가 되어 제자들은 먹을 것을 구하러 동네로 들어가고 예수는 홀로 우물가에서 쉬고 있었습니다. 이때 한 사마리아 여인이 물을 길러 왔습니다. 유대인 남자는 사마리아 여인과는 도무지 대면해서는 안 됩니다. 질문하거나 말을 걸어서도 안 됩니다. 그것도 공공장소에서 말입니다.

그런데 예수는 당시의 관례를 깨뜨리고 그 여인에게 물을 좀 달라고 요청했습니다. 이때 여인은 너무나 경악한 나머지 이렇게 쏘아붙였습니다. "당신은 유대인으로써 어찌하여 사마리아 여자인 나에게 물을 달라 하나이까"(9절).

이 말 속에는 희롱하지 말라는 뜻도 담겨 있는 듯합니다. 그러나 이를 기회로 여인과 예수 사이에 대화가 시작됩니다. 예수는 적극적 소통자로 나옵니다. 영생의 물에 대해서 언급하고, 여인과 동거하는 남편들을 거론하면서 여인으로 하여금 참 예배가 무엇인지 깨닫게 해줍니다. 예수의 말씀은 짧지만 핵심을 찔렀습니다. 예수의 통찰력은 대단합니다.

긴 연설을 하지 않았습니다. 공자 왈, 맹자 왈 식의 깨우침이 아니었습니다. 게다가 예수의 질문이나 문제제기 자체가 관례를 뒤집어엎는 효과를 자아냈습니다. 그분께는 계급과 성, 인종과 종교로 단단히 갈라놓았던 장벽도 소통의 장애가 되지 않습니다. 예수는 그 경계를 자유롭게 뛰어넘었습니다. 그래서 예수의 대화는 단순한 명령이나 지시가 아니라 엄청난 용기가 필요한 실천의 소통 행위였습니다. 동시에 정중하고 진솔했습니다.

희망을 현실로 이끄는 대화

셋째 본문은 요한복음 5장입니다. 안식일에 예수는 예루살렘에 올라가셨습니다. 성전으로 가시지 않고 온갖 절망을 씹고 있는 불쌍한 인간들만이 모여 있다는 절망의 장소 베데스다 연못으로 가셨습니다. 중병환자, 지체장애자, 소외된 자, 그러면서도 극한의 경쟁의식을 갖고 있던 환자들이 우글거리는 비참한 곳이었습니다. 예수는 그곳에서도 가장 열악한 상황에 놓여 있던 한 환자에게 다가가셨습니다. 38년간 중병을 앓고 있는 외로운 인간이었습니다. 예수는 이렇게 물었습니다. "형제여, 낫고 싶습니까?" 이 질문은 절망 속에서도 희망의 씨앗을 품고 있던 지극히 작은 자에게 희망을 현실로 바꿔주는 인도자 노릇을 합니다.

얼핏 듣기에 참으로 싱거운 질문 같습니다. 38년이나 앓고 있는 사람에게 너무 뻔한 질문 같지 않습니까? 낫고 싶은 것은 너무 당연하지 않겠습니까? 왜 그런 싱거운 질문을 하셨을까요? 예수는 오랫동안 고생했던 사람에게 과연 낫고자 하는 의지, 곧 정상적인 상태로 돌아가고 싶은 희망의 씨앗이 아직도 남아 있는지 확인하고 싶어서 짐짓 그렇게 물으셨던 듯합니다. 38년간 상한 갈대처럼 꺾여 살아온 환자가 꺼져가는 등불 같은 희망이라도 과연 아직까지 갖고 있는지 확인하고 싶으셨던 듯합니다.

왜 그랬을까요? 환자의 병이 나으려면 무엇보다 환자의 주체적 희망과 의지가 중요하기 때문입니다. 물론 희망의 의지는 병 낫는 데 필요한 종교적 조건은 아닙니다. 특히 율법주의적인 선결 요건은 더더욱 아닙니다. 예수는 종교적 조건이나 객관적 조건과 관계없이 환자의 희망과 의지를 알아보신 것입니다. 종교적 규례를 지켜서가 아니라, 환자 속에 꺼지지 않고 희미하게나마 살아있는 희망의 불씨가 남아 있다면 그것이 바로 낫게 하는 환자의 주체적 힘임을 깨닫게 해주고 싶었던 것이지요.

예수는 이 환자가 다른 모든 환자들 중에 가장 불쌍한 환자, 가장 고독한 환자임을 그 대답(7절)으로 확인하셨습니다. 그리고 악조건 속에서도 희망의 불씨를 죽이지 않고 살려온 그 '믿음'과 '소망'을 보시고 이렇게 말씀하셨습니다. "일어나시오. 당신의 자리를 들고 걸어나가시오."

이 명령의 깊은 뜻을 구태여 해명할 필요는 없습니다. 다만 예수의 대화가 단순한 깨달음, 즉 인지적 각성으로 이끌 뿐만 아니라 꿈의 실현, 병 나음, 행복한 삶의 구현과 같은 실천으로 이끌어준다는 점을 강조하고 싶습니다. 여기에는 관례를 깨는 예수의 창조적 질문이 있고, 그의 체휼의 실천도 살아 움직이고 있음을 잊지 말아야 합니다.

대체로 주님은 중환자를 낫게 하신 후 막 나은 환자를 향해 "당신의 믿음이 당신을 낫게 한 것입니다"라고 환자 주체 선언을 선포하셨습니다. 환자로 하여금 나음의 기쁨을 스스로 끊임없이 유지하고 재생산할 수 있음을 깨닫게 해주셨지요. 새로 찾은 건강이 환자 자신의 주체적 능력으로 오래 지속될 수 있게 해주셨습니다. 치유자에 대한 환자들의 병적 의존심을 처음부터 버리게 하신 이 같은 행위야말로 참으로 감동스러운 나음의 주체적 선언이 아니겠습니까? 결코 치유자가 환자 위에 군림하지 않는 것입니다.

'예수살기' 하지 않는 신자는 껍데기다

예수의 대화는 항상 현실 변혁적인 효과를 내는 듯합니다. 그것은 사변적이거나 관념적인 대화가 아닙니다. 형이상학적 담론에 그치는 고답적인, 학술적인 대화도 아닙니다. 예수의 질문과 대답은 상대방의 진부한 발상을 뒤집어엎으면서 문제의 뿌리를 새롭게 보게 해줍니다. 또 새로운 대안을 제시하면서 질의자 속에 깊숙이 감추어져 있는 희망의 불씨를 되살려내는 힘을 지니고 있습니다. 그리하여 진리를 깨닫게 하고 기존의 문화와 전통의 잘못을 창조적으로 깨며 새롭게 세우는 변혁의 효과를 냅니다. 곧 진리의 깨달음과 윤리 실천 행위와 함께 구조적 변혁을 동시에 이룩한다는 뜻입니다. 바로 이 점을 한국 교회는 항상 유념해야 합니다.

이제 한국 개신교 신자와 교회는 그 삶에 있어서 몰윤리성과 교조적 신앙상태를 반성하고 극복해야 할 때입니다. '믿음만으로'와 '은총만으로'의 이름으로 개미 쳇바퀴 도는 듯한 위선의 삶을 반복하면서도 예수에 관한 교리에는 밝고, 교회 열심히 다니기만 하면 예수 잘 믿는 것으로 착각하고 있음을 반성해야 합니다. 특히 호기심 어린 질문을 믿음 없음이나 믿음 부족으로 낙인찍는 교회 풍토를 바꿔나가야 합니다. 요리문답이나 신조 암기에는 뛰어나지만 정의 실천, 사랑 실천에는 뒤지고 있음을 부끄러워해야 합니다. '예수 믿기'에 맹렬하고 예수 이름으로 선교 시장을 확장하는 종교적 마케팅 활동에는 맹렬하면서도 '예수살기', 특히 역사적 예수의 삶과 말씀 실천하기는 게을리 하거나 무시하는 풍토를 저는 슬퍼합니다.

역사적 예수께서 오늘 한국에 오신다면 어떻게 하실까요? 과연 교회에 오시기는 할까요? 오신다면 장로교, 감리교, 침례교, 순복음교 중 어느 곳에 가실까요? 거대한 부자 교회에 가실까요? 그러한 교회에서 너무나 생소한 당신의 모습을 보고 정말 "머리 둘 곳이 없구나" 하고 한탄하시지 않겠습니까?

지난 세월 그분의 이름으로 교회가 저질러온 온갖 만행과 반인륜적 범죄, 이를테면 마녀사냥, 화형, 종교재판, 십자군 강행 등을 보시며 겟세마네의 피땀 흘린 기도보다 더 처절하게 기도드리지 않으실까요? 당신의 이름이 이렇게 더럽혀진 역사 현실을 보고 온몸을 떨며 분노하지 않으실까요?

'믿음만으로', '은총만으로'를 외치면서 예수를 단단한 교리틀 속에 가두고 신자들의 호기심 어린 질문을 원천적으로 봉쇄하고 있는 닫힌 교회풍토에 속상해 하지 않으실까요? 예루살렘 성전을 보고 눈물을 흘리셨듯이 한국 교회를 보고 또 한 번 뜨거운 눈물을 흘리지 않으실까요? 오히려 예수를 들먹거리지 않는 보통의 한국 사람들이 성심껏 노력하여 하늘의 뜻을 기다리는 태도(盡人事待天命)를 더 아름답게 보지 않으실까요? 하늘은 스스로 돕는 자를 돕는다는 믿음을 가지고 최선을 다하는 비기독교 신자들을 더 사랑스럽게 대하지 않으실까요?

이제 한국 교회는 닫힌 풍토와 굳어버린 신앙양태를 근본적으로 되돌아보면서 심각한 회개를 해야 합니다. 예수께서 "나는 예수이지 결코 기독교 신자가 아닙니다"라고 항변하실 일이 발생하지 않도록, 우리가 과연 '예수살기'를 하고 있는지 심각하게 물어야 할 것입니다. 예수살기 하지 않는 기독교 신자는 껍데기일 뿐이기 때문입니다. 어느 시인의 말처럼 이제 껍데기는 가야 합니다.

신앙, 그 감동의 역설

church

밟히지 않는 길은 길이 아닙니다. 단단한 길일수록, 안정된 길일수록,
반듯한 길일수록 그만큼 많이 밟혔다는 뜻입니다.

예수없는 예수교회
CHURCH

14

사랑은
지면서
이기는 힘

사랑은 영원합니다.
그 영원한 감동의 힘은 자기를 비워 남을
채워주기에 나오는 힘입니다.

신약 성서 중 가장 아름답게 빛나는 진주알 같은 메시지를 손꼽으라면 저는 주저하지 않고 고린도전서 13장을 꼽겠습니다. 사도 바울의 사랑 찬가는 영원히 우리의 심금을 울려주는 감동의 선율이기도 합니다. 이 아름다운 시가 문제투성이의 고린도교회에게 보낸 바울의 편지임을 우리는 종종 잊고 있습니다. 사도 바울은 실망스럽고 부끄러운 현실을 타개하기 위해 가장 아름답고 감동적인 메시지를 보낸 것입니다. 도대체 고린도는 어떤 도시이고 고린도교회는 어떤 교회였을까요?

고린도교회에 보낸 사랑의 시

고린도는 1세기 헬라의 큰 상업도시요, 무역 중심지였습니다. 남북 통로와 지중해 동서 통로가 모두 이 도시를 통과했습니다. 당시 세계의 피카데리 광장 같은 구실을 했지요. 런던 피카데리 광장에 오래 서 있으면 각지에서 온 다양한 사람들을 자연스럽게 만날 수 있듯이, 고린도는 교역과 교통의 중심지이자 당시 세계의 요지여서 온갖 사람들이 그곳에 모여들었습니다. 원래 주전 46년에 시저가 재건했고, 예수 당시에도 여러 인종들이 거주했습니다. 지적 모험을 좋아하는 헬라인, 부유한 로마인, 사회문제를 일으키는 페니키아인, 민족적 자존심이 남달리 강한 유대인, 온갖 철학자들, 상인들, 선원들, 노예 등이 살았습니다.

이러한 도시는 으레 잡스러운 분위기를 갖게 마련이지요. 악덕과 부도덕의 중심지이기도 했습니다. 당시 "고린도인처럼 행동한다"는 말이 유행했는데 이 말은 방탕한 삶, 타락한 삶을 산다는 뜻이기도 했습니다. 그리스 연극에 고린도인이 등장하면, 그는 으레 술주정뱅이 역할이었습니다. 게다가 고린도 언덕에 높이 솟아 있는 아프로디테의 신전에는 4천여 명이나 되는 여사제들이 기거하면서 이른바 '거룩한 매춘부' 노릇을 했습니다. 종교의 탈을 쓰고 타락 행위를 자행한 것입니다.

고린도교회도 이 같은 도시 상황을 반영하고 있었습니다. 고린도전서 6장 9-10절을 보면 하나님나라를 상속받을 수 없는 사람들이 죽 나열되어 있습니다. 바로 고린도에 우글거렸던 부도덕한 군상들이 교회 안에서도 활개치고 있었던 듯합니다. 이 같은 소식을 들은 바울의 마음은 얼마나 울적했겠습니까? 게다가 교회는 분열의 질병을 오랫동안 앓고 있었습니다.

가슴 아픈 것은 그 분쟁이 거룩한 자의 이름을 도용한 분파주의자들에 의해 촉발되고 강화되고 있다는 사실이었습니다. 바울 자신의 이름을 빙자한 바울파 이외에도 아볼로파, 게바(베드로)파가 있는가 하면, 정말 기가 막히게도 그리스도파도 있었습니다. 어떻게 그리스도파가 다른 파들과 다툴 수 있단 말입니까? 그리스도 예수께서 하나의 몸 된 공동체를 그토록 강조하셨는데 말입니다. 전에 바울은 이 같은 소식을 듣고 문제 해결을 촉구하는 편지를 보냈지만 오히려 사태는 악화되었습니다. 그래서 직접 그곳을 방문하기까지 했는데도 성과는 별로 없었던 듯합니다. 그래서 바울은 참으로 답답했습니다.

정말 고린도교회는 골치 아픈 교회였습니다. 고질적 분열의 교회였습니다. 사랑도 없고, 믿음도 없고, 소망도 없는 문제투성이의 교회였습니다. 바로 이런 교회에게 보낸 편지 가운데 아름다운 감동의 사랑시가 빛나고 있는 것입니다. 캄캄한 흑암 속에서 한줄기 불빛이 빤짝이는 것과 같습니다. 이 같은 사랑의 메시지가 주는 감동에도 꿈쩍 않는 고린도교회의 완고한 현실을 배경으로 바울의 메시지를 새삼 되새겨 봅시다. 왜 바울은 이 시의 끝에 사랑이 으뜸이라고 호소했을까요?

으뜸은 사랑이라

먼저 사랑을 으뜸이라고 절규했던 바울의 심정을 그의 신학적 관점에서 보겠습니다. 잘 알다시피 바울 신학의 중심에는 적어도 두 가지 확신이 자리 잡고 있습니다. 하나는 이신칭의이고, 다른 하나는 종말론적 희망입니다. 앞의 것은 믿음의 중요성을 강조하고 뒤의 것은 소망의 가치를 소중히 여깁니다. 바울에게 믿음과 소망은 너무나 소중한 가치였습니다.

믿음으로 의롭다 함을 얻는다는 확신은 당시 전통 유대 율법주의 입장에서 보면 혁명적인 발상입니다. 전통은 율법의 준수, 특히 율법의 복잡하고 세밀한 세칙을 모두 지키고 행하는 삶을 통해서만 하나님의 관계를 온전케 할 수 있다는 것이었습니다. 그러나 바울은 율법 준수로는 결코 하나님과 올바른 관계를 맺을 수 없다는 새롭고 파격적인 진리를 용기 있게 외치며 그 대안으로 믿음을 내세웠습니다. 급격한 패러다임 전환을 시도했지요. 그렇기에 그는 유대 전통주의자들로부터 무수한 모함과 핍박을 받았습니다. 그러나 어떠한 고초를 당하든 그는 자신의 신학적 입장을 고수했습니다. 믿음의 가치와 그 효험을 굳게 믿었습니다.

그런데도 이 믿음보다 사랑이 더 중요하다고 했다는 점에 주목합시다. 아무리 믿음이 굳세다 하더라도, 비록 산을 옮길 만한 믿음이라 해도, 그것은 부분적이요 일시적입니다. 종말이 올 때 사라지기 때문입니다. 사랑은 완전한 것이요, 완전케 하는 힘으로 바로 하나님의 본질입니다.

한편 바울의 종말론적 신앙은 깊고 뜨겁고 확실했습니다. 초대교회는 예수 재림을 고대했던 소망의 힘으로 버티어 왔습니다. 바울은 첫 편지(데살로니가전서)에서 재림의 극적인 광경을 "호령과 천사장의 소리, 하나님의 나팔소리"로 실감나게 묘사하고 있습니다(살전 4:16). 도둑처럼 시간을 알 수 없이 다시 오실 그리스도를 바울은 초대교인들과 함께 타는 목마름으로 고대했지요. 하기야 그 재림의 연기도 초대교회가 풀어야 할 신학적 과제였습니다. 여하튼 예수 재림에 대한 타는 기대와 열망 없이는 어려운 초대교회 상황에서 신자들이 그 곤경을 이겨내기 어려웠을 것입니다. 물론 조급한 재림의 소망 때문에 윤리적으로 바람직하지 않은 일들도 생겼지만, 대체로 종말론적 희망이 초대교회를 결속시키는 힘이 되었음을 부인할 수 없습니다. 그만큼 바울에게는 소망의 힘이 소중했습니다.

그런데도 바울은 사랑이 소망보다 더 소중하다고 고백하고 있습니다. 소망도 그리스도 예수를 만나려는 소망일진대, 그리스도를 만나는 체험 곧 하나님과 하나 됨이 이뤄진다면 소망의 가치는 사라질 것입니다. 사도 바울 시대에는 거울에 비치는 영상이 희미했지요. 그 희미한 거울처럼 믿음과 소망의 효험도 희미한 것, 불완전한 것이었지요. 그러나 완전하게 주님을 얼굴과 얼굴로 직접 대면할 때는 사랑만 남고, 다른 것은 모두 사라질 것입니다. 하나님이 사랑이기 때문이지요.

이처럼 사도 바울이 사랑을 믿음과 소망보다 더 값진 것으로 강조한 까닭은 고린도교회의 고질적 질병, 아니 인간 조직의 일반적이면서도 근본적인 병폐인 분열을 근원적으로 고칠 수 있는 힘이 바로 사랑이라고 확신했기 때문입니다. 사랑이야말로 몸의 각 지체들 간의 뜨겁고 끈끈한 소통과 관계, 곧 아름다운 관계를 엮어낼 수 있는 힘의 원천입니다.

교회를 몸이라고 한다면 교회 안의 여러 지체들은 몸의 지체처럼 각기 독특한 기능을 갖고 있는데, 이 기능들이 아름답게 조화를 이룩해야 합니다. 그래야 지체들 간의 해로운 다툼이 생기지 않습니다. 심포니 오케스트라에서 개성이 뚜렷한 악기들이 자기 소리를 내면서도 멋진 화음을 만들어내는 것은 지휘자의 능력과 정열에 달려 있듯이, 교회의 화음을 창출해내는 것은 바로 사랑의 힘이라 하겠습니다. 이 힘은 각 지체의 재능과 은사보다 더 큰 은사입니다. 그래서 바울은 "더욱 큰 은사를 사모하라"(고전 12:31)고 권면하며 그 유명한 사랑의 노래인 13장의 문을 열었습니다.

영원한 사랑의 울림

사랑이 없다면 믿음과 소망은 어떻게 될지 생각해 봅시다. 먼저 사랑 없는 믿음은 어떨까요? 사랑 없이 믿음을 외치는 사람들의 모습은 대체로 섬뜩합니다. 차별과 증오의 눈빛으로 달리 믿는 사람들을 매섭게 쏘아보기 때문이지요. 이런 때 믿음의 힘은 차별과 증오의 힘으로 둔갑하기도 합니다.

이 같은 믿음이 나름대로 어떤 체계와 논리를 갖추면 무서운 이데올로기의 힘을 발휘하게 됩니다. 독선을 합리화해주기에 날카로운 종교적 비수로 작용하기도 합니다. 남에게 엄청난 상처를 입히는 '신념의 칼'과 '확신의 총'이 되기도 합니다. 십자군의 칼이나 알카에다의 총도 그러한 신념의 무기가 아닙니까? 600만 유대인을 학살했던 나치의 총과 칼도 따지고 보면 사랑 없는 광신의 날카로운 무기라 하겠습니다. 바로 반인륜적 범죄의 도구입니다.

사랑 없는 소망은 어떻습니까? 사랑 없는 소망은 이기적인 욕심으로 끝나기 쉽습니다. 구조적으로는 닫힌 구조와 체제의 경직된 이데올로기로 변질되어 이것 역시 엄청난 피해를 주게 됩니다. 이를테면 공산주의의 소망과 꿈을 생각해 봅시다. 계급 없는 사회, 그 얼마나 아름다운 소망입니까? 그러나 그 꿈을 이룩하기 위해 폭력혁명을 일으켜 수많은 사람들의 피를 흘리게 한다면, 비록 그 꿈이 이뤄진다 해도 결과는 비극일 것입니다. 폭력혁명을 통한 전체주의적 평등은 참된 평등일 수 없기 때문이지요. 그것은 사랑 없는 소망이 저지르기 쉬운 반인륜적 범죄라 하겠습니다.

사랑과 믿음, 사랑과 소망의 관계를 보다 긍정적으로 표현하면 이렇습니다. 사랑하면 저절로 믿고 싶어집니다. 참 믿음의 바탕은 바로 사랑이라 하겠습니다. 누구를 사랑하면 신뢰가 생겨 어떤 고통도 감내할 수 있게 됩니다. 그뿐입니까? 사랑하면 상대방이 모든 면에서 잘 되길 바랍니다. 그와 함께 아파하고 함께 기뻐하기를 소망합니다. 그리고 사랑하는 이의 꿈과 소망을 함께 나누고 싶어 합니다. 사랑하는 이와 함께 인생 설계를 하고 싶은 것은 너무나 당연하지 않겠습니까?

그러기에 사랑이 있는 곳에 믿음과 소망은 자연스럽게 꽃피게 됩니다. 게다가 꽃은 떨어져도 그 뿌리인 사랑은 영원히 남습니다. 《모리와 함께한 화요일》이라는 책에서 모리 교수는 죽어가면서 이렇게 제자를 깨우쳐줍니다. "죽음은 생명을 끝내지만 관계는 끝내지 못하지." 그의 몸은 하루하루 죽어갔지만 화요일이 되면 지금은 유명해진 옛 제자를 만나 살아 숨 쉬는 진리를 토론하고 함께 나누었습니다. 그는 "사랑은 항상 이기게 마련이다"를 강조함으로써 자기 육신은 곧 사라져도 제자와의 관계, 곧 사랑의 관계는 결코 사라지거나 패배하지 않고 승리하여 살아남을 것이라고 말했습니다. "사랑은 우리가 죽은 후에도 우리를 살아남아 있게 하는 것이지."

사랑의 영원성은 2천 년 전 사도 바울도 강조했습니다. "사랑은 없어지지 않습니다"(고전 13:8, 표준새번역). 사랑은 영원히 살아있습니다. 날카로운 예언도, 신비한 방언도, 산을 움직일 만한 믿음도 모두 사라지지만 사랑의 울림은 영원합니다.

하나님은 사랑이시라

예수 그리스도를 통해 우리가 알고 있는 하나님은 당신의 자녀인 특정 인간과 사랑의 경쟁을 할 만큼 유치하거나 옹졸하지 않으십니다. 보이지 않는 하나님보다 보이는 인간을 더 사랑한다고 벌주시는 하나님은 결코 예수의 하나님이 아닙니다. 유대교 유일신의 무서운 신, 질투하고 변덕스러운 신일 수는 있어도 예수의 하나님, 우리의 하나님은 아닙니다.

우리가 이웃(불한당을 만나 고통당하는)을 하나님 당신보다 더 사랑할 때 오히려 우리를 대견스러워 하시며 우리를 향해 빙그레 웃으시는 분입니다. 아빠가 멀리 출장가고 곁에 있지 않는 동안 언니가 동생을 사랑으로 돌보았다는 소식을 듣고 기뻐하는 아빠처럼, 하나님도 우리가 보이는 이웃을 우리 몸처럼 사랑할 때 우리를 대견스럽게 여기십니다. 게다가 우리가 보잘것없는 존재를 사랑할 때는 더욱 기뻐하시는 분이지요. 그래서 바울은 그의 서신에서 '부족한 지체'를 더욱 사랑하라고 했습니다. 몸의 각 지체 중, 가장 부족한 지체를 더 존귀하게 여기라고 당부했습니다(고전 12:24).

이제 사랑과 정의, 사랑과 평화에 대해서도 새롭게 깨달아야 합니다. 정의, 평화, 사랑도 항상 함께 있어야 하나 그 중에 으뜸이 사랑임을 한시도 잊지 말아야 합니다. 사랑 없는 정의는 호메이니의 엄격주의나 탈레반의 엄벌주의로 떨어질 위험이 있습니다. 사랑 없는 법은 모두를 상처투성이의 병신으로 만들 수 있습니다. 정의의 이름으로 보복이 정당화되어선 안 됩니다. 범죄한 손을 무자비하게 잘라버리든지, 율법을 어긴 여성을 공개 처형하는 '정당한' 잔혹 행위는 예수의 하나님이 결코 원하시는 바가 아닙니다. 정의보다 사랑이 항상 더 바람직하면서 궁극적인 해결책입니다.

사랑 없는 평화도 문제입니다. 그곳에는 공포의 균형이 강화됩니다. 비록 당사자들 간에 열전은 없다 할지라도 무섭고 지겨운 냉전은 지속될 것입니다. 냉전 대결은 공포의 균형을 더욱 악화시킵니다. 그뿐입니까? 사랑 없는 평화는 무관심의 심화로 변질되기 쉽습니다. 피 튀는 다툼이 없으니 겉으로 보면 평온해 보이지만, 그 무관심의 표면 밑에는 보이지 않게 피 흘림이 있습니다. 그래서 사랑의 반대는 증오가 아니라 무관심입니다. 신앙고백 가운데 "성도가 서로 교통하는 것(사랑으로 서로 사귀고)"이 중요한 것도 이 때문입니다. 하나님나라는 사랑이 지배하기 때문에 우리는 하나님을 사랑으로 고백합니다.

"사랑하는 여러분, 서로 사랑합시다. 사랑은 하나님에게서 난 것입니다. 사랑하는 사람은 다 하나님에게서 났고, 하나님을 압니다. 사랑하지 않는 사람은 하나님을 알지 못합니다. 하나님은 사랑이시기 때문입니다"(요일 4:7-8, 표준새번역).

하나님을 제대로 아는 것은 바로 사람을 사랑하는 것입니다. 주변의 사람들, 특히 보잘것없는 지극히 작은 자들을 사랑한다면 바로 가장 으뜸 되는 그 진리를 실천하고 있는 것입니다.

15

스스로 비우시는 하나님

"나는 길이다"라는 예수의 고백에는
나를 길처럼 밟고 가라는 뜻이 담겨 있다고 믿습니다.
밟히지 않는 길은 길이 아닙니다.

"나는 길이요, 진리요, 생명이다. 나를 거치지 않고서는, 아무도 아버지께로 갈 사람이 없다"(요 14:6, 표준새번역).

이 구절은 참으로 깨닫기 힘든 말씀입니다. 가장 오해를 많이 받고, 가장 오해도 많이 하는 구절입니다. 가장 독선적인 선언 같으면서도 가장 감동적인 울림이기도 합니다. 종교적 포용을 강조하는 사람들에게는 이 말씀이 편협하고 독선적인 종교선언이나 극단적인 종교 배타주의를 부추기는 외침으로 들리기도 합니다. 그러나 기독교와 교회 복음의 배타적 특권을 확신하는 신도들에게는 이 말씀이 확신과 감동의 파장으로 울릴 것입니다. 여하튼 기독교 안팎에서 이 구절은 뜨거운 찬성과 맹렬한 반대를 동시에 불러일으키고 있습니다.

나는 길이니 나를 밟고 지나가라

20세기와 더불어 전체주의적 체제와 문화가 스러지고, 다양성과 포용의 문화가 자리 잡는 21세기에 언뜻 적합성을 상실한 언어로 인식되기 쉬운 이 말씀을 어떻게 이해해야 할까요?

종교다원주의와 포용주의가 힘차게 고개를 들고 있는 한국 기독교 안에서 이 말씀의 올곧은 이해가 더욱 절박하게 촉구됩니다. "나를 거치지 않고서는"이라는 말씀을 교회 밖에서는 구원을 받을 수 없는 것처럼 확신하고 있는 한국 기독교 상황에서도 마찬가지입니다. 저 자신에게도 이 말씀은 확신의 기쁜 소식이었는가 하면, 한때는 이것이 하나의 종교적 스캔들, 곧 종교적 독선으로 저를 넘어뜨리는 것으로 여겨지기도 했습니다. 그러나 지금 저는 이 말씀을 새롭게 감동의 메시지로 받아들이고 있습니다. 왜 그럴까요?

첫째, 예수가 길이기에 그러합니다. 길이 없는 곳에서 인간의 삶은 고되고 고달프고 불안하고 위험하기 마련입니다. 길이 있어야 비로소 인간의 삶이 평온해지고 예측 가능하여 안정됩니다. 특히 빛이 없이 사방이 어두컴컴한 상황에서는 더욱 그러합니다. 방향을 잃고 헤맬 때도 그러합니다. 길이 있다는 것은 그곳에 빛이 있다는 것입니다. 내가 마땅히 나아가야 할 방향을 어둠 속에서 찾을 수 있다는 것입니다.

국제적십자사연맹 총회 일로 브라질에 갔을 때, 에퀴토스라는 곳으로 가서 아마존의 밀림지대를 잠시 둘러본 일이 있습니다. 한 시간 가량 정글에 들어가 보았는데, 대낮인데도 우거진 숲속은 빛이 차단되어 어둑

어둑했을 뿐만 아니라 길도 잘 보이지 않았습니다. 과거 군사독재시대, 반체제인사들을 고공에서 아마존 밀림지역으로 떨어뜨렸다는 소문이 문득 생각났습니다. 길 없는 아마존 숲은 그곳에 떨어진 사람에게는 바로 죽음을 향한 괴롭고 외로운 시간이 펼쳐지는 무서운 곳이었을 것입니다.

그런데 제가 "나는 길이다"라는 예수의 선포에 새삼 감동하는 까닭은 길이 도시의 선線처럼 교통질서와 생명의 안전을 담보해주기 때문만은 아닙니다. "나는 길이다"라는 예수의 고백에는 나를 길처럼 밟고 가라는 뜻이 담겨 있다고 믿습니다. 길은 많은 사람들이 많이 밟을수록 더욱 길다워집니다. 밟히지 않는 길은 길이 아닙니다. 단단한 길일수록, 안정된 길일수록, 반듯한 길일수록 그만큼 많이 밟혔다는 뜻입니다. 예수께서 "나는 길이다"라고 선포하신 것은 우리로 하여금 예수를 많이 밟도록 초청한 것이나 다름없습니다. 예수는 그렇게 밟힘으로써 인간에게 참 희망과 질서를 선물로 주셨습니다. 이것이 곧 값진 은총입니다.

밟히는 아픔은 일종의 용서의 아픔이기도 합니다. 왜냐하면 예수의 용서에는 조건이 없기 때문입니다. 예수께서 아빠라고 불렀던 하나님의 사랑이 그러했습니다. 나를 핍박한 사람이 용서를 빌지 않음에도 불구하고 용서해주는 것은 결코 쉬운 일이 아니라 고통스러운 일이요, 부자연스러운 일이요, 어떻게 보면 옳지 못한 행동으로 여겨지기도 합니다. 아우슈비츠 수용소에서 죽어가는 유태인이 히틀러를 용서한다면, 그것이야말로 어렵고 부자연스러운 일이요, 히틀러의 반인륜적 범죄를 용인하는 옳지 못한 짓으로 볼 수 있습니다. 그러기에 그것은 지독하게 밟히는 아픔이라 하겠습니다.

　그런데 바로 그 아픔을 길 되신 예수께서 스스로 껴안으시고 겪으셨습니다. 그리고 "나는 길이다"라고 선언하신 것입니다. 이 같은 선언 속에는 전지전능한 신이기에 모두 그 앞에서 무릎 꿇고 무조건 경배하라는 독선적 명령과 강요는 전혀 없습니다. 오히려 자기를 스스로 낮추어 밑바닥 길처럼 되기를 결단하신 우리 아빠 하나님의 사랑만이 있습니다. 어머니의 이마에 깊이 팬 주름살이 자식들에 의해 오랫동안 밟힌 사랑의 흔적인 것처럼 말입니다.

나는 진리니 너희를 자유케 하리라

　다음으로 "나는 진리다"라는 예수의 선포는 당신이 진리의 길이라는 뜻입니다. 탐욕과 독선으로 이끄는 길이거나, 지배와 억압으로 이끄는 길이 아닙니다. 그것은 진리의 길이기에 우리를 자유롭게 하는 힘이 있습니다. "진리가 너희를 자유케 하리라"(요 8:32)의 선언이 바로 그 힘입니다. 인간을 자유케 한다는 예수의 선포는 인간의 탐욕과 독선과 오만이라는 죄에서 자유롭게 하신다는 선포입니다. 독선, 오만, 탐욕의 죄는 세속 역사에서는 독재와 전체주의에서 가장 뚜렷하게 나타나고, 종교 역사에서는 배타주의적 확신에서 잘 나타납니다.

　"진리는 오직 하나다"라는 맹신과 확신과 광신은 때로는 하나님의 이름으로, 때로는 예수 그리스도의 이름으로 인간의 자유를 무자비하게 제약하고 말살할 위험을 안고 있습니다. 종교적 전체주의는 세속적 전체주의보다 더 잔인하고 위선적이며 위험할 수 있습니다. 마녀사냥, 종교재판 등 지난날 기독교가 저질렀던 온갖 범죄를 생각해보면 대번에 알 수 있습니다.

"나는 진리다"라는 외침은 우리에게 참 자유를 약속하신 예수의 해방 선언입니다. 예수 자신이 공생애를 시작하기에 앞서 광야에서 받았던 사탄의 시험은 곧 탐욕과 지배와 독선의 유혹이기도 했습니다. 주님은 그것을 물리치심으로 참 자유와 해방을 얻으신 것입니다. 하나님나라는 바로 이 같은 진리의 자유가 넘쳐흐르는 시간이며 마당입니다.

시험에 빠지지 않게 해달라고 가르치신 주님의 기도 또한 이 같은 참 자유와 해방을 누리라는 권고요 초청입니다. 악에서 구해 달라는 것도 경제적 탐욕과 정치적 억압과 종교적 탐욕의 현실적 죄 사슬에서 해방 되기를 바라시는 예수의 사랑 표현입니다.

한데 현실 세계에서 죄의 권세는 항상 이 같은 진리의 자유를 누리려는 사람들을 핍박합니다. 진리 자체이신 예수의 삶은 죄의 권세에 의해 시달리고 배척당하고 억압당하셨고, 마침내 십자가 위에서 처형당하기 까지 하셨습니다. 세속 권세의 주역인 빌라도는 피고인 예수가 "나는 진리를 증언하기 위해 세상에 왔소"라고 말했을 때 자기 눈앞에 서 계신 진리를 직접 보면서도 "진리가 무엇이오?"라고 물었습니다.

진리는 그 자유케 하는 힘 때문에 자유를 제약하려는 권세에 의해 핍박당하게 됩니다. 핍박하는 권세는 진리를 억압하고 압살하면서도 자기가 하는 짓이 무엇을 뜻하는지 알지 못합니다. 이것이 인간역사의 비극입니다. 그러나 이 같은 고통을 통해서 진리의 힘, 곧 자유케 하는 힘이 놀랍게 폭발한다는 사실을 권세자들은 더더욱 모르는 듯합니다.

부활은 바로 이 자유케 하는 진리의 자기 폭발이라 하겠습니다. 진리 되신 예수님은 종교적 배타주의로 자기와 다른 사람들의 자유를 제약하거나 말살하려는 '신성한' 움직임을 주도하신 분이 결코 아닙니다. 특히 하나님과 예수님 이름으로 펼쳐지는 종교적 독선주의를 결단코 복음으로 여기지 않으십니다. 오히려 모든 광신주의로부터 인간을 해방하여 새 사람으로 일으켜주시는 분입니다. 자유케 하는 진리로 인해 고난과 죽음을 겪으시지만 마침내 부활로 폭발하는 자유의 힘이십니다.

자기 비움에 참 생명의 힘이 있다

이어서 예수께서 "나는 생명이다"라고 선포하신 것은 육체의 삶으로는 다 담아낼 수 없는 더 소중한 존재의 삶이 있다는 선포입니다. 이 생명은 육체의 생명만을 뜻하는 것이 아닙니다. 풀이나 풀의 꽃과 같은 육체의 생명도 참으로 소중하고 하나님께 영광을 드리는 소중한 매체이지만, 풀은 마르고 꽃은 떨어지게 되어 있습니다. 육체의 생명은 장독대 위에 잠시 머물러 있는 먼지와 같기도 합니다. 그렇다고 이 선언이 육체의 생명, 곧 시간의 생명을 넘어 영의 존재가 있다는 단순한 선언으로 끝나는 것도 아닙니다.

시간 속에서 영원을 체험하는 일은 값진 일입니다. 시간 속에서 영원에 잇대어 살 뿐 아니라, 시간을 넘어 주님과 함께 존재할 수 있기 위해서는 시간의 삶에 매어 있는 '지금의 나'를 부인해야 함을 선포하신 것입니다. 더 분명히 말하자면 예수는 내 속에 항상 나를 움직이는 죄의 힘, 탐욕과 독선과 오만의 힘을 이겨내야 함을 역설하셨습니다. 그래서 '자기부인'과 '십자가 지기'가 영생과 관련해 소중한 메시지가 됩니다.

예수께서 제자들에게 당신의 길 곧 고난의 길을 솔직하게 드러내 보였을 때, 성급한 베드로는 그럴 수 없다고 예수를 말렸습니다. 예수와 함께하는 길은 영광의 길, 권세의 길, 승리의 길, 축복의 길일 터인데, 무슨 뜬딴지같은 고난과 죽음의 길을 말씀하느냐는 투였습니다. 그때 예수는 베드로의 얼굴에서 얼핏, 광야에서 만난 사탄의 모습을 보신 듯합니다. 그래서 자기 우두머리 제자에게 "사탄아 물러가라"며 격노하시고 이렇게 말씀하셨습니다. "누구든지 나를 따라오려거든 자기를 부인하고 자기 십자가를 지고 나를 따를 것이니라"(마 16:24).

여기에서 '자기부정'과 '십자가 지기'는 같은 뜻의 말씀을 두 번 하신 것과 같습니다. 그만큼 중요하다는 것입니다. 자기부정은 자기 비움과 같습니다. 자기 비움은 끊임없이 자기 속에서 충동하는 탐욕과 독선의 힘을 비워내는 일입니다. 십자가 지기는 자기 지움을 뜻합니다. 영어로 'cross out'은 지워 없앤다는 뜻입니다. 십자가를 지라는 것은 자기 탐욕과 독선을 지워 없애라는 명령입니다. 이것은 예수따르미가 지켜야 할 기본입니다.

예수께서 친히 걸어가신 길이 이러할진대, 예수의 이름으로 자기를 지워 보려는 모든 노력을 단지 그것이 교회 테두리 밖에서 이뤄진다는 이유로 정죄한다면, 이것이야말로 종교적 독선주의, 배타주의, 이기주의로 비판받아 마땅합니다. 언뜻 보기에 예수따르기에는 자기 패배 같은 모습이 있습니다. 온갖 탐욕의 경쟁에서 스스로 지기를 자청하는 모습이 있습니다. 그래서 예수따르미의 상징으로 십자가보다 두 번 지우는 결단의 상징인 ×가 더 적절한 듯합니다. 실제로 십자가를 질 때 생기는 십자가의 모습도 이에 가깝지 않습니까? 그렇다고 제가 새로운 기독교 상징을 주장하는 것은 결코 아닙니다.

얼마 전 한 신문사 기자와의 면담에서 건강 비결에 대해 질문을 받은 적이 있습니다. 그렇게 건강하지는 않지만 경쟁에서 지는 기쁨을 끊임없이 맛보려고 애쓴다고 대답했습니다. 짐으로써 기쁨과 보람을 느끼는 일이 결코 쉽지 않다고 고백하자 그 기자는 놀라는 듯했습니다. 저는 우리 둘째 딸이 초등학교 때 밤늦게까지 숙제하는 모습이 하도 안쓰러워서 꼴찌 하라고 격려한 적이 있습니다. 그 까닭에는 예수께서 멋지게 꼴찌 하셨다는 믿음이 자리 잡고 있었습니다. 외롭고 괴로운 꼴찌의 길, 바로 그것이 골고다의 길이기도 합니다. 그러나 그 꼴찌가 부활로 폭발하리라는 것을 누가 믿겠습니까? 스스로 철저히 비우는 삶, 그것이 바로 영생에 이르는 삶이요, 그것이 바로 참 생명의 힘입니다.

십자가 위에서 예수는 자기를 죽게 한 권세자들과 대리인들을 용서하셨습니다. 비록 그들이 예수를 비웃고, 잔인하게 괴롭히고 죽이기까지 해도 조건 없이 용서하는 사랑의 힘을 보여주셨습니다. 자기를 죽이기까지 한 사람들을 용서하신 예수님이야말로 참 생명이신데, 자기 생각과 교리와 종파와 종교가 다르다고 차별하고 핍박하는 종교 근본주의자들이 과연 참 생명의 종교인인가 묻지 않을 수 없습니다.

특히 배타적 복음주의 기치 아래(십자가 아닌), 그것도 예수의 이름으로 타종교를 경멸하고 차별하고 핍박한다면, 어찌 그것이 예수의 길이겠습니까? 참 생명의 힘이겠습니까? 참 생명은 자기를 비우고 지워 남들에게 진리와 생명의 기쁨을 가득 채워주는 데 있음을 잊지 말아야 합니다. 그것은 예수께서 지독하게 밟히는 고통을 감내하면서 우리에게 진리와 생명을 선물로 주시는 힘이기도 합니다.

배타적 복음주의가 아니다

이제 우리 스스로에게 심각하게 물어봐야 합니다. 과연 우리는 예수 그리스도의 이름으로 남들을 짓밟으면서 크리스천이라고 자랑하며 살아온 것은 아닌지, 스스로 즐겁게 밟히면서 사셨던 예수를 과연 크리스천의 일상 속에서 제대로 이해하고 따르고 있는지, 생각과 신앙이 다르다고 예수의 이름으로 남의 자유를 제한하려 하지 않았는지, 죄악의 마력에서 자유케 하시려 했던 예수께서 죄악의 권세에 의해 친히 고난 받으셨던 깊은 뜻을 과연 제대로 알고 있는지, 시간 속에서 영원에 잇대어 사는 삶은 자기를 지우고 비우는 십자가 지기의 구체적 삶에서 잉태되고 성장한다는 진리를 과연 깨닫고 있는지 말입니다.

특히 나로 말미암지 않고는 하나님께로 갈 수 없다는 예수의 말씀이 자기를 비워 비로소 남에게 진리와 생명을 채워준다는 말씀임을 올곧게 깨닫지 못하면서, 이 말씀을 교리로 굳혀 놓고 이 교리를 믿지 않으면 지옥에 떨어진다고 위협하는 일에 열을 올리지 않았는지를 반성해봐야 합니다. 불신이 곧 지옥행이라는 위협이야말로 십자가 지고 가시는 예수에게 또 하나의 심각한 시련과 시험의 무거운 짐을 지워주는 일임을 깨달아야 합니다. 요한복음의 말씀은 교리의 감옥에 가둬두기에는 너무나 역동적이고 감동적인 메시지입니다. 이것이 배타적 복음주의의 옥죄는 메시지가 아니라 용서와 사랑의 감동을 주는 해방의 메시지임을 깨달아야 합니다.

길고 어두운 기독교 교회사의 모습, 종교적 배타주의로 점철된 그 무서운 역사의 광경을 되돌아보며 오늘도 예수의 이름으로 '다름'을 정죄하는 기독교의 독선을 보면서, 예수께서 스스로를 길이요, 진리요, 생명이라고 선포하신 참 뜻이 심각하게 왜곡되는 현실을 안타까워하지 않을 수 없습니다. 친히 길이 되시어 즐겁게 밟히시고, 진리 되시어 우리를 자유롭게 하시며, 생명 되시기에 자기를 비워 영생으로 우리를 인도하시는 주님의 참 모습을 똑바로 볼 수 있어야 합니다.

16

누가
하나님 나라의
주인인가

어린이가 하나님나라의 주인이라는 말은
가난한 자와 꼴찌가 하나님나라의 주인이라는 선언과 같이
기존의 패러다임을 뒤집는 선언입니다.

교회에서 어린이주일이면 으레 어린이를 더욱 사랑해야 한다는 메시지를 듣게 됩니다. 그러나 예수가 어린아이를 품에 안고 손을 얹어 축복하신 사건에는 단지 이 정도로 끝날 수 없는 보다 깊은 뜻이 담겨 있다고 저는 확신합니다. 예수의 어린이관은 당시나 지금이나 기성세대 교육관에 비춰보면 놀랄 만합니다. 예수는 정말 파격적인 인식을 갖고 계셨습니다. 단순히 어린아이를 더 사랑해야 한다는 것 이상의 깊은 메시지가 들어 있는 만큼 그 의미를 우리 상황에서 깊이 되새겨 보아야 할 것입니다.

한마디로 그것은 어른들이 어린아이에게 배워야 한다는 메시지이며, 나아가 어린아이같이 되라는 명령입니다. 이것은 우리의 기존 사고의 틀을 180도 전환시키는 발상입니다. 아이를 어른으로 변화시키는 것이 온갖 종류의 교육목표인데, 이 교육목표를 버리라는 뜻이기도 합니다. 가정교육이든지, 학교교육이든지, 종교교육이든지 간에 교육의 목적은 미숙한 어린이를 성숙한 성인으로 변모시키는 것인데, 주님은 이러한 교육의 목표와 방향을 뒤집어 엎으셨습니다. 태어날 때 동물처럼 거친 인간존재가 사회규범과 사회가치를 익힘으로써 비로소 세련된 인간이 되는 과정을 사회화 과정이라고 합니다. 그런데 예수는 역사회화逆社會化를 강조하셨습니다. 정말 혁명적인 발상입니다.

어린아이를 막은 제자들

왜 그렇게 주님은 역사회화를 강조하셨을까요? 단순히 어린이처럼 되기를 바라셨기 때문일까요? 어린이 같은 존재가 되는 것 자체가 소중하다고 강조하고 싶으셨기 때문일까요? 아닙니다. 하나님나라의 건설을 위해 그것이 필요하다고 믿으셨기 때문입니다. 하나님나라의 주체가 바로 어린이다움을 갖춘 존재라야 하기 때문입니다. 어른들이 이 같은 역사회화를 거치지 않고는, 또는 메타노이아(회개)를 통해 어린아이가 되지 않으면, 하나님나라 건설이 불가능하기 때문입니다. 모든 공관복음서가 증언하고 있는 예수의 어린이 축복 사건의 뜻을 공관복음 중 제일 먼저 쓰인 마가복음을 중심으로 살펴봅시다.

우선 예수 당시 성인들은 어린아이를 어떻게 보았으며 어떻게 취급했는지 본문에 따라 살펴봅시다. 아이들을 대하는 부모들의 태도부터 살펴봅시다. 그 당시 어린이와 여성은 온전한 인간이나 사회의 정식회원으로 취급받지 못했습니다. 모든 공식행사와 모임에서 어린이와 여성은 정족수로 인정받지 못했습니다.

성서도 이 점을 증언해줍니다. 주님이 물고기 다섯 마리와 보리떡 두 개로 수천 명을 먹이셨던 기적 사건을 보면, 그 수혜자 수를 헤아릴 때 어린아이와 여자를 빼고 5천 명쯤 되었다고 기록하고 있습니다. 어린아이의 몸집이 작은 만큼, 사회적으로도 성숙한 인간됨의 크기에도 모자란다고 믿었습니다. 어린이는 부모를 위시한 어른들의 훈육을 철저히 받아야 할 미숙한 객체일 뿐이었습니다. 이 기적의 물적 자원도 어린이가 제공했습니다만, 그는 한 사람으로 취급받지 못했습니다.

그런데 당시 부모들은 아기의 첫돌을 맞게 되면 유명한 랍비를 찾아가 그들에게 축복받는 것을 큰 영광으로 여겼습니다. 미숙한 아기가 성숙한 존재로 자랄 수 있도록 빌고 싶었겠지요. 또 미숙하기에 여러 가지 어려움이 닥칠지 모르는데 랍비의 축복으로 그 어려움을 이겨낼 수 있기를 바랐겠지요. 일종의 복바라기 욕망을 가졌던 것입니다.

여기서 한 가지 흥미로운 점을 지적하고 싶습니다. 어린이와 여성이 연약하고 미숙하기에 그들을 특별히 배려하려는 남성 중심의 사회적 보호조치가 바로 그것입니다. 중세 기사도나 현재의 여성 돌봄의 관례도 따지고 보면 여성의 미숙함과 열등성을 전제로 하는 관례여서 이것에 대해 여성운동권이 어떻게 반응할지 궁금합니다. 여하튼 예수 당시 부모들은 어린 자식을 미숙하기에 축복받아야 할 타율적인 존재로 본 것이 틀림없습니다. 하기야 지금도 마찬가지지요. 그런데 제자들은 어떠했습니까?

제자들도 당시의 기성세대와 꼭 같은 인식을 가졌습니다. 본문은 제자들이 어린아이의 접근을 막았다고 증언합니다. 어린이들이 예수께 오는 것을 막은 제자들은 당시의 기성세대의 전형적 어린이관을 지녔기 때문입니다. 그러나 왜 그렇게 막았는지 좀 더 살펴볼 필요가 있습니다. 거기에는 몇 가지 까닭이 있는 듯합니다.

먼저 제자들은 피곤하신 주님을 보호하고 싶었을 것입니다. 이 사건은 예수 일행이 예루살렘으로 향해 가는 참으로 긴장된 여행길에서 일어났습니다. 예루살렘에서 겪으실 수난을 눈앞에 두고서도 예수의 하나님나라 운동은 계속되었지요. 병자를 고치시고, 절망한 사람들에게 희망을 주셨던 예수 선교활동은 계속되었습니다. 게다가 여기저기 함정을 파놓고 까다로운 질문들로 예수를 괴롭히는 바리새인들과 서기관들이 주님을 더욱 피곤하게 했을 것입니다. 이러한 격무에 시달려온 주님의 심기를 편하게 해드리려고, 제자들은 아기를 안고 주님께 몰려와서 귀찮게 구는 부모들을 내쫓으려 한 듯합니다. 이렇게 보면 제자들의 막는 행동을 나무랄 수만은 없습니다. 그들은 예수를 위해 심기 경호를 해드리려고 했으니까요?

또 다른 이유도 있었겠지요. 주님의 그 소중한 가르침을 먼저 성인들에게 베풀어야 한다고 제자들은 생각했을 것입니다. 어린아이는 예수가 가르칠 주요 대상은 아니라는 판단 때문에, 주변에 어른들 청중과 성인 학습자들을 더 존중해주었을 것입니다. 게다가 제자들은 어린아이들의 부모들이 갖고 있는 기복적 욕구에 그 어떤 혐오감을 느꼈을지도 모릅니다. 저급한 욕망을 언짢게 생각해서 그들의 접근을 막았을 수도 있습니다. 자기들은 가족을 버리고 주님을 따르면서 온갖 고생을 겪고 있는데 얌체같이 자기 아기를 데려와서 공짜로 주님의 축복을 가로채 가려는 것으로 생각했을지도 모릅니다.

그러나 가장 중요한 까닭은 다름 아니라 제자들이 하나님나라 운동을 이해하지 못한 데 있습니다. 예수 선교 프로젝트는 하나님나라 건설운동이 그 핵심입니다. 하나님나라를 세우려면, 그 나라에 들어갈 주인공을 찾고 길러내는 것이 중요합니다. 그런데 하나님나라의 성격과 본질에 대해 그 운동의 중심부를 차지했던 제자들 스스로가 너무나 무지했습니다. 하나님나라와 어린아이의 관계를 전혀 이해하지 못했습니다. 그러니까 어린이들의 접근을 막은 것입니다. 그때만 해도 제자들은 스승의 깊은 속뜻을 이해하지 못했습니다. 기껏해야 예수가 세속적 왕이 되면 자기들은 그분 밑에서 정승이나 판서 같은 높은 자리를 차지할 것이라고 생각했습니다. 하나님나라를 그들이 출세하는 나라로 착각했습니다. 이와 같이 주님을 올곧게 대변할 수도 없었던 제자들이 주님의 뜻을 잘못 짚어 어린이들의 접근을 막은 것입니다.

게다가 주님에 대한 접근을 제자들이 적당히 통제함으로써 주님의 카리스마를 대리행세하고 싶었는지도 모릅니다. 이런 점을 보면, 오늘의 제왕이나 대통령에 대한 접근통로를 관장하는 비서관들과 측근들이 이 통로를 교묘히 차단하거나 자의로 열거나 하여 그들의 영향력을 행사하는 것은 어떤 뜻에서 제자들의 어리석음을 반복하는 것 같기도 합니다. 그렇다면, 주님은 어떻게 대응했습니까?

누가 하나님나라의 주인인가

먼저 주님은 제자들의 처사를 보고 노하셨습니다. 예수의 진노는 예상 밖의 사건입니다. 사랑의 주님이 노하셨을 때는 서기관과 바리새인들의 위선이 지나치다고 여겨졌을 때였으며, 대제사장들의 경제적 탐욕과 부패의 제도화가 추악하게 드러날 때였습니다. 그런데 여기서는 사랑하는 제자들을 향해 진노하셨습니다. 정말 이례적인 감정 표현 같습니다. 그러기에 주님이 노하신 깊은 뜻을 더 심각하게 이해해야 합니다.

그 심각성은 주님의 말씀과 명령에서 확인됩니다. 주님의 명령은 크게 두 가지입니다. 하나는, 어린아이의 접근을 막지 말라는 것이었으며, 둘째는 어린아이가 하나님나라의 주인이라는 선포입니다. 이 두 명령의 깊은 뜻을 그때 제자들이나 오늘의 기독교 신자들은 몸과 마음으로 이해하지 못하고 있습니다. 예수께 가는 통로는 아무도 막을 수 없습니다. 이 진리를 깨닫는 일이 그렇게 간단하지 않습니다. 예수의 하나님은 항상 열려 계신 분입니다. 그러기에 예수도 만인에게 언제나 활짝 열려 있습니다. 어떤 사람들이라도 주님께 접근해서 주님을 만날 수 있고, 주님과 사귈 수 있고, 주님에게 청원할 수 있고, 불평할 수 있으며, 감사할 수 있습니다.

이 뜻은 주님과 사람 사이에 그 어떤 중개자가 필요 없다는 뜻입니다. 사제도, 교회도, 교파도, 헌금도, 교리도 우리가 주님께 나아가는 길목을 막을 수 없습니다. 더더구나 그 길목에서 통과세나 통행료를 받을 수 없습니다. 주님과 우리 사이에 중개인들의 호가호위는 절대 금물입니다. 중개 행위가 종교의 신성을 빙자할수록 더욱 가증스럽습니다. 누구도 주님에게 나아갈 수 있는 통로를 차단할 수 없습니다. 그런데 어떤 존재에게는 예수로 가는 문이 더 크게 열려 있다는 진리를 또한 잊지 말아야 합니다. 주님께 가장 먼저 와야 할 사람은 세상의 눈으로 볼 때 미숙하고 연약한 어린이들 같은 존재입니다.

그러니까 어린아이에게 예수가 더 열려 있다는 진리를 주님은 장엄하게 선포하신 것이지요. 어린이가 하나님나라의 주인이기 때문이라고 말입니다. 폭탄선언입니다. 이것은 가난한 자와 꼴찌가 하나님나라의 주인이 되고 옳은 일을 위하여 핍박받는 자가 또한 주인이 된다는 선언과 마찬가지입니다. 이것은 그때나 지금이나 기존의 패러다임을 뒤집는 선언입니다.

당시 율법의 기준으로 본다면, 하나님나라에 들어갈 수 있는 자격은 명백합니다. 까다롭고 세밀한 종교적 행동규칙과 의례 절차를 철저히 지켜내야 비로소 그 자격을 얻게 되지요. 정결례를 잘 준수하고, 금식도 철저히 하며, 요즘 식으로 말하자면 새벽기도에도 열성이고, 전도행사에서 적극적이며, 항상 점잖게 거룩하게 행동하는 '성숙한' 종교인이 되어야 자격을 갖춘 사람이 되는 것이지요. 율법과 전통에 대해 해박한 지식이 있어야 하고, 또 몸이 온전해야 합니다. 심각한 질병을 앓거나 신체장애자들은 하나님나라에 들어갈 자격이 없다고 생각했습니다. 질병과 불구는 죄의 결과라고 믿었기 때문입니다. 그뿐입니까? 정신병자, 가난한 자, 포로 된 자, 눈먼 자를 위시한 지체장애자는 모두 무자격자들로 인식되었습니다.

그런데 역사의 예수는 이와 같은 무자격자가 진정 하나님나라의 주인이라고 선포하셨습니다. 특히 오늘의 본문은 가장 미숙한 어린아이가 주인이라고 선언하신 것입니다. 이것을 코페르니쿠스적 전환이라고 부르기보다는 예수의 전환이라고 불러야 마땅합니다. 참으로 획기적 발상이었습니다. 이 전환의 뜻을 다시 한 번 되새겨봅시다.

어린아이다운 것이 아름답다

무엇보다도, 예수의 교육관은 당시나 지금이나 기존의 교육관을 뒤집어 놓는다는 사실에 주목해야 합니다. 모든 육아교육의 원리는 빈 병이나 백지 같은 어린아이에게 성인들이 그들의 가치관과 규범을 채우는 것을 기초로 합니다. 아니면 태어날 때 거친 동물 같은 미개한 존재를 기성세대의 가치관과 규범으로 세련되게 만든다는 전제 위에 인간교육 원리가 서 있습니다. 육아교육을 위시한 모든 교육이란 성인에 의한, 성인을 위한, 성인의 교육입니다. 그러나 예수는 어린아이가 주인으로 존중되는 새 교육을 제시한 셈입니다.

그렇다면 어린아이의 무슨 자질과 어떤 특성이 이와 같은 예수의 새 교육 선포의 근거가 되었을까요? 다시 말해 "어른으로부터 배우지 말고 아기에게서 배워라"는 예수 명령의 핵심이 어린이다움의 아름다움에 있다면, 과연 하나님나라 주인의 자질이 되는 어린이다움은 무엇일까요? 몇 가지로 요약할 수 있겠습니다.

첫째, 아기는 부끄러움 없이 있는 대로 자신을 드러냅니다. 거기는 꾸밈과 변명과 가식과 위선이 없습니다. 아기의 행위는 눈이 시릴 만큼 투명합니다. 어른이 되는 과정에서 꾸밈과 교사스러움과 위선이 끼어들게 되어 있습니다. 어린이의 꾸밈없음은 에덴동산의 원형인지도 모릅니다.

둘째, 그러기에 아기는 자기를 교묘하게 높이는 기술이나 경쟁에서 남을 깎아내리는 영악함이 없습니다. 오히려 자기의 있는 모습을 그대로 보여줌으로써 자기를 꾸미지 않습니다. 마태복음 18장 3절의 말씀은 바로 이 같은 특징의 다른 표현이 아닐까요? 때때로 어린이도 "내가 제일이야" 하며 뻐기기도 합니다. 그러나 이것은 항상 "일등해라, 일등해라" 들볶아대는 부모들의 탐욕적 가치 주입 탓으로 보아야 합니다. 아기다움이 파괴된 결과인 것입니다.

셋째, 부끄러움 없이 자기를 열 수 있는 존재는 경탄과 호기심으로 남과 세상을 바라봅니다. 어른들이 놀라운 경치를 처음 볼 때 "어머" 하고 경탄하듯, 아기는 매일 만나는 새로움을 호기심 가득한 눈으로 보고 속으로 감탄합니다. 제 손녀 호피가 영국에 살 때 그곳을 방문한 적이 있습니다. 갓 두 살에 지나지 않았을 때입니다. 그 아기의 입에서 가장 자주 나오는 말은 "와우"였습니다. 경탄사입니다. 새로운 것을 볼 때면 언제나 "와우"라고 외쳤습니다. 바로 이 같은 천진난만한 호기심과 감탄이 세계적인 영화감독 스필버그의 성공 비결이었다지 않습니까? 그가 히트시킨 영화들은 대개 천진난만한 자기 자녀와의 대화에서 아이디어를 얻은 것이라고 합니다.

넷째, 아기는 스스로 설 수 없는 연약한 존재입니다. 스스로 설 수 없기에 남을 해칠 수도 없습니다. 힘도 없고, 가진 것도 없습니다. 철저한 무소유자입니다. 대신 부모의 사랑을 갖고 있고, 부모에 대한 전폭적 신뢰를 갖고 있습니다. 스스로 서지 못하고, 부모의 사랑에 의존하여야 비로소 설 수 있는 존재입니다. 한자에서 사람이란 낱말인 인(人)은 두 존재가 서로 의지하고 의존하면서 조화와 평화와 사랑을 이룩하는 모습을 보여줍니다. 서로 기대면서 안정을 이룩하고 있지 않습니까? 힘없고 가진 것 없기에 남(부모)을 전폭적으로 믿고 의지하듯 아기다움은 하나님께 전적으로 자기를 맡기는 존재입니다. 얼마 전 신문에 보도된 대로 시골에서 이미 죽어서 썩어 가는 엄마 곁에 열흘간이나 떠나지 않고 자기도 죽어갔던 세 살짜리 여자아이를 생각해 보십시오. 죽어서 악취를 풍기는 엄마 곁에서 그 아이가 견딜 수 있었던 것은 엄마에 대한 신뢰와 사랑의 힘 때문이었습니다.

아이는 어른의 스승이다

이렇게 볼 때 어른 됨은 아기다움의 상실을 뜻하고, 하나님나라를 상속받기 어려운 상태를 뜻하기도 합니다. 결국 우리는 성인이 되는 과정에서 아기다움의 향기를 잃어버렸습니다. 대신 영악하고, 복수하려 들고, 위선을 밥 먹듯 하는 세련된 영악한 존재로 변질되고 있고 이미 그렇게 변질되어 버렸지요. 예수께서는 바로 이 아기다움을 당신의 본질로 보셨습니다. 이것은 프로이드의 초자아superego 없이도 아름답게 살아가는 인간 원형의 아름다움입니다. 예수는 프로이드처럼 아기를 동물적 욕망 덩어리로 보지 않으셨습니다. 오히려 에덴의 원형으로 보신 듯합니다. 그러므로 어른은 아기의 스승이 될 수 없습니다. 오히려 아기가 어른의 스승입니다.

아기는 약해도 아름답습니다.
아기는 작아도 아름답습니다.
아기는 틀려도 귀엽습니다.
아기는 서툴러도 사랑스럽습니다.

아기의 행동은 눈부시리만큼 투명하여, 그의 눈동자 속에서 우리는 하나님나라의 열쇠를 뚜렷하게 볼 수 있습니다. 바로 이 열쇠를 어른들이 똑똑히 볼 수 있어야 합니다. 이것을 보려면 어른들은 자기 눈 속에 끼어 있는 대들보 같은 어른 됨의 가시를 빼내야 합니다. 곧 자기를 되돌아보아 스스로 부끄럽게 여길 줄 알아야 합니다. 어른은 변질된 존재여서 아기의 아기다움마저 교육과 사회화의 이름으로 훼손시킬 수 있습니다. 우리는 이런 어른 중심의 교육을 반성해야 합니다. "너희가 어린아이 같지 않고서는 하나님나라에 들어갈 수 없다." 참 인간 교육의 장엄한 선언은 바로 예수의 이 어린이 선언이라 하겠습니다.

정말 아기는 어른의 스승입니다. 우리는 아기의 얼굴에서 예수의 원초적 모습을 발견할 수 있어야 합니다. 험한 세상에서 갖은 곤욕과 수모 그리고 가난의 아픔을 온 몸으로 겪고 살았으나 어린이의 순진한 마음으로 이 괴로운 세상을 끝까지 아름답게 바라보며 살다가 죽은 시인 천

상병 씨가 생각납니다. 그의 시 〈귀천〉은 어린이의 마음을 투명하고도 가슴 시리게 전달해줍니다.

　나 하늘로 돌아가리라.
　새벽 빛 와 닿으면 스러지는
　이슬 더불어 손에 손을 잡고,

　나 하늘로 돌아가리라.
　노을 빛 함께 단 둘이서
　기슭에서 놀다가 구름 손짓하면은,

　나 하늘로 돌아가리라.
　아름다운 이 세상 소풍 끝내는 날,
　가서, 아름다웠더라고 말하리라.

이 시에서 하늘을 하나님나라로 바꿔서 다시 읽어보십시오. 어른이 되어도 아이로 돌아갔던 천상병 시인은 이제 하나님나라의 주인이 되었습니다.

해학과 저항의 예수

예수의 말씀에는 부당했던 당시의 관행과 전통을
뒤집어엎는 날카로움이 있었습니다. 되씹을수록
급진성, 정직성, 날카로움이 은근히 우러나는 식이었습니다.

예수의 말씀에는 진부함이 없습니다. 언제나 그 말뜻은 청중을 놀라게
하고 경탄케 합니다. 때로는 익살스러움도 있되 그 속에는 날카로운 뒤
집어엎음의 과격성도 있습니다. 대체로 약자와 피해자들에게는 당당함
과 용기와 희망을 불어넣어 주고, 강자와 가해자에게는 당혹스러움과
부끄러움을 안겨줍니다. 예수의 비유 말씀이나 경구는 언제나 이같이
날카롭고 놀라운 지혜를 담고 있습니다. 그 지혜로 인해 청중은 키득키
득 웃기도 하고 은밀히 미소 짓기도 했을 것입니다. 스스로 유식하다고
생각했던 사람들은 당황하거나 분개하기도 했을 것입니다. 여하튼 예수
의 말씀이 졸음이 올 정도로 싱겁거나 무미건조한 것이 결코 아니었던
것만은 확실합니다. 촌철살인의 멋과 맛이 있었지요.

그 유명한 산 위에서의 설교를 경청했던 사람들의 표정을 상상해보면

픽 흥미롭습니다. 대부분 가난하고 찌든 생활을 했던 밑바닥 인생들은 예수의 주옥같은 말씀에 용기와 희망을 얻었고, 위로받고, 기뻐했으며, 흡족했을 것입니다. 그러나 군중 속에 서기관과 바리새인들이 섞여 있었다면, 헤롯당과 로마 세력의 첩자들이나 감시자들이 섞여 있었다면 틀림없이 그들의 얼굴은 긴장되었거나 굳었을 것입니다. 말할 수 없이 불편했을 것입니다.

예수는 익살꾼이자 이데올로기 비판자였다

대체로 예수의 경구는 부당했던 당시의 관행과 전통을 뒤집어엎는 날카로움을 지니고 있었습니다. 그렇다고 해서 그분의 금언이나 경구가 단도직입적으로 기존질서를 엎어버리는 거친 표현으로 된 것은 아닙니다. 말씀을 되씹을수록 말씀의 급진성, 정직성, 날카로움이 은근히 우러나는 식이었습니다. 은근히 급진적이라는 뜻은 익살스러움을 그 속에 지니고 있다는 뜻이기도 합니다. 은근히 청중들을 웃기면서 기득권층이 누렸던 관행의 어두운 모습과 모순의 정체를 날카롭게 드러냈습니다. 요즘 말로 하자면, 예수는 대단한 익살꾼이면서도 이데올로기 비판자였다 하겠습니다. 청중을 즐겁게 해주면서 날카롭게 당시 지배이념의 허구성을 폭로했기 때문입니다.

그런데 왜 오늘의 기독교 신자들은 예수의 말씀이 갖는 이러한 익살성, 급진성, 당혹성을 제대로 느끼지 못할까요? 왜 그분의 말씀이 본질적으로 지니고 있는 놀라운 지혜의 향기를 맡을 수 없을까요? 여러 가지 이유가 있겠습니다만, 기독교 교리와 신조, 교회의 전통이 역사적 예수의 말씀이 담고 있는 폭발적인 감동의 힘 그리고 촌철살인의 시원한 멋을 억눌러 왔다고 생각합니다. 예수의 말씀과 행동, 삶(고난과 죽음을 포함한)을 온통 구속사적 시각에서만 조명하면, 로마 지배층, 토착 지배세력, 당시의 정치 종교적 제도 관행에 대한 실물 예수의 생각과 판단에 대해서는 자연스럽게 둔감하게 됩니다. 선의의 둔감이라고 하더라도, 예수 말씀이 지닌 놀라운 지혜를 놓친다는 것은 안타깝고 아쉬운 일입니다.

아담의 원죄로부터 우리를 구원하시려는 거대한 하나님의 섭리 드라마의 뜻만 부각되기에, 그 뜻에 합당한 예수의 모습만 또한 강조되기 마련입니다. 예수의 일거수일투족이 구원사와 구속사의 시각에서만 해석되고 강조되기 마련이지요. 거의 모든 찬송가의 내용도 구세주 그리스도의 찬양으로 일관되어 있지요. 그래서 익살꾼 예수의 모습은 교인들의 상상 밖으로 밀려나게 됩니다. 교회 틀 안에서는 증발되고 맙니다. 지도층의 위선을 날카롭게 폭로하는 예수의 모습, 특히 아주 창의적인 패러디 작가 같은 예수의 모습은 아예 무시되고 말지요.

이 같은 결과에 대해 사도 바울도 책임 없다 할 수 없습니다. 그는 역사적 예수, 인간 예수, 나사렛 예수에 대해서는 전혀 관심을 갖고 있지 않았습니다. 그에게는 부활하신 예수의 능력 곧 그리스도의 능력만이 소중했기 때문입니다. 오늘 우리에게도 부활의 그리스도를 체험하는 것은 너무나 소중한 일입니다. 그런데 이 같은 소중한 부활 체험을 실존적으로 매순간 겪으면서도, 역사적 예수를 우리 삶 속에서 매순간 만날 수 있어야 하지 않겠습니까? 특히 그분의 놀라운 통찰력, 감동적인 혜안, 날카로운 해학을 실존적으로 만날 수 있다면 얼마나 더 신나겠습니까? 더 풍성한 은혜를 체험할 수 있으니 말입니다.

최근 유일 초강대국의 호전적 정책으로 세계가 긴장하고 있는 가운데 부시 행정부의 대북한 정책이 강경 일변도로 나아가고 있어 한반도에도 전운이 감돌고 있는 위기 상황에서, 예수따르미들이 전쟁을 불사하는 제도폭력에 대해 어떠한 입장을 취해야 하는지, 예수가 지금 우리와 함께 육신으로 살고 계시다면 어떤 판단을 내리고 어떤 결단과 선택을 할 것인지 심각하게 숙고해보아야 합니다. 한반도의 평화문제를 놓고 한국의 예수따르미들은 정말 진지하게 고민해야 합니다.

교리의 눈으로는 심각한 문제의 핵심을 꿰뚫어보기 어렵습니다. 어떤 눈으로 이 본질을 볼 수 있겠습니까? 예수의 산상수훈에서 그분의 번뜩이는 혜안을 새롭게 볼 수 있어야 합니다. 산 위에서 하셨던 예수의 세 가지 경구에서 2천 년 전 예수의 지혜, 곧 패러디의 지혜를 얻어 오늘 우리의 상황에 맞게 판단하고 올곧은 선택을 해야 하겠습니다.

오른뺨을 치면 왼뺨을 돌려라

먼저 "오른뺨을 치면 왼뺨을 돌려라"입니다. 이 경구야말로 교회가 너무나 오랫동안 잘못 해석해왔습니다. 폭력의 피해자로 하여금 더 큰 폭력에 순응하도록 제도교회가 가르쳐 왔습니다. 폭력에 대해 무저항주의를 가르쳐준 셈입니다. 비굴하더라도 폭력 앞에 순응하는 것이 교인다운 선택이라는 것이지요. 예수의 진의가 그러한 것일까요? 이 경구를 통해 예수께서 선포하려 하셨던 메시지를 올곧게 깨닫기 위해 예수 당시 '뺨치기'에 대한 유대의 관행적 인식을 잠시 알아둘 필요가 있습니다.

지중해 문화권에서 왼손 사용은 점잖지 못한 행위로 인식되었습니다. 사람들끼리 싸울 때 왼손을 사용해서는 안 됩니다. 당시 쿰란 공동체에서는 왼손을 사용하는 경우 열흘 간 추방을 당했다고 합니다. 그리고 그 행위에 대해 참회를 해야 했습니다.

오른손으로 사람을 때리는 경우에도 손등으로 치는 것은 그 나름대로 일정한 정치 사회적 뜻을 지녔습니다. 신분이 높은 자가 낮은 자에게 낮은 자의 분수를 깨달아 예절 바르게 행동하도록 깨우치려 할 때 오른손등으로 낮은 자의 오른뺨을 경멸하듯 때렸습니다. 이를테면 로마인이 유태인에게, 주인이 종에게, 남편이 아내에게, 부모가 자식에게 까불지 말고 절도 있게 행동하면서 분수 있게 자기 자리를 지키도록 권장할 때 오른손등으로 가볍게 때렸습니다. 이것은 일종의 모멸감을 주는 행위이기도 합니다. 약자로 하여금 비굴하게 계속 처신하게 하려는 강자의 건방진 몸짓이기도 합니다.

당시의 상황에 비추어 보면 이 경구가 갖는 의미는 매우 뚜렷해집니다. 강자가 오른손등으로 경멸하듯 약자의 오른뺨을 칠 때 약자가 가만히 있으면, 그것은 비굴한 일이지요. 그때 약자가 자기의 왼뺨을 돌려 강자에게 당당히 맞는 것은 "나는 당신의 부하나 똘마니가 아니오"라고 외치는 의연한 주격 선언입니다. 이것은 비폭력적이지만 적극적인 저항입니다. 아프지만 의젓하게 맞음으로써 "나도 당신과 같은 사람이오"라고 말하는 인간 선언이기도 합니다. 또 용기 있는 자세입니다. 그런데 실제로 로마사회에서는 이 같은 저항 선언을 하다가 죽음에 이를 수 있었습니다. 주인이 노예의 생사여탈권을 쥐고 있었기 때문이지요. 특히 열등감에 사로잡힌 강자일수록 약자의 당당한 비폭력 저항에 더 추악한 폭력으로 대응하고 싶어 합니다.

1957년 추웠던 겨울, 전방 군대에 복무하고 있을 때 일입니다. 일요일에 사단교회에서 예배를 드리고 일선 소대로 돌아왔습니다. 분대장이 화를 내면서 나를 포함해 네 사람의 졸병을 불러 세우더니 곡괭이 자루로 구타를 시작했습니다. 일요일에 한가하게 사단 소속 교회에 예배를 드리러 갔다는 것이 이유였습니다. 그때는 1월 말이라 일선은 시베리아처럼 추웠습니다.

제가 제일 끝에 서 있었는데 분대장이 순서에 따라 곡괭이 자루를 내리치니까 제 옆의 졸병들은 자지러지게 소리 지르며 아파했습니다. '퍽 퍽' 때리는 소리와 터져 나오는 비명 소리를 들으며 저는 잔뜩 긴장했습니다. 제 차례가 왔을 때 저는 어금니를 단단히 물고 눈을 지그시 감았습니다. 제 어깨 위로 몽둥이가 떨어졌습니다. '퍽' 했는데 생각보다 덜 아팠지요. 그래서 눈을 뜨고 저도 모르게 싱긋 웃었습니다. 저는 은근히 미소 지었다고 생각했는데, 그때 분대장은 벼락같은 소리를 질렀습니다. "세 놈은 돌아가. 한 일병, 이 새끼 웃어, 비웃어? 어디 진짜 단단히 맞아 봐라." 저는 다른 사병보다 몇 배로 더 심하게 맞았고, 영하 20도 가까운 추운 겨울밤 팬티 하나만 걸치고 엎드려뻗쳐를 500번 해야 했습니다. 겨울 찬바람이 벌거벗은 저의 몸에 와 닿을 때 수백 개의 작은 바늘이 한꺼번에 꽂히는 듯 아팠습니다. 제 미소의 당당함이 가해자, 특히 열등감에 사로잡힌 가해자로 하여금 더 추악한 폭력을 가하게 했던 것입니다.

이런 아픈 경험을 겪으며 예수가 십자가를 지시게 된 것이 너무나 당연한 일이라는 생각이 들었습니다. 당신의 삶 자체가 '왼뺨 돌리기'의 삶이었으니까요. 당신의 경구가 종교지도자들을 당혹시켰으니 고난의 길로 걸어가지 않을 수가 있었겠습니까? 예수의 가시밭길 삶을 구태여 저 거창한 구원사와 구속사의 관점에서 교리적으로 해석하지 않더라도 그의 말씀이 갖는 익살적 해방 기운은 오늘 우리 가슴에 더 적절하게 살아있는 메시지로 다가오고 있습니다. 그의 십자가 처형이야말로 '왼뺨 돌리기'의 감동적인 본보기라 고백하고 싶습니다.

특히 십자가의 그 처절한 고통 속에서도 가해자들의 무지를 안타까워했던 예수의 너그러움은 '왼뺨 돌리기'의 극치라 하겠습니다. 예수가 그때 십자가 위에서 그들에게 악담을 퍼부었다면 가해자들은 코웃음 치거나 비웃었을 것입니다. 허나 예수의 '뜻밖의' 침묵과 용서에 그들은 당황과 수치심을 두고두고 느꼈을 것입니다. 이것이야말로 놀라운 '왼뺨 돌리기'의 힘이 아닐 수 없습니다.

예수가 이 경구를 말씀하셨을 때 청중의 반응을 한번 상상해보시지요. 예수께서 누가 너희들의 오른뺨을 오른손등으로 경멸하듯 치면 고개를 숙여 '순종하라'거나 '잘못했습니다'라고 빌라거나 '달아나라'고 하셨다면, 또는 너희도 오른손으로 상대방을 강하게 치라고 하셨다면 청중들은 놀라워하거나 감동하거나 웃지 않았을 것입니다. 그 같은 몸짓은 관례에 따른 예측된 행위이기 때문이지요. 너무나 당연한 말씀이라 거기에 흥분할 일이 전혀 없지요. 그런데 예수는 '왼뺨을 돌리라'고 했습니다. 이것은 강자의 오른손 주먹에 당당히 맞으라는 명령입니다. 오른손등으로 가볍게 맞아 생기는 경멸의 아픔은 오른손 주먹으로 본격적으로 맞는 아픔보다 정신적으로 더 아프지요. 육체적으로 더 아프게 맞되 당당한 모습, 의젓한 인간 주격의 모습을 보여줌으로써 비폭력 저항을 적극적으로 시도하라는 것이 예수의 깨우침입니다. 아프게 맞으면서도 평화로운 미소를 머금으며 맞는 적극적 자세를 견지하라는 뜻입니다. 나아가 로마 권력과 그 부역자들의 강압 앞에서 절대로 기죽지 말라는 당부이기도 합니다.

이러한 예수의 진의를 알아차린 민초들의 얼굴에는 잔잔한 감동의 미소가 흘렀을 것입니다. 그러나 강자 가해자들의 얼굴에는 당혹스러운 표정이 역력했을 것입니다. 강자들의 당황을 곁눈질로 확인한 밑바닥 인생들은 속으로 더 신나게 키득키득 웃으며 옆사람의 손을 잡거나 등을 두드리며 기뻐했을 것입니다. 강자들이 당혹의 수준을 넘어 수치감마저 느꼈다면 그리고 그 표정을 씨알들이 간파했다면, 속으로 더욱 고소하다고 느끼며 박수를 치고 싶었을 것입니다.

그런데 오늘 우리는 예수의 이 말씀을 들어도 2천 년 전의 그 통쾌함을 전혀 느끼지 못하고 있습니다. 제도 기독교의 눈으로는 그 통쾌함을 볼 수도 없고 제도교회의 귀로는 통쾌함의 웃음소리를 들을 수도 없습니다. 예수께서 "귀가 있는 자는 들을지어다" 말씀하셨는데, 우리의 귓 속에는 교리와 전통의 차단장치가 너무 오랫동안 설치되어 있어 그 말씀의 깊은 뜻을 듣지도, 알아차리지도 못하고 있습니다. 그래서 강대국이 약소국을 멋대로 치려 해도 약소국이 비굴하게 순종하는 것에 대해 오히려 "아멘"으로 강대국을 축복해주는 꼴이 되었습니다.

속옷을 달라면 겉옷마저 주라

두 번째 경구는 "속옷을 달라면 겉옷마저 주라"입니다. 이 경구의 해학성을 알려면 여기서도 당시 옷 입기에 대한 사회관습을 먼저 알아두어야 합니다. 그때는 누구든 두 벌 옷을 입는 것을 정상으로 여겼습니다. 즉 누구나 속옷과 겉옷을 입고 살았습니다. 당시 재력 있는 사람은 돈을 꾸거나 상거래를 할 때 대체로 담보물로 토지 아니면 가축(양, 염소)을 활용했습니다. 그러나 소작농이나 농노 같은 무산자가 내놓을 담보물은 겉옷이었습니다. 이 같은 관행은 유대사회에서는 오래 전부터 시행되어 왔습니다. 신명기 24장 10-14절에 보면 겉옷을 담보물로 내놓아 추운 밤을 떨며 지나야 할 가난한 사람들의 아픔을 덜어주라고 했습니다.

그런데 마태복음에서는 겉옷과 속옷을 바꿔놓았습니다. 채권자가 담보물로 속옷을 달라면 겉옷까지 벗어주라고 했습니다. 겉옷은 외부 일기에 따라 다소 융통성 있게 활용하는 것인데 반해, 속옷은 항상 입어야 할 더 긴요한 옷일 것입니다. 그래서 여기 채권자는 좀더 악질적인 인간인 듯합니다. 담보물로 처음부터 속옷을 요구했으니까요. 이런 딱한 경우에도 예수께서는 겉옷까지 홀랑 벗어주라고 했습니다.

도대체 이것은 무슨 뜻입니까? 벌거벗으라는 말 아닙니까! 채권자 앞에 겉옷이든 속옷이든 하나는 걸쳐야 하는데 겉옷이든 속옷이든 모두 벗어주라는 것은 완전히 나신이 되라는 명령이지요. 도대체 이 같은 황당한 가르침이 어디 있습니까? 너무 가혹한 명령이 아닙니까?

당시 관습에 따르면 벌거벗은 몸은 사회적 금기였습니다. 하기야 지금도 미치지 않고서야 뭇사람 앞에서 벌거벗는 것은 상상할 수 없지요. 그것은 정상인에겐 심각한 수치이지요. 벌거벗는 사람 자신은 부끄러울 수밖에 없지만 남을 벌거벗기는 사람은 더 잔인한 사람이란 수치심을 느껴야 합니다. 그런데 우리는 예나 지금이나 몸의 일부를 일부러 드러내는 것이 저항과 결단의 뜻과 이어져 있음을 새삼 기억할 필요가 있습니다. 삭발은 머리 부분만 벌거벗기는 일인데, 이것은 수치이면서도 저항 또는 상대방을 향한 비상한 결단을 뜻하기도 합니다.

그렇다면 가혹하고 비정한 채권자 앞에 속옷, 겉옷을 스스로 다 벗어던지는 채무자는 채권자에 대해 온몸으로 저항한다는 뜻입니다. 그것은 채권자의 비인간적 탐욕을 자기의 벗은 몸을 통해 적나라하게 폭로하는 행위이기 때문이지요. 그래서 대단한 저항의 몸짓이라 하겠습니다. "힘 없고 가난한 채무자 여러분, 너무 가난해 빚을 갚지 못하여 속옷까지 벗어 달라는 채권자의 등쌀에 고생하는 여러분, 너무 걱정하지 마십시오. 속옷이고 겉옷이고 채권자에게 다 홀랑 벗어주시지요. 까짓것 발가벗은 몸으로 당당히 사시지요."

예수께서 이렇게 말씀하셨을 때 가난한 청중들은 자기들 주변에 있는 부자들을 힐끗 쳐다보며 킥킥 웃었을 것입니다. 예수는 채무자를 이렇게 웃기며 위로하셨습니다. 그러면서도 그들과 동고하셨습니다. 그들에게 부자 채권자의 비인간성을 폭로하도록 가르친 셈이지요. 그것은 당시 수탈적 경제제도에 대한 예수의 해학적 비판이기도 했습니다. 그것이 해학적이었기에 더욱 철저한 비폭력 저항을 강조하셨음을 우리는 잊지 말아야 합니다. 그런데 왜 우리는 지금 이 경구를 듣고 읽으면서도 아무 감흥을 느끼지 못할까요?

오 리를 가자면 십 리를 가라

세 번째 경구는 "오 리를 가자면 십 리를 가라"입니다. 이 경구에도 예수의 자비로운 '오기'를 느낄 수 있습니다. 당시 로마 군대는 막강했습니다. 세계를 지배한 군대였습니다. 로마체제는 또한 법질서가 막강했습니다. 로마 군인들은 로마 도로를 따라 행군했습니다. 로마 거리 곳곳에는 이정표가 뚜렷했습니다. 군인들의 배낭과 등짐은 무겁기도 했습니다. 군인들의 등짐 지는 수고를 덜어주기 위해 필요할 때 로마 군법에 따라 민간인들을 징발했습니다. 그 군법에 따르면 민간인에게 등짐을 지게 할 때는 반드시 1마일(오 리로 번역)을 넘겨서는 안 됩니다. 1마일 이상 민간인으로 하여금 등짐을 지게 하면 군법을 어기게 됩니다. 당시 로마군의 백부장이 이 법을 주로 집행했습니다.

예수의 경구를 당시 군법 상황 아래서 조명해 보면 예수의 진의가 어디에 있는지 곧 깨닫게 됩니다. 식민 지배국의 군대가 피식민지 민간인에게 등짐을 지울 때 오 리만 가지 말고 십 리를 가라고 권고하셨습니다. 이것은 예수께서 명백하게 법을 어기라고 명하신 것입니다. 신성한 로마 군법을 어기게 되면 어떻게 될까요? 중대장은 그의 상관으로부터 질책을 받게 될 것입니다. 당시에는 군 계급이 높을수록 토착 민간인들의 원성에 예민하게 반응했습니다.

이것은 우리 상황을 봐도 쉽게 이해할 수 있습니다. 미군의 계급이 높을수록 한국인에 대한 주한 미군 사병의 범죄에 더욱 곤혹스러워 합니다. 예수 당시 유대 총독이었던 빌라도는 군장성이었습니다. 그는 유대인들의 반로마 저항이 로마의 원로원에 보고될까 봐 항상 노심초사했습니다. 예수를 극형에 처했던 것도 이 같은 두려움 때문인 것을 기억할 필요가 있습니다.

예수의 이 경구는 십 리를 감으로써 로마 군법의 부당성을 멋지게 폭로하려는 의도에서 나온 것입니다. 오 리 가자 할 때 제도 폭력에 폭력으로 맞서지 말고 오히려 십 리까지 더 가줌으로써 로마 체제를 당혹스럽게 하는 것, 그렇게 함으로써 로마 제도의 폭력성을 폭로하는 것, 그것이 예수따르미의 선택이라 하겠습니다. "까짓것 여러분 십 리까지 등짐 지고 가시지요"라고 하셨을 때 이 말씀의 속뜻을 알아차린 청중들은 또한 옆 사람 허리를 쿡쿡 찌르며 웃었을 것입니다.

악의 제도에 대해 웃으면서 적극 저항하는 자세, 그것이 우리들의 자세가 되어야 합니다. 여기서 우리는 예수가 결코 환상적 유토피아론자도 아니요, 그렇다고 폭력으로 제도 폭력을 뒤엎는 테러리스트도 아님을 알 수 있습니다. 더더구나 우리 주님은 부당한 제도에 순응하도록 가르치는 무저항주의자가 결코 아님을 확인해야 합니다. 익살로 웃기시되 품위 있게 저항하는 우아한 자세를 가르쳐주시는 지혜의 스승임을 새삼 깨닫게 됩니다.

귀 있는 자는 들어 깨달으리라

교회전통과 기독교 교리가 너무 오랫동안 예수의 말씀(경구와 비유 등)이 갖는 해학적 급진성, 평화적 저항성, 우아한 패배의 멋을 깨닫지 못하게 했습니다. 우리의 귀는 그 전통과 교리로 멀어졌습니다. 우리의 눈은 값싼 종교적 축복으로 어두워졌습니다. 우리의 머리는 종교적 규례와 관례에 매여 우둔해졌습니다. 그래서 예수의 말씀 속에 보물처럼 담겨 있는 익살스러움, 날카로움, 통쾌함, 당혹스러움, 탄성을 발하게 하는 해학적 감동을 알아차리지 못하고 있습니다. 정말 주님이 오늘 우리에게 "귀 있는 자는 제대로 내 말의 뜻을 들어 깨달을지어다" 하고 외치시는 소리를 들어야 합니다.

하기야 오늘 우리 상황에서 예수의 육성을 직접 듣고 감동하기란 여간 힘든 일이 아닙니다. 역사적 예수의 삶을 정확하게 이해하는 것도 엄청나게 어려운 일입니다. 그간 적지 않은 신학자들이 역사적 실존 인물인 나사렛 예수의 삶과 말씀을 찾아보려 했으나 때로는 허무하게 실패했고 때로는 안타깝게 역사 탐구를 포기하기도 했습니다.

그런데도 최근에 와서 역사적 예수를 만나보려는 시도가 더욱 맹렬해지는 듯합니다. 대체로 성서에 기록된 예수의 말씀 가운데 당시의 구체적 상황에서 뜻밖의 놀라운 뒤집음을 시사하거나 강조하는 말씀을 예수께서 실제로 하신 말씀으로 인정하고 있습니다. 예수 말씀의 진위 여부를 판단하는 기준에는 여러 가지가 있지만 그 가운데 당시 제도의 틀을 깨는 혁파성의 메시지를 지닌 경구나 비유는 대체로 예수의 말씀으로 수용하는 듯합니다. 역사적 예수의 음성을 비록 직접 듣지는 못하지만 그가 의도했던 익살스러운 혁파의 메시지는 항상 새롭게 들어야 소중한 메시지입니다.

지금 한반도와 세계는 아직도 갈등과 불신으로 앓고 있습니다. 여기저기서 크고 작은 전투가 벌어지고 있습니다. 유일 초강대국의 일방주의 외교정책이 근본주의적 기독교 신앙의 열정에 힘입어 세계 평화를 위협하고 있습니다. 이때 힘으로 세계를 정복하려는 팍스 아메리카나의 위선과 허위성을 밝게 드러내주는 예수의 해학적 비판이야말로 바로 우리 예수따르미가 선택할 선교의 과제임을 잊지 말아야 합니다.

특별히 한반도에 사는 예수따르미는 예수의 그 놀라운 지혜를 새롭게 깨닫고 평화를 만들어 가는 일꾼이 되어야 합니다. 먼저 예수의 경구에 탄복하는 은혜를 나눌 수 있기 바랍니다. 어엿한 패배자가 되어 그 무거운 십자가를 지시고 골고다 언덕을 올라가셨던 예수님은 오늘도 우리에게 참된 평화와 정의의 기쁨을 맛보게 하시려고 "왼뺨을 돌려대시오", "겉옷까지 벗어주시오", "십 리까지 등짐 지고 가시오"라고 외치고 계십

니다. 우리는 그 음성을 열린 영의 귀로 똑똑히 듣고 올곧은 선택을 해야
합니다.

5

우아한 패배, 참 평화의 길

church

우리 주변에서 멋지게 지는 일을 보고 듣기란 여간 어려운 일이 아닙니다.
멋지게 지게 되면 이긴 자도 겸손해집니다.

예수없는 예수교회
CHURCH

**우아한 패배,
참 평화의 길**

예수 운동의 급진성은 폭력 저항이 아닌,
그런 저항을 근원적으로 거부하는
더 적극적인 비폭력의 대안을 세워 실천한 데서 찾아야 합니다.

2007년 11월 28일 제네바에서 저는 대한적십자 총재로서 일본적십자 총재를 위시한 일곱 명의 일본 대표를 만찬에 초대했습니다. 당시 제네바에서 적십자연맹총회와 국제대회가 열리고 있었고, 우리는 두 나라 인도주의 운동 간에 우의를 돈독하기 위한 방안을 논의했습니다. 그때 우리 측 국제 부장이 두 적십자사가 정기적으로 축구 시합을 하자고 제의했습니다. 이에 대해 일본 적십자 직원이 한국 적십자 직원이 몇 명이나 되느냐고 물었습니다. 약 4,500명 정도 된다고 했더니, 그는 일본 직원들은 우리의 열 배가 되는 45,000명쯤 된다고 은근히 자랑했습니다. 일본 적십자는 압도적인 수의 우세를 내세워 승리를 확신하면서 그래도 하겠냐는 뜻으로 우리를 쳐다보았습니다. 그때 저는 이렇게 다시 말했습니다.

"시합의 조건 하나를 제시하고 싶습니다. 열심히 시합은 하되 상은 진 팀에게 주도록 합시다."

일본 적십자 측은 이 제의가 뜻밖이었던 모양인지 뜨악하게 저를 쳐 다보았습니다. 그래서 저는 이렇게 덧붙였습니다.

"우리가 귀측에 우아하게elegantly 지기로 작정하고, 귀측에서도 우리에 게 멋있게graciously 지겠다는 각오를 한다면, 결과는 어떻게 될까요?"

제 질문을 받고 그들은 잠시 당황한 듯했습니다. 잠시 침묵이 흐르더 니 일본 총재가 이렇게 대답했습니다.

"그러면 둘 다 이기겠네요."

이 말에 모두가 유쾌하게 웃었습니다. 제가 한마디 덧붙였습니다.

"바로 그렇습니다. 서로가 우아하고 멋지게 질 준비가 된다면 결국은 둘 다 멋지게 이기는 것입니다. 적십자의 인도주의 정신이 다름 아니라 바로 이것입니다. 그래야 참 평화가 저절로 생기지 않겠습니까?"

모두 고개를 끄덕였습니다. 저는 그것을 인도주의 정신이라고 말했지 만, 마음속 깊은 곳에서는 그 정신이야말로 역사적 예수가 온몸으로 실 천하신 정신임을 강조하고 싶었습니다.

승리주의는 기독교 본연의 가치인가?

예수의 하나님나라 운동이야말로 우아하게 지면서 마침내 모두 함께 이길 수 있는 길을 보여주었습니다. 안타깝게도 이런 새로운 삶, 멋있게 짐으로써 함께 이기는 새로운 삶의 가치를 오늘날 개신교 지도층이 가장 이해를 못하고 있는 듯합니다. 이것은 한국이나 구미에서나 크게 다를 바 없어 더욱 답답하고 안타깝습니다.

그 원인은 주로 물리적, 물질적 힘에 의한 승리, 그에 따른 평화를 오랫동안 숭배해왔기 때문입니다. 특히 미국이나 한국에서 교회 지도자의 주류는 승리주의 가치를 기독교 본연의 가치로 믿고 있습니다. 하지만 물적 기반이 강한 교회이기에, 힘을 통한 승리와 힘에 의한 평화를 강조하는 교회일수록 역사적 예수 운동의 원래 의도와는 너무나 멀리 떨어져 있습니다. 교회를 열심히 다니는 교인일수록 예수의 삶과는 동떨어진 삶을 정상적인 크리스천의 삶인 양 착각하는 듯합니다. 하기야 성서도 이 문제를 언급하는 데 일관성이 부족한 것도 부인할 수 없습니다. 이랬다저랬다 혼란스러운 메시지를 던지는 것 같습니다.

창세기에는 창조에 대해 두 가지 다른 설명이 병존하고 있습니다. 하나님은 엿새 동안 만물을 창조하시고 제 칠일에는 쉬셨습니다. 이것을 '제사장계 문서'라고 합니다. 이 신학적 입장의 주요 메시지는 하나님이 인간과 동물에게 먹거리로 채소와 나무 열매를 주셨다는 것입니다(창 1:29-30). 원래 인간과 동물은 채식하는 존재로 창조되었습니다. 음식 먹는 것과 피 흘림은 처음부터 상관없는 일이었습니다. 이 같은 평화스러운 모습을 하나님은 좋다고 하셨고, 아주 좋다고 감탄까지 하셨습니다.

그런데 창세기 2장 5절부터 또 다른 설명이 나옵니다. 이것을 '야훼스트 문서'라 합니다. 여기에는 아담과 이브가 각각 다른 방식으로 창조되는 이야기, 부부로 만나는 이야기, 선악과를 따먹은 후 에덴동산에서 추방되는 이야기, 최초의 살인사건에 관한 이야기가 이어집니다. 가인의 농경 생활은 처음부터 폭력으로 얼룩졌습니다. 땅을 갈아 농사짓고 사는 인간 삶의 방식에서 문명이 창출되었고, 문명은 제국의 건설을 통해 더욱 그 영역을 넓혀 갔습니다. 이 확장을 돕는 힘은 물리적 폭력이었습니다. 칼의 힘이기도 합니다.

타락 이후 인간만이 이 폭력을 휘둘러 같은 종을 대규모로 살생했습니다. 동물은 육식으로 살아가도 동종을 잡아먹거나 죽이지 않습니다. 더더욱 동종 대량 학살은 하지 않습니다. 인간만이 같은 인간을 대량 학살합니다. 이런 성향을 크로산 교수는 문명의 정상성normalcy이라고 했습니다(*God & Empire*, 2007). 그렇다면 문명과 제국의 비극적 폭력 현실에 대해 구약 성서의 하나님은 어떻게 대응하셨을까요?

여기에 잠시 혼란이 옵니다. 하나님은 두 가지 전혀 다른 방식으로 대응하셨습니다. 첫째는 노아 식 대응으로, 큰 물난리를 통해 인간과 문명을 징벌하셨습니다. 무섭게 진노하시는 하나님의 모습을 볼 수 있습니다. 이런 하나님의 모습은 보복신의 전형이기도 합니다. 악인을 지옥으로 보내는 보복의 신입니다. 보복적 정의를 집행하는 신의 모습입니다. 이러한 신의 모습을 우리는 지금도 봅니다. 보복적 정의의 이름으로 이라크에 미군을 대거 파견한 부시 대통령에게서 슬프게도 그것을 확인할 수 있습니다. 최근 베스트셀러로 떠오르고 있는 리처드 도킨스R. Dowkins의 책 《만들어진 신》에서 혹독하게 비판받고 있는 신도 바로 진노하고 징벌하는 하나님일 것입니다. 문명과 제국의 폭력에 대해 폭력으로 대응하는 폭력적 신이 바로 그가 비판한 대상입니다.

다음으로 구약 성서는 아브라함식 대응을 자세히 서술해줍니다. 문명의 폭력적 성향을 대청소하는 대신 희년을 선포하고 그 실천을 요청하시는 인내 깊은 신입니다. 최후의 재난이나 전쟁(아마도 아마겟돈 전쟁 같은 것)을 통해서 무서운 심판을 내리는 대신 나눔의 정의, 배분적 정의를 통해 문명과 제국을 변화시키는 하나님입니다. 나눔의 정의를 그리워하는 것은 여러 예언자들의 메시지에도 뚜렷하게 나타납니다.

예수 운동의 급진성은 비폭력적 대안에 있다

예수의 하나님나라 운동은 당시 로마 문명과 로마제국의 상황에서 보자면 참으로 새로운 대안운동이요, 로마제국의 지도층에게는 충격적인 운동이었습니다. 예수 운동은 토착 유대교 지도층에게도 충격으로 여겨질 수 있었습니다. 하지만 당시의 외세와 내세의 지도층은 대체로 예수 운동의 참 뜻을 이해하지 못했고 도전적 위험은 보면서도 그 깊은 평화의 의미를 헤아리지 못했습니다. 겉모습만 보았지 참 의도와 본질을 꿰뚫어보지 못했고 핵심을 이해하지 못했던 것입니다.

한데 정말 우리를 슬프게 하는 것은 2천 년이 지난 오늘날 기독교 지도층도 예수 운동의 참 뜻, 원래 의도, 원초적 정열을 보지 못하고 있다는 점입니다. 아예 보지 못하는 것이 아니라 그 반대를 보고 내세우기까지 합니다. 제국과 문명이 갖는 폭력의 정당성을 기독교 틀 속에 수용하면서, 오히려 승리주의 가치를 숭배하기까지 합니다.

로마제국의 상황에서 예수 운동이 준 충격은 무엇이었을까요? 당시 로마에는 황제권이 강화되어 아우구스투스 황제는 곧 신의 자리에 올라가 있었습니다. 신적 존재에 인간이 붙일 수 있는 모든 거창한 호칭을 황제가 독점하다시피 했습니다. 주님, 메시아, 왕, 신의 아들 등은 황제의 권한을 신성화되고 절대화하는 데 쓰였습니다. 그러기에 황제가 지배하는 로마 왕국 이외 다른 왕국을 선포하는 것은 가장 불경한 짓이요, 국가 반역 행위로 정죄되었습니다. 사회적 금기일 뿐만 아니라 법적으로 반역 행위요, 반국가 범죄행위였습니다.

이런 무시무시한 상황에서 갈릴리 예수는 감히 하나님나라 운동을 펼친 것입니다. 로마당국에서 보면 그의 운동은 바로 불순한 반제국, 반국가, 반체제 운동이었습니다. 한마디로 로마당국은 예수 운동이 갖는 급진적 반로마 체제의 성격을 주시하고 있었습니다. 운동의 참 뜻은 이해하지 못했지만 말입니다.

비슷한 시기에 예수 운동과 유사한 여러 움직임이 있었습니다. 세례 요한의 하나님나라 운동도 그 중 하나입니다. 그러나 예수 운동은 달랐습니다. 이미 하나님나라가 왔다고 선포했다는 점에서 더 급진적이었습니다. 또 제자들과 함께 구체적 실천, 즉 열린 식탁 공동체와 무료 치유 프로그램을 펼쳐 보임으로써 절망에 빠진 민중들을 즐겁게, 자발적으로 참여시켰습니다. 세례 요한의 회개 운동은 지도자 주도의 독점식, 또는 '위에서 아래로top-down'의 운동이었기에, 그만이 세례를 베풀 수 있었지요. 그래서 요한이 처형된 뒤에는 그 동력을 잃어버렸습니다.

하지만 크로산 교수가 적절히 지적했듯이, 예수는 그의 운동을 제자들에게 위임했습니다. 열린 밥상 공동체와 치유 공동체를 펼쳐가는 권위를 제자들과 나눠가진 것입니다. 일종의 지점 운영권을 나눠주는 방식이었습니다. 그러기에 예수 운동은 중심이 없어도 번져 나갈 수 있었고, 바로 이 점 때문에 더 위험하고 급진적인 것으로 인식되었습니다. 로마당국도 그것을 알아차렸을 것입니다.

그런데 예수 운동이 갖는 충격적 과격성을 좀 더 이해하려면, 운동의 배경이 된 갈릴리 지역의 정치, 경제, 사회적 특성을 좀 더 깊게 이해할 필요가 있습니다. 갈릴리는 당시 헤롯대왕의 아들 헤롯 안티파스가 관할했습니다. 물론 로마당국의 허락 하에 이뤄진 일종의 위임 통치였습니다. 헤롯 안티파스는 교활한 통치자로, 예수도 그를 간교한 여우 같은 존재라고 표현한 적이 있습니다. 그는 로마에게 아첨하여 자신의 지배권을 연장 강화하려 했습니다. 당시의 로마 황제는 티베리우스였는데, 헤롯 안티파스는 황제의 환심을 사기 위해 그의 이름을 따서 갈릴리 호수를 디베랴 호수라고 불렀습니다. 나아가 갈릴리 지역에 로마식 혁신도시(디베랴)를 건설했습니다. 건설 공사에는 엄청난 비용이 들었고, 그 비용만큼 세금 징수를 강화해야 했습니다. 그래서 갈릴리 지역 주민들, 특히 어부들의 어깨는 더 무겁기만 했습니다. 로마의 가혹한 조세정책, 강제적 세금 징수 행위에 대한 갈릴리 민중의 반로마정서는 뜨거웠고, 점차 폭발의 위험 수위에 이르렀습니다. 그야말로 일촉즉발의 위기 상황이었습니다. 이런 상황에서 예수의 하나님나라 운동이 시작된 것입니다.

예수 운동의 과격성은 당시 민중의 반로마정서에 기초했다고 보기보다 예수께서 폭력적 저항을 근원적으로 거부했다는 데서 그 깊은 뜻을 찾아야 합니다. 로마에 대한 폭력적 저항정서가 팽배했던 갈릴리 지역에서 예수가 폭력 저항의 유혹을 근원적으로 거부했음에 주목해야 합니다. 그렇다고 예수가 저항에 뛰어든 사람들을 공개적으로 비난하거나 배척했던 것은 아닙니다. 그들의 뜨거운 민족 해방 열망과 그 소중함을 예수는 깊이 이해했습니다. 로마 지배로부터 해방되는 의미를 결코 무시하지 않았습니다. 오히려 그런 열정을 가슴 깊이 품고 예수 운동에 참가했던 사람들을 제자로 받아들였습니다. 제자들 중에 젤롯당원이 있었던 것도 그런 까닭입니다.

그러나 폭력 제국에 폭력으로 저항해야 하느냐에 대해서는 예수도 고민하셨습니다. 한때 예수는 제자들에게 칼을 마련하라고 당부하셨습니다(눅 22:36). 또 제자들 가운데 로마 제국에 대한 무력 항쟁을 선호하는 시카리파도 있었습니다. 이런 상황에서 예수는 결정적인 순간에 무력 항쟁을 거부하면 무력 저항주의자들로부터 배반당할 위험이 있음을 감지하고 있었던 듯합니다. 그래서 제자의 배신은 일종의 운명처럼 보입니다. 예수는 이런 운명을 우아하게 받아들이면서도 단호하게 무력과 폭력 사용을 거부했습니다. 그것은 폭력 정권을 역설적으로 강화시킬 뿐만 아니라 근본적으로 폭력의 악순환을 더욱 활성화시키고 평화의 가능성을 근원적으로 제거한다고 믿었기 때문입니다. 즉 예수 운동의 급진성은 폭력 저항이 아닌, 그런 저항을 근원적으로 거부하고 적극적인 비폭력의 대안을 세워 실천한 데서 찾아야 할 것입니다.

칼을 쓰는 사람은 모두 칼로 망한다

이 점을 제대로 파악하려면 겟세마네 동산에서 예수께서 겪으신 고뇌를 실존적으로 역지감지易地感之해볼 필요가 있습니다. 피땀 흘린 기도와 그 후 체포 현장 속으로 깊숙이 들어가 볼 필요가 있습니다.

예수의 고투는 자신의 뜻과 하나님의 뜻 사이의 긴장 속에서 벌어진 실존적 고투였습니다. 그가 마침내 "내 뜻대로 마옵시고"의 결단을 내렸을 때 '내 뜻' 속에는 일부 과격 제자들의 뜻, 곧 무력 저항의 뜻도 포함되었다고 생각합니다. 즉 단순한 개인의 욕망과 하나님의 뜻 사이에서만 고민한 것이 아니라, 당시 절대 다수 민중이 열망했고 나름대로 정당성과 호소력을 지닌 공공의 열망인 민족 해방의 욕망을 어떻게 처리해야 하나를 고민한 것 같습니다. 비록 무력 저항이라 하더라도 얼마나 로마의 억압과 착취가 처절했기에 가슴에 비수를 품고 다니며 저항했던 사람들이 있었겠습니까? 예수도 심정적으로 그들의 열망이 정당함을 인정하지 않을 수 없었을 것입니다.

하지만 예수는 그들의 폭력 수단만은 끝까지 옹호하지 않으셨습니다. 그 같은 예수의 고뇌를 오늘의 처지에서 역지감지할 수 있어야 합니다. "내 뜻대로 마옵시고"라는 기도 속에는 어떤 경우에도 보복적 폭력을 거부하시는 '아빠 하나님'의 뜻에 순종하는 아들 예수의 충정이 담겨 있지 않겠습니까?

게다가 겟세마네의 상황은 문자 그대로 예수에게는 절체절명의 긴박한 순간이었습니다. 제자들은 깨어 있지 않았습니다. 스승의 실존적 고뇌와 고투를 이해할 수도, 이해하려고 하지도 않았습니다. 예수가 느끼셨을 그 외로움을 생각해보십시오. 설상가상으로 예수 체포 작전에 투입된 제국의 졸개들이 칼과 몽둥이를 들고 나타났습니다. 아마도 제자들은 혼비백산한 채 달아나기에 정신이 없었을 것입니다.

그래도 수제자는 달랐는지 베드로는 스승의 신변 보장을 위해 용감하게 칼을 뽑아 졸개 하나의 귀를 내리쳤습니다. 요즘 식으로 말한다면, 탈레반이나 알카에다의 열정을 갖고 있었던 모양입니다. 이때 예수께서 보여주신 단호한 태도는 예수의 대안이 무엇이며, 예수 운동의 과녁이 무엇인지 확실하게 일깨워줍니다.

"네 칼을 도로 칼집에 꽂으라. 칼을 가지는 자는 다 칼로 망하느니라"(마 26:52).

큰 칼에 작은 칼이, 제국의 칼에 식민지 칼이 저항해봐야 칼은 모두를 망하게 합니다. 그래서 하나님나라 운동은 칼 사용을 근원적으로 배제해야 마침내 성공할 수 있습니다. 인류 역사는 예수의 평화 선언, 비폭력 저항 선언의 정당성을 뒷받침해줍니다. 제국은 칼 사용의 빈도와 비용의 증가에 따라 자기 속에 끊임없이 자멸의 씨앗을 뿌리고 있는 셈입니다. 그 씨앗이 자라 겉으로는 폭력의 제도가 강해지는 듯하지만, 결국 칼의 비용으로 스스로 몰락하고 맙니다. 이것이 제국 흥망의 역사이지 않습니까?

예수께서 칼의 유용론을 수용하셨다면, 이렇게 베드로를 칭찬하고 독려하셨을 것입니다. "베드로야 너야말로 나의 자랑스런 수제자답구나. 칼을 뽑은 김에 마고의 다른 쪽 귀도 잘라버려라. 아니, 그의 심장에 보복의 칼을 깊숙이 꽂아라. 그것이 우리 운동의 안보에도, 민족 해방에도 필요하다. 참으로 너는 용기 있는 우리 운동의 전사요, 나의 수제자로구나."

하지만 예수는 정반대로 베드로를 단호하게 꾸짖으시고, 마고의 떨어진 귀를 붙여주셨으며, 베드로를 비롯한 모든 칼 유용론자를 나무라셨습니다. 강자들은 자기 칼이야말로 정의의 칼이라고 뽐내며 약자를 괴롭히는가 하면, 약자들은 자기 칼이야말로 강자의 횡포와 폭력에 맞서는 정당한 저항의 칼이라고 강변해왔습니다. 여기서 부시 대통령과 오사마 빈 라덴의 목소리가 동시에 들리는 듯합니다. 하지만 예수는 칼이 강자의 것인지, 약자의 것인지 가려 묻지 않으셨습니다. 칼 쓰는 자는 모두 그 칼로 망할 것이라고 단호하게 선언하셨습니다. 강자의 칼 쓰기를 합리화하는 십자군 전쟁이나, 약자의 칼 쓰기를 정당화하는 지하드(이른바 거룩한 전쟁) 모두를 예수는 거부하셨습니다. 그런데도 21세기에 들어 기독교 근본주의자들은 십자군 전쟁을, 회교 근본주의자는 지하드를 열광적으로 부추기고 실천하고 있으니 딱하지 않을 수 없습니다.

예수의 대안이 지금껏 감동을 주는 것은 그 선언이 말로만 그친 것이 아니었기 때문입니다. 그분은 바로 그 칼의 폭력에 의해 당당하게 죽는 길을 택하셨지요. 제자들에게 그 죽는 모습을 실천으로 보여주신 것입니다. 바로 여기에 감동이 있습니다. 패배를 선택한 예수의 깊은 뜻을 그때나 지금이나 제국과 문명의 기득권층은 이해하지 못하고 있습니다. 오히려 한국 교회 지도자들은 칼에 의한 승리주의를 칭송하며 그것에 취해 있는 듯합니다.

2천 년의 역사가 지난 오늘 아무도 무력적 승리주의자였던 시저를, 아우구스티누스를, 티베리우스를 경배하지 않습니다. 지금 가야바를, 헤롯 왕을 우러러보는 사람이 어디 있습니까? 역사는 문명과 제국이 폭력의 힘으로 스스로 무너졌음을 증언하고 있는데도 오늘날 한국 교회 지도층은 예수 운동의 진정한 의도를, 예수의 대안적 비전과 실천이 갖는 깊은 의미를 알아차리지 못하고 있습니다. 정말 안타까운 일입니다.

너희에게 평화가 있기를 빈다

크로산 교수는 최근작 《하나님과 제국: 로마에 저항하는 예수, 그때와 지금》에서 이런 질문을 던집니다. 문명과 제국이 폭력을 가속화하는 것이 지극히 정상적인 현상이라면 인간도 본질적으로 폭력 지향적일까? 그는 그렇지 않다고 대답합니다. 그는 아일랜드 서쪽 바다에 있는 작은 외딴섬 절벽에 세워진 수도원을 어렵게 찾아가 그런 외진 곳에서 인간 본성에 깊이 스며 있는 희망의 빛을 확인했다고 합니다. 문명과 제국의 폭력이 기승을 부릴 때도 인간은 문명과는 동떨어진 외딴섬이나 사막 한가운데 수도원을 세웠습니다. 그곳에서 문명의 폭력이 빚은 온갖 추악한 죄악을 회개하고, 탐욕과 독선이 만들어낸 잘못을 깊이 뉘우친 것입니다. 그러면서 문명의 폭력에 대한 근원적인 대안을 모색했습니다. 이 같은 수도원 운동의 뉘우침과 대안 모색을 통해 인류는 창조의 원상태로 나아가려고 애썼지요. 그곳에서 피 흘림 없이 존재하는 아름다운 하나님나라의 평화를 꿈꾸면서 말입니다.

안타깝게도 이러한 평화가 우리 주위에는 없습니다. 한반도에는 아직 없습니다. 교회에는 아예 없는 듯합니다. 큰 교회일수록 더욱 그렇습니다. 기를 쓰고 이기려고만 하고 확장하려고만 하기 때문입니다. 승리주의에 도취해 물리적 힘으로든, 돈의 힘으로든, 권력의 힘으로든, 사회 명예의 힘으로든, 교인 수의 힘으로든 힘으로 이기려 하기 때문입니다.

갈릴리 호숫가 언덕 위에서 시작된 역사적 예수의 교훈은 부활의 그리스도가 제자들에게 나타나셨을 때 하신 첫 인사 말씀으로 이어집니다.

"그때에 예수께서 와서, 그들 가운데로 들어서셔서, 너희에게 평화가 있기를! 하고 인사말을 하셨다. 이 말씀을 하시고 나서, 두 손과 옆구리를 그들에게 보여주셨다. 제자들은 주님을 보고 기뻐하였다. 〔예수께서〕 다시 그들에게 말씀하셨다. 너희에게 평화가 있기를 빈다. 아버지께서 나를 보내신 것 같이, 나도 너희를 보낸다"(요 20:19-21, 표준새번역).

역사적 예수 운동은 하나님의 평화 만들기 운동이었습니다. 그것은 우아하고 멋지게 지려는 결단에 의해 마침내 아름답게 펼쳐지고 번지는 운동입니다. 비록 강퍅한 제국의 칼 앞에서는 처절한 패배와 죽음을 겪게 된다 하더라도 마침내 부활의 능력으로 평화를 만들어내는 운동입니다. 이 진실을 오늘의 한국 개신교 지도자들은 깨닫지 못하고 있습니다. 그러기에 지금 크리스천들은 서로에게 당당하고 멋있게 지려 할 때 비로소 흐뭇한 승리를 함께 맛보며 참 평화를 만들어낼 수 있다는 진리를 서로에게 알려야 합니다. 이것은 결코 쉬운 일이 아닙니다. 오히려 반대의 길, 곧 승리주의의 길로 나아가기 쉽습니다. 그런 경우 다시 되돌아오는 용기를 찾아야 합니다.

바로 여기에 반환점이 필요합니다. 되돌아오는 길을 알려주는 곳, 그곳이 바로 우리 속에 있는 수도원이 아니겠습니까? 그곳이 우리로 하여금 끊임없이 패배자인 역사적 예수를 만나게 해줄 뿐만 아니라 마침내 승리한 부활의 그리스도를 만날 수 있게 해주는 신나는 마당이 아니겠습니까? 그 수도원이 고도의 절벽에, 적막한 사막 한가운데 있으란 법은 없습니다. 평화를 잃어버려 방황하고 삭막해진 우리 삶 한가운데도 있어야 합니다. 그곳에서 "너희에게 평화가 있기를 빈다"라는 그리스도의 음성을 모두가 듣게 되길 바랍니다.

이 음성을 따라, 폭력을 정상적인 것으로 제도화하는 문명과 제국의 삶을 대체할 새로운 삶의 문화를 세워가야 합니다. 그것이 서로 은혜롭게 우아하게 지려 함으로 함께 승리하며 평화를 만드는 새로운 문화, 곧 예수의 문화일 것입니다. 서로 지려고 애쓰는 아름다운 공동체, 그것이 진정한 교회 공동체가 아니겠습니까!

멋지게 지신 예수님

멋지게 지면 이긴 자도 겸손해집니다. 그리하여
마침내 모두 승리하게 되지요. 져줌으로써 함께 이기는 싸움,
그것은 곧 함께 평화를 이룩하는 비법입니다.

항상 그러하듯 주변 상황을 보면, 극한적인 싸움과 대결이 끊임없이 우리를 슬프게 합니다. 정치계를 보면 참으로 부끄럽고 한심한 싸움이 오늘도 벌어지고 있습니다. 이른바 쇠고기 파동 같은 사회적 이슈에 여야는 한 치의 양보 없는 정면대결을 벌입니다. 남북관계를 보아도 냉전적 대결은 부끄럽게 지속되고 있습니다. 냉전 강경세력들이 상대방의 완패를 노리면서 자기편의 완승을 꾀합니다. 종교 간의 대결도, 한 종교 안에서 벌어지는 종파 간의 대결도 각기 완승을 겨냥하여 극한으로 달리고 있습니다.

이 같은 각박한 현실을 보면서 새삼 여유 있는 싸움, 그것도 멋지게 지는 싸움이 그리워집니다. 멋지게 짐으로써 상대방과 자신이 마침내 함께 이길 수 있는 흐뭇한 게임이 그리워집니다. 져줌으로써 함께 이기는 싸움, 그것은 곧 함께 평화를 이룩하는 비법입니다. 역사 현실에서 다툼을 완전히 배제할 수는 없습니다. 어느 때, 어느 곳에서나 싸움은 있기 마련입니다. 비단 만인의 만인에 대한 투쟁을 말하지 않더라도, 인간사는 다툼의 일로 가득 차 있는 듯합니다. 다툼이 서로 상처를 내고 공멸하는 비극으로 치닫는 대신 인간적 공동체를 만들어가는 길로 나아가게 하려면, 멋지게 지는 성숙한 기술을 배워야 합니다. 특별히 예수를 따르는 사람들이 이 같은 예기藝技를 먼저 터득하고, 먼저 실천해야 합니다. 이른바 승승勝勝의 비법을 알고 실천해야 합니다.

자녀의 떡을 개들에게 던지지 않는다

우리는 복음서에서 이방 여인의 딸을 고치시는 참으로 이례적인 예수의 모습을 보게 됩니다. 그 놀라움은 이중적입니다. 예수의 첫 말씀이 '예수답지' 않아서 놀라고, 이방 여인의 단호하고 재치 있는 믿음의 대응에 굴복하시는 흐뭇한 예수의 모습에 더욱 더 놀라게 됩니다. 이방 여인의 대응은 믿음의 아름다움과 힘을 새삼 느끼게 해줍니다.

예수는 당시 가장 신성한 제도로 강요된 정결법에 정면도전하셨습니다. 그 결과 바리새인과 서기관들로부터 끈질긴 공격을 받으셨지요. 그들이 파놓은 함정을 지혜롭게 피하면서도, 당당하게 인간이 법과 제도의 주인임을 선포하셨고, 위선적이고 억압적인 관례와 제도에 끊임없이 도전하셨습니다.

그러던 어느 날 예수는 피곤하셨던지 잠시 두로 지역으로 물러나셨습니다. 조용히 혼자 쉬면서 기도하시려 했습니다. 두로는 페니키아 지방의 항구 도시입니다. 가버나움 서북방 64킬로미터 떨어진 이방인의 땅으로, 당시 자연 방파제가 있는 유명한 요새이기도 했습니다. 여호수아가 지도자였을 때는 이스라엘의 영토였으나 예수 당시에는 시리아의 땅이었습니다. 그러니까 유대인들을 피하여 잠시 이방인 땅에서 쉬려고 그곳으로 가신 것입니다. 고향 땅에서 헤롯 왕 세력에 시달렸고, 예루살렘에서 내려온 바리새인들과 서기관들로부터 괴롭힘을 당했으며, 심지어 고향 사람들로부터도 따돌림을 당하셨던 예수는 조용히 이방 땅에서 쉬고 싶으셨습니다.

그런데 사건이 벌어진 것입니다. 하기야 예수가 가시는 곳마다 이례적인 사건이 자주 일어났으니 새삼 놀라울 일은 아니지만 이번에는 정말 놀라운 일이 벌어졌습니다. 한 이방 여인이 갑자기 예수를 찾아왔습니다. 여인의 어린 딸이 귀신이 들려 무척 고생하고 있었습니다. 그는 예수의 놀라운 치유를 소문으로 들어 알고 있었는데 예수께서 마침 두로에 와 계신다는 말을 듣고 일심 달려온 것입니다. 이 사건에서 배울 수 있는 값진 교훈과 깨달음은 무엇이겠습니까?

먼저, 예수의 거친 모습에 주목해볼 필요가 있습니다. 우리가 친근하게 여기는 인자한 예수의 모습은 온 데 간 데 없습니다. 대신 신경질적인 예수의 모습을 먼저 보게 됩니다. 심하게 말하면 인종차별주의자나 성차별주의자 같은 모습이기도 합니다. 자기 어린 딸을 고쳐 달라는 불쌍한 헬라 여인의 간청을 한마디로 이렇게 거절하셨습니다. "자녀로 먼저 배불리게 할지니 자녀의 떡을 취하여 개들에게 던짐이 마땅치 않다."

이 말씀은 도무지 예수의 말씀처럼 들리지 않습니다. 전형적인 바리새 국수주의자의 말처럼 들립니다. 또 인종차별주의자의 말처럼 들립니다. 여기서 자녀란 선민 유대인을 뜻하며, 개는 멸망 받아 마땅할 이방인을 뜻하기 때문이지요. 자녀와 개가 모두 떡을 필요로 한다면, 마땅히 자녀인 유대인에게 떡을 먼저 주어야 한다는 뜻입니다.

같은 인간을 개로 격하한 편견도 문제지만, 인간의 기본권 실현이라는 점에서 같은 인간을 인종에 따라 마땅히 차별해야 한다는 발상도 심각한 문제점을 안고 있습니다. 하나님 앞에서 인간은 모두 그분의 자녀로서 동등하다는 생각은 증발되고 만 듯합니다. 게다가 매정스러운 예수의 말씀은 성차별주의자의 말 같기도 합니다. 여성의 간절한 청원을 대번에 거절해버린 남성, 그것도 어린 딸의 아픔에 무관심한 남성으로 비칩니다. 어떻게 예수가 이럴 수 있을까요?

적지 않은 주석가들은 당황한 나머지 이 모순을 해결하려고 했습니다. 우선 그들은 예수의 잔인한 말씀이 당시 널리 퍼져 있던 상투적인 격언이라는 사실에 주목합니다. "세상의 모든 어미는 개나 다른 가축에 앞서 자기 자녀를 먹여야 한다"는 상식을 예수께서 인용했다는 것이지요.

하기야 이 말은 지금도 타당합니다. 개 같은 동물보다 인간을 더 소중히 여겨야 한다는 것은 당연한 상식이 아닙니까? 모두가 주린다면, 떡이 생기는 경우 사람에게 먼저 주어야 하고, 그 중에서도 자녀에게 먼저 주는 것이 당연하지요. 음식이 남는 경우에만 개에게 주는 것은 당연합니다. 그러니까 예수가 특별히 인종차별주의자나 성차별주의자가 아니라는 뜻이지요.

게다가 예수의 동족인 유대인 환자를 먼저 돌보아 고쳐주고, 다음에 이방인 환자를 돌보겠다는 뜻으로 해석한다고 해도, 그것을 구태여 부당한 것으로 비방할 수만은 없습니다. 오히려 동족애의 표현으로 볼 수 있고, 자연스럽고 정직한 민족애의 발로로도 볼 수 있겠지요.

개에 대한 당시의 인식은 좋지 않았습니다. "개에게 거룩한 것을 주지 말라"고 했습니다. 개는 불명예의 상징이기도 했습니다. 그런데 이 개는 당시 난폭한 들개들을 지칭한 것입니다. 본문에 나오는 개는 들개 같은 동물이 아니라 집에서 애완용으로 키우는 작은 개라는 것이지요. 그러니 이 개를 불명예의 상징으로 볼 필요는 없다고 해석할 수 있습니다. 주님이 웃으시면서 "애완용 개보다 자녀를 먼저 먹이는 것이 순리가 아닙니까" 식으로 말씀하셨다면, 그분을 꼭 잔인한 인종차별주의자나 성차별주의자로 몰아세울 수 없기 때문이지요.

그런데 아무리 좋게 해석한다고 하더라도 유대인과 이방인을 동등하게 다루지 않은 듯한 말씀을 예수께서 하신 것은 부인할 수 없습니다. 동족의 땅에서 여러 가지로 시달리다가 겨우 두로 지방에 와서 홀로 조용히 쉬고 있는데 귀찮게 한 헬라 여인에게 반갑게 웃으면서 말씀하기는 쉽지 않았을 것입니다. 예수도 인간인지라 오랜만에 잠시나마 즐기고 있던 조용한 자유를 침해받아 신경질적으로 대응하셨을 수도 있습니다. 이것이 더 현실적인 해석이 아닐까요?

개들도 아이들이 먹던 부스러기를 먹나이다

그런데 지극히 자존심 상하게 하는 예수의 말씀을 들은 헬라 여인은 정말 뜻밖의 놀라운 기지를 보입니다. 이 여인의 감동적인 모습에 주목해봅시다. 여인의 겸손과 인내가 보통 수준이 아님을 알 수 있습니다. 예수의 잔인한 듯한 말씀에도 여인은 신경질적으로 대응하지 않았습니다. 오히려 착 가라앉았습니다. 자신을 개로(애완용이든 들개든) 비하한 예수께 흥분하지 않고 더욱 겸손한 자세를 취하면서 놀라운 기지를 발휘했습니다. 예수의 모멸적인 말씀에 화를 내기는커녕 "그렇습니다. 저는 개와 같은 존재입니다"라고 차분하게 시인했습니다. 깜짝 놀랄 일입니다.

이렇게 나오면 어찌 상대방이 미안하지 않겠습니까? 어찌 자기 생각을 바꾸지 않겠습니까? 가장 어리석고 효과 없는 대응은 공격적인 언어에 더 공격적으로 맞대결하는 것입니다. 그러면 증오의 회오리바람이 거칠게 불게 되어 있습니다. 결국 둘 다 패배하는 것입니다. 헬라 여인은 증오의 에스컬레이션 법칙을 잘 파악하고 있었습니다. 그래서 오히려 자기비하를 통해 예수와의 대화를 계속 유도해나갔습니다. 스스로 개요, 부스러기를 얻어먹어 마땅한 존재임을 차분히 시인하면서 예수를 주님이라고 부른 최초의 이방 여인이 되었습니다.

헬라 여인의 깊은 믿음과 지혜에 놀라지 않을 수 없습니다. 비록 예수께서 거친 말씀을 하셨지만 그녀는 예수만이 반드시 어린 딸을 귀신으로부터 해방시키실 수 있음을 믿고 있었습니다. 여인은 흔들리는 자존심을 차분히 관리해낼 만큼 강한 믿음을 갖고 있었습니다. 이렇게 강한 믿음이 예수의 원격치료의 기적을 불러일으켰습니다. 대체로 치료는 의사가 환자를 대면 접촉하여 이뤄지는 행위인데, 이 경우 예수의 치료는 거리의 장애를 뛰어넘었습니다. 그것도 무료였습니다. 여인의 깊은 믿음이 마침내 기쁨의 기적을 낳은 것입니다.

또한 여인의 깊은 사랑에 주목합시다. 여인이 보여준 여러 가지 놀라운 자질, 즉 겸손, 인내, 믿음, 재치 등이 여인의 깊은 사랑에서 비롯되었음을 놓치지 말아야 합니다. 귀신들려 고통당하는 어린 딸의 아픔을 자기의 아픔으로 체휼한 위대한 사랑이 여인에게 아름다운 자질을 가져다주었습니다. 사랑이 여인을 부드러운 인내의 사람이자 단호한 의지의 여인으로 탈바꿈시켰습니다. 유대인과 남성들이 예수의 치유 카리스마를 독점적으로 누리게 할 수 없다고 결심하게 만들었습니다. 마침내 헬라 여인은 참으로 부드럽게 예수를 이겼습니다. 예수와의 논쟁에서 승리한 최초의 사람이 된 것입니다.

멋진 패배가 가져온 치유의 기적

이제 눈을 예수께 돌려봅시다. 잘 알다시피 예수는 대단한 논객이었습니다. 한 번도 진 적이 없습니다. 공생애를 시작하기 전 마귀와의 논쟁에서도 이긴 분입니다. 세금 문제로 논쟁을 걸어오는 바리새인도 통쾌하게 이기셨지요. 영생에 대한 문제로 예수를 시험한 율법학자에게는 선한 사마리아 비유로 크게 깨닫게 하셨지요. 안식일에 선한 일 하는 것으로 논쟁이 벌어지자 장엄한 인권선언을 함으로써 대적자들을 부끄럽게 하셨습니다. 현장에서 잡힌 간음한 여인을 위해서는 뛰어난 지혜로 논쟁을 걸어온 사람들을 물리치셨습니다. 한마디로 주님은 아무도 당해낼 수 없는 일당 백, 일당 천의 논객이었습니다. 그런데 보잘것없는 이방 여인에게는 지고 말았습니다. 어찌된 일일까요?

여인의 지혜롭고도 당찬 대응에 주님은 자신을 활짝 여셨습니다. 여인에게 자신을 열어주시고 비우셨습니다. 여인의 주장이 전적으로 옳음을 시인하셨습니다. 그러한 응수를 오랫동안 기다렸다는 듯이 예수는 "당신의 말이 옳소"라고 인정하시면서 "돌아가십시오. 당신의 딸은 막 나았습니다"라고 원격치료를 해주었습니다. 이것은 이례적인 축복이었지요.

예수는 스스로 지셨습니다. 멋지게 패하셨습니다. 이렇게 우아하게 지심으로써 먼 거리에 있는 어린 딸의 아픔을 제거해주셨습니다. 예수의 치유의 기적, 그것도 원격치유라는 새로운 기적이 바로 즐거운 패배에서 비롯되었음에 주목하시기 바랍니다. 그분의 멋진 패배가 엄청난 치유의 효과를 낸 것입니다. 그리하여 주님과 여성과 어린 딸은 모두 승리할 수 있었습니다. 즉 예수의 패배는 바로 승승의 복음이었습니다. 과연 한국 개신교 신자들은 이 해프닝의 깊은 뜻을 진정 이해하고 있습니까?

우리 주변에서 멋지게 지는 일을 보고 듣기란 여간 어려운 일이 아닙니다. 멋지게 지게 되면 이긴 자도 겸손해집니다. 그리하여 마침내 모두가 승리하게 되지요. 얼마나 흐뭇하고 아름다운 일입니까? 그런데 교회 안팎의 우리 현실에서는 그런 일이 일어나지 않아 안타깝기만 합니다.

정치갈등, 지역갈등, 노사갈등, 남북갈등은 오만한 완승을 위해 미친 듯이 질주하는 탐욕의 모습들이 아닙니까? 언제 우리는 이 악순환에서 해방될 수 있을까요?

스스로를 열고, 비우고, 짐으로써 모두를 채우시고 이기게 하신 치유의 예수, 그분의 놀라운 구원행위가 너무나 그립습니다. 예수의 이 멋지게 지심을 개인의 삶, 가정의 삶, 직장의 삶, 교회의 삶, 민족의 삶 속에서 우리가 실천할 수 있다면, 서로를 건강하게 하는 기적이 일어날 것입니다. 적어도 교회 안에서는 우아하게 서로 지는 지혜, 서로 지는 믿음, 서로 지는 사랑을 실천해야 하지 않겠습니까? 교회에서조차도 완승을 노리는 사람들이 있다면, 그 교회는 귀신으로부터 인간을 해방시킨 예수의 몸이 아니라, 탐욕의 귀신에 사로잡힌 마귀의 몸이 되고 말 것입니다. 그래서 끊임없는 추악한 다툼과 분열이 거듭될 것입니다.

십자가 위에서 철저히 패배하셨던 주님은 오늘도 우리를 치유해주십니다. 시간과 공간의 제약을 뛰어넘어 온갖 고통의 족쇄에 매인 우리를 해방시켜 주시는 예수님은 바로 스스로 멋지게 지신 예수님임을 잊지 맙시다. 그 멋진 패배자 예수를 우리는 늘 가슴에 사모하며 우아하게 지는 삶을 살아가야 할 것입니다. 거기에 참 평화가 펼쳐지게 될 것입니다.

20

사랑은 동사요, 하나님도 동사다

예수의 하나님은 멀리 자식의 모습이 나타나면
체면 가리지 않고 버선발로 급하게 달려가는
엄마 같은 하나님이십니다.

예수의 삶은 당시 정치 경제 상황에서 볼 때 혁명적이라 할 만큼 놀라운
것이었습니다. 이전에 익숙했던 것과는 아주 대조적인 윤리 도덕을 가
르치셨습니다. 이를테면, 전통은 눈은 눈, 이에는 이로 갚으라고 가르쳤
지만, 예수는 오른뺨을 때리는 자에게 왼뺨도 돌려대라고 가르치셨습니
다. 안식일에 대한 가르침도 파격적이었습니다. 그래서 율법주의자들로
부터 질시와 핍박을 받았습니다. 당시 로마의 입장에서 볼 때도 예수의
가르침과 삶은 때로는 세금거부 운동, 민족독립을 위한 테러리즘 지지
로 오인되기도 했습니다. 사실 예수의 제자들 중에는 칼을 품고 다니면
서 로마인이나 반민족적 동포를 살해하는 과격세력 열심당원도 있었습
니다.

　하지만 예수의 가르침 가운데 당시 전통적 유대교의 입장과 현저하게

다른 가르침은 아마도 예수의 하나님 인식이 아닌가 합니다. 예수의 신관은 당시 유대교의 신관과 너무나 달랐습니다. 하나님이 사랑이시라는 확신은 당시 유대교 전통에 비춰볼 때 너무나 획기적으로 새로운 인식이었습니다. 하나님을 사랑으로 믿었던 초대교회의 믿음이 왜 그토록 혁명적이었는지 곰곰이 되새길 필요가 있습니다.

스스로 존재하시는 하나님

먼저, 구약의 하나님은 어떤 분인지 봅시다. 출애굽기에서 하나님은 모세의 질문에 대한 대답으로 자신을 스스로 있는 자(출 3:14)라고 하셨습니다. 독존자獨存者, 자존자自存者란 뜻입니다. 영어로는 "I am what I am"이라 표현합니다. 이 말은 여러 가지 뜻을 담고 있으나, 무엇보다 먼저 신은 관계의 존재가 아님을 가리킵니다. 신은 다른 존재들과의 관계에서 형성되는 존재가 아니라 처음부터 독자적으로 존재했으며 무에서 유를 창조하신 독존자입니다. 자기 스스로 존재하고, 자기 존재의 내용을 스스로 채우는 창조주의 놀라운 힘을 지닌 거룩하신 분입니다.

여기에 견주자면 사람은 남과의 관계 속에서만 자기 존재가 형성됩니다. 나는 스스로 존재하는 것이 결코 아닙니다. 남들이 생각하는 내가 바로 내 존재가 됩니다. 엄마 아빠가 생각하는 내가 바로 나인 것입니다. 정확히 말하자면, 남들이 나를 어떤 존재로 생각하는지 내가 생각해냄으로써 비로소 내가 되는 것입니다. 영어로는 이렇게 표현할 수 있겠습니다. "I am what I think others think I am." 이 표현은 "I am what I am"과는 다르게 타인과의 관계에서 내 사회적 존재가 이뤄짐을 뜻합니다. 그런데 하나님은 인간의 사회적 존재와 달리 독존하십니다. 이것이 바로 구약의 신관입니다.

또 다른 구약 신관의 특징은 전지전능한 심판주가 바로 하나님이라는 점입니다. 율법을 주신 하나님은 율법을 지키지 않는 사람들을 심판하시고 벌을 주시는 무서운 분입니다. 또한 엄한 아버지 같은 분이기도 합니다. 게다가 너무 거룩하셔서 보통 사람들은 도무지 접근하기가 어려운 지엄한 초월자이기도 합니다. 가깝고 친근하게 속삭이는 하나님이란 참으로 이례적인 하나님이 아닐 수 없습니다.

사랑의 관계에 거하시는 하나님

예수의 하나님은 전통적 구약의 신과는 아주 달랐습니다. 예수의 하나님을 요한일서 4장은 아주 잘 묘사하고 있습니다. 여기서 적어도 두 가지 점에 유의해야 할 것입니다.

첫째, 하나님은 사랑이라는 표현입니다. 사랑하는 사람은 하나님을 체험할 수 있습니다. 또 하나님을 알 수 있습니다. 하나님이 그 안에 존재하십니다. 사랑을 통해 인간은 하나님을 모실 수 있고 또한 하나님을 닮을 수도 있습니다. 이와 같은 하나님은 어떤 외형적 모양 속에도 갇혀 있지 않습니다. 하나님은 사랑이라는 행동과 실천 속에 움직이며 존재합니다. 사랑이 곧 하나님의 존재 마당이며, 사랑할 때가 하나님 현존의 시간입니다. 사랑이 동사이듯, 하나님은 명사로 남아 있기를 거부하시고 동사로 살아 움직입니다.

둘째, 하나님이 먼저 인간을 사랑하셨습니다. 인간이 하나님을 먼저 사랑한 것이 아닙니다. 인간은 오히려 하나님을 배반했습니다. 증오, 질시, 싸움을 통해서 하나님을 멀리하고, 하나님을 십자가에 죽이기까지 했습니다. 탐욕과 독선으로 하나님을 근심케 했습니다. 그렇다면 사랑이신 하나님은 관계의 존재가 되지 않을 수 없습니다. 왜냐하면 사랑은 관계이고 멋진 관계를 만드는 힘이기 때문입니다.

사랑은 자기 것을 남에게 나눠주지 않고는 견디지 못하는 행동이고, 사랑은 남을 섬기지 않고는 견디지 못하는 행동이며, 사랑은 남의 속을 좋은 것으로 채워주기 위해 자기 것을 비워내지 않고는 견디지 못하는 행동입니다. 이처럼 사랑은 관계를 더욱 아름답게 만들고, 그 관계에서 나오는 기쁨입니다. 사랑의 하나님을 생각의 중심으로 삼아 자기 모습을 성찰해 보고 자기 삶을 끊임없이 고쳐 가는 존재가 바로 사람다운 사람입니다. "I am what I am"이 아니라 "I am what I think God thinks I am"입니다.

기도가 무엇입니까? 하나님과의 대화가 아닙니까? 하나님과의 대화란, 하나님 입장에서 자기 행위와 삶을 거울 보듯 살펴보는 내적 대화입니다. 하나님의 사랑에 감동하여 눈물로 자기 잘못을 고백하고 하나님께 다시 돌아가는 것이 아름다운 인간의 기도입니다.

우리는 이 같은 하나님과 인간의 아름다운 관계를 예수의 어록에서 확인할 수 있습니다. 유대 전통대로 한다면, 저 유명한 탕자의 비유에 나오는 탕자는 마땅히 아버지의 심판과 처벌의 대상이 되어야 합니다. 객지에서 굶어죽어 마땅합니다. 하나님은 무서운 판검사이기 때문입니다. 조사 심문 없이도 인간의 잘못을 훤히 꿰뚫어보는 전지전능한 검사 같은 분입니다.

그런데 예수의 하나님은 탕자의 자유로운 요구를 거부하지 않았습니다. 잘못된 선택으로 방탕하게 생활하는 아들을 애타게 기다리시는 어버이 하나님이십니다. 일제 때 자녀를 징병 보내놓고 살아 돌아오기를 목 빠지게 기다렸던 엄마의 마음이 바로 하나님의 마음입니다. 예수의 하나님은 대문 앞에서 날마다 자식을 기다리는 사랑의 하나님일 뿐 아니라, 멀리 자식의 모습이 나타나면 체면 가리지 않고 버선발로 급하게 달려가는 엄마 같은 하나님이십니다. 회개하고 돌아오는 탕자를 회개할 필요가 없다고 믿는 맏아들보다 더 따뜻하게 대접해주는 어버이 하나님이십니다.

동사로 살아가는 삶

잘못 저지른 것을 깨닫고 괴로워하는 인간은 아름답습니다.
잘못한 것 없으니 회개할 필요가 없다고 확신하는 인간은 진부합니다.
잘못해놓고도 회개할 필요가 없다는 인간은 위험합니다.
물론 구약의 하나님도 자기 백성의 고통을 알고, 그 아픔의 소리를 듣고 보고 그들을 고통에서 해방시켜 주셨지요. 하지만 광야 40년간 그 하나님은 율법을 세우고 무섭게 그것을 준수하게 한 하나님이기도 하지요 (출 3:7-9). 그런데 예수의 하나님은 인종, 성, 이념, 계급, 지역의 차를 불문하고 억울한 고통을 겪는 사람을 사랑으로 보듬고 안아주십니다. 사랑으로 온전한 하나로 만들어주십니다.

하나님은 하나로 만드시는 동사입니다. 하나로 온전케 하시고 건강하게 하십니다. 자기 스스로를 십자가에 내놓아 비우시고, 피와 살을 나눠주시고, 죽기까지 하면서 우리를 온전한 존재로 우뚝 서게 해주셨습니다. 사랑하셨습니다. 우리 죄인들이 훌륭하기 때문이 아니라 죄인임에도 불구하고 사랑하시기 때문이지요. 그래서 우리를 변화시켜 주시지요.

이와 같은 하나님 사랑을 깨닫고 실천할 때 우리는 우리 속에 하나님을 모실 뿐 아니라 하나님처럼 될 수 있습니다. 우리 스스로 비우고, 나누고, 섬길 때 우리들은 하나님처럼 멋지고 거룩하게 될 수 있습니다. 남을 사랑으로 채워줄 때 그러합니다. 우리도 명사로 살지 말고 사랑의 동사로 살아야 합니다. 예수가 바로 동사이기 때문입니다.

21

십자가,
그 멋진
패배의 미학

패배의 미학은 선으로 악을 이기는 예수따르미의 미학입니다.
예수가 보여주신 십자가의 넉넉한 패배만이
폭력과 탐욕의 악순환을 깰 수 있습니다.

2002년 월드컵 축구는 우리 국민 모두에게 희년의 기쁨, 곧 해방의 환희를 안겨준 듯합니다. 세계 언론은 찬사와 경탄의 축하를 보냈습니다. 당시 영국공영방송국(BBC) 게시판에는 한국 응원의 열기가 한국인의 인종우월성과 민족우월성에서 나온 것이어서 염려스럽다는 마크라는 미국인의 비판이 실리기도 했습니다. 그러나 경기가 막바지로 달음질치면서 세계와 세계인들은 한국민 찬사에 더욱 열을 올렸습니다.

〈뉴욕타임스〉는 2002년 월드컵 경기의 초점은 축구 자체가 아니라 한국민이라고 격찬했습니다. 우리 축구선수들도 잘 뛰었지만 붉은 악마가 되어버린 한국민 전체가 더 잘 뛰었다는 것입니다. 붉은 악마들의 향기는 삭막한 황무지에 아름답게 핀 장미꽃의 향기가 되어 전 세계를 잠시 취하게 만든 듯합니다. 세계만이 아니라 우리 국민 자신도 스스로의 모습에 놀랐습니다. 붉은 악마의 향기로운 기세는 그간 성과 연령으로, 지역과 계층으로 국민을 갈기갈기 갈라놓았던 벽을 잠시나마 허물어 버렸습니다. 모든 국민이 하나가 된 뜨거운 감동을 참으로 오랜만에 만끽했습니다. 아마도 해방 후 처음으로 경험한 전 국민의 기쁨인 듯합니다. 이 붉은 악마는 21세기 한국을 선진 민주 국가로 나아가게 하는 주역입니다.

세계가 놀란 붉은 악마의 응원

우리가 자랑스럽게 여기는 것은 이 응원이 전적으로 밑으로부터 자발적으로 우러난 것이기 때문입니다. 해방 후 반세기 동안 우리 국민들은 기나긴 권위주의 정치체제 아래에서 단 한 번도 자발적으로 뭉쳐본 적이 없었습니다. 군사권위주의 시절에는 철저히 위로부터 동원된 단합이었습니다. 그런데 이번에는 700만 시민이 운동장과 거리, 광장으로 신나게 뛰어나왔습니다. 식당, 카페, 극장, 다방, 가정 등에서 온 국민이 뜨겁게 하나가 되었습니다. 위에 있는 누구의 지시도 없이 말입니다.

그뿐입니까? 우리가 세계를 놀라게 하면서 스스로도 놀랐던 것은 그 열광적인 응원의 폭풍이 운동장과 거리를 지나간 뒤에도, 운동장과 광장이 깨끗이 정돈되었기 때문입니다. 성숙한 민주시민의식이 곳곳에서 샘물 터지듯 솟아나왔습니다. 미국인 마크가 염려했던 것이 기우였음이 증명된 셈이지요. 깨끗이 쓰레기를 치우는 모습 속에, 폭력이 끼어들 수 없게 성숙한 질서를 세워간 우리 행동 속에 치졸한 인종우월주의나 배타적 민족의식이 자리할 수 없었습니다. 그래서 쓰레기통에서 장미꽃이 필 수 없다고 우리를 조롱했던 서양 언론들이 무색해지고 말았습니다.

한마디로 우리는 세계 축구잔치를 펼치면서 세계를 향해 참신한 스포츠문화를 자랑스럽게 제시했습니다. CNN은 한국 붉은 악마의 응원 물결이 월드컵의 민속문화folklore를 만들었다고 평가했습니다. 또 월드컵 기간 동안 훌리건과 테러리스트들이 자기 집 안에 얌전히 머물게 했다는 데 찬사를 아끼지 않았습니다. 폭력 없는 평화의 세계 축전이 한국 땅에서 놀랍게 펼쳐진 것입니다. 이것은 이사야 선지자가 본 비전처럼 냉전의 고도 한반도에서 붉은 장미꽃이 아름답게 핀 것과 같고, 삭막한 사막에서 생명샘물이 터져 나온 것과 같다고 하겠습니다.

진 자의 넉넉한 마음

그런데 제가 정말 감동했던 순간은 붉은 악마의 열화 같은 응원으로 한국 팀이 유럽 강호들을 하나씩 격파해나갔던 승승장구의 순간이 아니었습니다. 사실 저는 첫 경기였던 폴란드전을 가족과 함께 부산에서 직접 보았습니다. 첫 경기였고 또 부산에서 열렸기에 열기는 대단했습니다. 하지만 우리가 2대 0으로 이긴 승리의 환희 속에서 저는 이상하리만치 차분했습니다. 우리 맞은편 폴란드 응원팀의 침통하리만큼 조용한 모습을 보았기 때문입니다. 남을 패배시켜놓고 좋다고 껑충껑충 뛰는 우리의 모습이 얼마간 부끄럽기도 했습니다. '제로섬zero-sum' 게임에서 승리만을 탐닉하는 것이 과연 참 기쁨인지 부산 경기장에서 조용히 반추해보았습니다.

승리주의 미학에만 취해 있는 것이 참된 감동을 불러일으킬 수 있겠습니까? 승리에 도취된 수만 관중이 "대～한민국 짝짝짝 짝짝" 외치고 있을 때 저는 문득 1936년 베를린 올림픽 당시 히틀러와 독일 국민을 생각해보았습니다. 히틀러는 올림픽 잔치를 베풀어놓고 세계만방에 독일 민족의 우생학적 우수성을 과시해 보이려 했습니다. 그는 독일 선수들이 이길 때마다 광기의 응원을 했지요.

그런데 승리주의에 넋이 나간 독일 관중들에게 정말 놀랍게도 일격을 가한 사건이 있었습니다. 히틀러의 우생학적 관점에서 보면 가장 열등하다고 인식된 흑인 선수 한 명과, 역시 열등 인종으로 간주되었던 동양인 선수 한 명이 나치의 지배 이데올로기였던 게르만 민족의 우수성 신념을 보기 좋게 무너뜨린 것입니다. 단거리를 석권했던 미국의 흑인 선수 오웬과 올림픽의 꽃이라는 최장거리 마라톤에서 우승한 한민족 손기정이 바로 그 사건의 주인공이었습니다.

그들은 나치의 지배 규범을 흔들어놓았습니다. 일종의 우상파괴를 한 셈이지요. 그들의 승리야말로 유대인 600만 명을 죽인 나치 극우 체제의 허구성을 세계 앞에 폭로해버린 참된 승리였습니다. 그들의 승리가 나치의 승리주의를 이겨냈습니다.

그렇다면 우리 승리의 참 뜻을 유럽 강호들을 줄줄이 격파한 데서 찾을 수 없을 것입니다. 정말 저를 감동시켰던 순간은 우리 팀이 폴란드, 포르투갈, 이태리 팀을 격파했을 때가 아니었습니다. 오히려 우리가 독일과 터키 팀에 졌을 때였습니다. 지되 비굴하게 진 것이 아니라 최선을 다하고 졌습니다. 진 것 자체가 자랑스러운 것이 아니라, 진 뒤에 붉은 악마와 우리 국민들이 보여준 그 넉넉한 마음이 자랑스러웠습니다. BBC 게시판에서 호주인 패트릭 씨는 우리의 패배 모습을 이렇게 칭찬했습니다. "지난 화요일과 이번 토요일, 한국 사람들이 패배의 모범적 우아함exemplary grace in defeat을 보여준 데 대해 축하드립니다."

문명인답게 넉넉하게 진 패배를 품위 있게 받아들이고 승리자와 어깨동무했던 한국 선수와 우리 국민을 세계인은 진심으로 축하해주었습니다. 우아하게 짐으로써 승리주의자들을 겸손하게 만드는 이 멋, 바로 이것이 저를 감동시켰습니다. 짐으로써 이기는 멋진 비결 말입니다. 프랑스의 〈르몽드〉가 "한국은 패했으나, 아시아는 승리했다"고 칭찬한 것도 우리가 보여준 패배의 미학을 예찬한 것입니다.

레드 콤플렉스를 넘어

2002년의 성숙한 국민적 응원이 그간 반세기 동안 우리 민족의 숨통을 죄어온 냉전 이데올로기를 무너뜨리는 효과를 낳았음에 주목해야 합니다. 손기정과 오웬 선수가 나치의 정치 이데올로기의 허구성을 폭로하고 이겨냈듯이 말입니다. 붉은 악마는 두 가지 부정적 상징의 조합입니다. 하나는 붉은 것에 관한 것이고, 다른 하나는 악마에 관한 것입니다.

지난 반세기 동안 남과 북은 분단 후 민족상잔의 열전도 겪었고, 냉전

대결 속에서 서로를 원수처럼 미워하고 상대방을 제거하기 위해 총력을 기울여 왔습니다. 이러한 비극적 분단 상황 아래서 레드 콤플렉스는 대한민국 국민 마음속에 깊이 내면화되었습니다. 붉은 세력은 초전박살내야 할 세속적 악마로 깊이 각인되었습니다.

기독교 신자들, 특히 보수적 개신교 지도자들에게 붉은 악마는 무신론의 사탄으로 여겨졌기에 더욱 더 미움을 받았습니다. 기독교(천주교와 개신교 모두) 근본주의자들이 이견자異見者들을 이단으로 낙인찍어 마녀사냥으로 처단했듯이, 한국 개신교인들도 지난 반세기 동안 붉은 세력을 조건반사적으로 혐오하고 제거하려 했습니다. 이 점에서 냉전주의와 근본주의는 상통합니다.

냉전의식과 제도가 남한 사회에서 정치적 지배규범과 지배 이데올로기가 되었듯이, 기독교 근본주의 역시 교권주의자들의 지배 이데올로기로 작용해 왔습니다. 바로 이 같은 지배 규범으로서 냉전의식과 보수적 신앙체계는 힘을 합쳐 이견자를 핍박하는 행위를 정당화해 왔습니다. 심지어 공산주의자나 사회주의자가 아닌 자유주의자들, 인권과 평화를 주장하는 예수따르미들마저 공산주의자인 것처럼 낙인찍고 통제해왔습니다. 그것도 반세기 동안 철저히 말입니다.

지난날 부패했던 군사권위주의 체제가 혹독한 인권탄압 속에서도 스스로를 지탱해올 수 있었던 것은 이처럼 지배 이데올로기를 악랄하게 활용해 왔기 때문입니다. 이 과정에서 슬픈 레드 콤플렉스는 제도와 의식속에, 특히 개신교 지도자들 가운데 깊이 자리 잡게 되었습니다.

기독교 대안언론 〈뉴스앤조이〉는 "빨갱이가 되자Be the Reds" 셔츠를 입은 붉은 악마야말로 한국 사회에서 금기시된 붉은 색을 민족 저력으로 전환시켰다고 지적하면서, 이데올로기를 문제 삼지 않는 붉은 악마의 폭발력이 통일에 쏟아진다면 민족의 생명을 살려 통일을 이룩하는 통일 전사가 될 것이라고 강조했습니다. 붉은 악마가 평화의 천사로 전환될 수 있음을 역설한 것입니다. 이것은 이사야의 꿈(사 35장)과 같습니다.

〈오마이뉴스〉의 김동환 기자는 6월 25일 독일 팀과 일전을 앞두고 이렇게 부르짖었습니다. "6월 25일은 한국 현대사의 레드 콤플렉스를 극복하는 날이며, 이 콤플렉스를 레드 신드롬으로 만들어 가야 한다." 병적인 레드 콤플렉스를 생산해온 지배 이데올로기가 반세기 이상 우리 국민의 기본권을 유린해온 사실을 기억한다면, 전 국민의 붉은 악마화는 분단조국 동토의 땅에 평화의 장미꽃을 활짝 피워내는 놀라운 기적을 불러일으키고 있다고 하겠습니다.

거룩함에 이르는 길

그렇다면 갈릴리의 예수는 당시의 지배 규범과 지배 이데올로기를 어떻게 평가하고 대응하셨을까요? 그리고 대안으로 무엇을 제시하셨을까요?

공생애 동안 예수께서 치열하게 도전하셨던 집단은 바리새인들이었습니다. 예수 당시 토착지배세력은 예루살렘 성전 세력과 그들의 가신 세력들이었습니다. 그들 권력의 정통성은 한마디로 정결제도의 율법주의적 고수에 있었습니다. 정결제도는 일종의 계급 구분으로까지 신성시

되었습니다. 바리새파는 지배계급의 한 부분이었습니다. 그들은 안식일을 가장 신성한 제도로 숭상했고, 정교하게 세분한 정결규례를 만들어 그 엄수를 통해 선민의식을 강화했습니다. 90퍼센트의 가난한 농민들에게는 이 같은 규례가 엄청난 짐이 되었기에, 이들은 경제적으로 수탈당하는 아픔에 더하여 종교적 굴레마저 감수해야 했습니다.

이런 상황에서 예수는 안식일에 대한 새로운 해석, 참으로 '과격한' 새 해석을 내리고 과감히 실천하셨습니다. 아무리 신성한 율법이라 하더라도 그것은 어디까지나 사람을 위해 존재하고 적용해야 한다고 선언했지요. 안식일도 사람을 위한 제도에 불과함을, 사람이 결코 안식일을 위해 존재하는 것이 아님을 선포하신 것입니다. 이것을 오늘날 우리 상황에서 보면 근본주의와 결합한 온갖 냉전규범이 사람을 비인간화시키는 일에 결코 악용될 수 없음을 선포하는 것과 같습니다.

예수는 하나님나라가 이미 사람들 속에 누룩처럼 번지고 있음을 적어도 두 가지 구체적 실천을 통해 증언하셨습니다. 하나는 열린 밥상 공동체요 다른 하나는 무상의 치료였습니다. 하기야 바리새인들도 그들만을 위한 밥상 공동체는 있었으나 그것은 닫힌 공동체였습니다. 예수의 식탁 공동체는 활짝 열려 있었습니다. 그 속에서 계급의 장벽이 무너졌습니다. 성과 지역의 장벽도 무너졌습니다. 이 같은 무너짐을 통해 당시 지배 이데올로기도 무너뜨리려 했던 것입니다. 그러자 지배 집단은 예수를 일종의 '붉은' 악마로 몰아붙였고, 마구 먹어대는 자요, 포도주를 탐내는 자요, 세리와 죄인의 친구라고 힐난했습니다.

무상의 치료 행위는 어떠했습니까? 예수는 질병을 고쳤을 뿐만 아니라 질병의 원인에 대한 지배 이데올로기의 처방마저 뒤집으셨습니다. 병들어 몸이 아파도 가난해서 못 고치는 것이 서러운데, 그 육체적 고통에 더하여 그 병이 죄로 인한 것이라는 비난과 그에 근거한 정신적 차별이 포개지면 정말 그 고통은 견디기 힘든 이중의 고통이었습니다. 예수께서 육체의 병을 고쳐주시면서 "당신의 죄도 사함 받았습니다"라고 선포하신 것은 병에 대한 지배세력의 종교적 정죄를 뿌리로부터 해체시켰음을 뜻합니다. 정말 놀라운 예수의 총체적 치유였습니다. 몸도 마음도 낫게 해주었고, 사회적으로도 온전케 해주었습니다.

예수는 이 같은 구체적 프로그램 실천으로 지배 규범과 지배 문화의 비인간성을 뒤엎으시는 데 그치지 않고, 정결체제의 대안으로 사랑의 원리를 제시하셨습니다. 예수 당시 모든 유대인들은 하나님이 거룩한 분임을 확신했습니다. 하나님의 거룩하심은 그의 완전하심과도 같았습니다. 그래서 하나님이 거룩하시고 온전하시듯, 유대인 개개인도 거룩해져야 한다고 믿었습니다. 개개인이 거룩해지려면 먼저 종교적으로 깨끗해져야 하기에 정결체제가 확립된 것이지요. "정결해야 거룩해진다"는 믿음이 지배적이었습니다.

예수는 바로 이 지배적 인식에 정면 도전하신 것입니다. 주님은 정결을 통하여 거룩해지는 것이 아니라 사랑해야만 거룩해진다고 가르치셨습니다. 사랑의 실천이 바로 거룩함에 이르는 길이지요. 사랑을 베푸는 사람이 구원을 받아 영생에 이르는 거룩한 존재임을 새롭게 알린 것입니다. 그러기에 예수의 사랑은 구원과 영생에 이르게 할 뿐 아니라 부당한 지배 이데올로기도 해체시킬 수 있었습니다.

당시 바리새인을 위시한 지배세력은 "종교적으로 정결하다. 고로 거룩하다"라는 명제에 사로잡혀 있었지만 예수는 그것을 뒤집었습니다. "사랑으로 함께 아파한다. 고로 하나님처럼 거룩해진다"라는 진리를 역설하고 실천하셨습니다. 그래서 우리는 지금도 예수를 거룩하신 주님으로 고백합니다. 이 같은 대안을 제시하고 실천하셨던 예수는 지배집단으로부터 핍박과 고난을 받지 않을 수 없었고, 마침내 '도적의 소굴'로 변질한 예루살렘 성전 세력에 의해 골고다로 끌려갈 수밖에 없었습니다. 물론 여기에는 로마당국의 협조가 필요했음은 새삼 지적할 필요가 없겠습니다.

이 땅 예수따르미들의 사명

이제 다시 분단된 우리 조국의 처지로 눈을 돌려봅시다. 이 땅의 매카시스트들은 그들의 이데올로기 지배권을 강화하려고 기회가 있을 때마다 몸부림치지만 예수따르미들은 절망할 필요가 없습니다. 반세기 동안 우리의 숨통을 부당하게 죄어왔던 냉전 이데올로기는 이미 세계 역사의 큰 흐름에서 확실히 밀려나고 있습니다. 2002년 월드컵대회를 계기로 패배의 미학을 품위 있게 터득하여 냉전 이후 새 시대의 문을 활짝 열고 있는 '붉은 악마'의 기세를 냉전 근본주의자들은 꺾을 수 없습니다.

이 패배의 미학은 선으로 악을 이기려는 예수따르미의 미학이기도 합니다. 그것은 십자가 위에서 폭력으로 죽어가신 예수의 너그러운 패배의 아름다움이기도 합니다. 자기 허리를 창으로 찌르는 폭력 세력을 위해 용서를 기원했던 예수의 그 넉넉한 감동적 패배의 아름다움 말입니다. 바로 이 십자가의 패배만이 악순환의 고리를 깰 수 있는 힘을 지니고 있습니다. 이 패배야말로 이미 부활을 그 속에 잉태하고 있기 때문입니다. 예수 그리스도의 부활의 능력을 그토록 체험하고 싶어 했던 사도 바울이 로마의 참수형을 두려워하지 않았던 까닭도 바로 여기에 있다 하겠습니다.

예수따르미에게 선교 사명이 있다면 그것은 이 십자가 패배의 감동을 끊임없이 증언하고 실천하는 일입니다. 그리하여 한반도에서 반세기 이상 작동하고 있는 남북 간의 냉전 악순환의 고리를 예수의 복음으로 끊어버려야 합니다. 예수따르미들이 패배의 감동을 계속 살려낼 때, 하나님의 평화가 남북으로 큰 강물이 되어 자랑스럽게 흘러내릴 것입니다. 메마른 땅에 평화의 샘물이 터져 나올 것입니다. 나아가 냉전의 동토 한반도에 평화의 장미꽃이 활짝 피어날 것입니다.

분명 이것은 하나의 기적입니다. 오래 전에 선지자 이사야가 꿈꾸었던 기적의 비전입니다. 한낱 먼 과거의 꿈이 아니라 지금 우리 땅에 이뤄질 수 있는 꿈 같은 기적이 되고 있습니다. 이제 우리는 그 꿈과 기적의 씨앗을 냉전 박토에 뿌린 셈입니다. 이 씨앗이 훗날 우람한 사랑의 큰 나무, 평화의 거목으로 자랄 수 있도록 예수따르미들은 더욱 헌신해야 할 것입니다.

그때 우리는 그리스도 예수 안에서 그분과 더불어 참으로 거룩한 존재가 될 것입니다. 십자가의 넉넉한 패배를 통해 모든 사람을 하나로 뭉

치게 만드는 사랑의 힘으로 거룩해질 것입니다. 또한 이 사랑의 실천으로 세계 제일의 민족으로 나아갈 것입니다. 이것이 바로 민족선교가 아니겠습니까! 황무지에 장미꽃을 피우는 일이 아니겠습니까! 사막에 평화의 샘물, 생명수를 터지게 하는 일이 아니겠습니까!

기억과 회상의 힘

저는 올해로 만 96세가 되는 장모님을 모시고 있습니다. 언제나 심신이 지쳐 계시고, 기억력이 오락가락 하십니다. 때로는 사위인 저도 알아보지 못합니다. 며칠 전 막내딸이 오랜만에 찾아와서 외할머니를 뵈었는데 알아보지 못하자 마음이 아파 울었습니다. 직장 일로 바쁜 엄마의 사랑을 대신해서 정성으로 막내딸을 길러주신 분이 바로 장모님이었습니다. 저는 깜박이는 장모님의 기억력을 애처롭게 지켜보며 인간의 본질, 인간을 인간답게 하는 요인이 무엇인지 새삼 생각하게 되었습니다.

사람이 사람다운 존엄을 지니는 것은 그 기억력 때문인 듯합니다. 기억할 수 있는 한 사람은 사회적 존재로 살 수 있습니다. 그러기에 기억력 상실은 가장 심각한 인간 질병이 아닐 수 없습니다. 가장 비참하게 인간을 비인간화시키는 질병 같습니다. 왜 그럴까요?

분명한 자기 정체성은 성숙한 인간의 조건이다

기억력 상실이나 치매에 걸리면 남을 알아보지 못합니다. 남의 정체를 알아보지 못한다는 것은 곧 남과 자기와의 관계를 알지 못한다는 뜻입니다. 그 관계가 소중한 것일수록 치매는 치명적 결과를 낳습니다. 바로 소중한 관계의 파괴입니다. 그러면 자기 자신이 누구인지도 모르게 됩니다. 엄마가 자식을 알아보지 못하는 치매에 걸리면, 자신도 자식도 모두 잃는 것입니다.

사람이 사람답게 되는 데는 사회적 자아의 형성이 아주 중요합니다. 자기 정체의식이 분명해야 비로소 성숙한 인간이 되는 것이지요. 기억력 상실증은 자기 정체를 해체시켜 인간을 인간 이하 수준으로 떨어지게 합니다. 정말 무섭고 비극적인 질병입니다. 동물조차도 제 새끼와 이웃을 알아본다고 하는데, 기억력을 상실했다는 것은 인간이 동물보다 못한 수준으로 전락했다는 것을 의미하므로 심각한 질병이 아닐 수 없습니다.

그렇다면 종교는 어떻습니까? 종교치매, 신앙치매는 없을까요? 기독교에서 그것은 어떻게 나타나고 있으며 어떻게 극복할 수 있을까요? 도대체 역사적 예수를 오랫동안 잊고 있는 기독교의 오늘날 형편은 심각한 종교 치매가 아닐까요?

먼저 기독교와 기억력을 생각해봅시다. 하기야 모든 종교는 신도에게 기억력을 촉구합니다. 공자 왈, 맹자 왈 하는 것도 따지고 보면 그 성현들의 말씀을 제대로 기억하라는 명령입니다. 그러기에 기억력과 회상

능력이 없다면 종교는 존재할 수 없습니다.

기독교는 더 더욱 신자들의 기억력을 소중히 여깁니다. 구약의 하나님은 끊임없이 이스라엘 백성들에게 하나님의 역사하심을 생생히 기억하도록 일깨워주십니다. 이스라엘 백성이 이집트에서 노예생활을 했다는 사실, 광야에서 40년 간 쓰라린 방황을 했다는 점 등을 잊지 말라고 당부하십니다. 백성에게 이집트에서 당했던 억울한 고통을 기억하여, 고아와 과부, 나그네를 잘 영접하라고 당부하십니다. 한마디로 하나님이 역사 현실 속에서 직접 보여주신 사랑과 정의의 체험을 잊지 말고 대대로 회상하고 다음 세대로 전달하라는 것입니다.

십계명도 절반은 하나님과의 관계를, 또 절반은 이웃과의 관계를 소중히 여기고 지키도록 당부하는 명령입니다. 그런데 신앙치매에 걸리게 되면 이웃과의 사회적 관계는 말할 것도 없고, 하나님과의 수직적 신앙 관계도 붕괴되고 맙니다.

새로운 계약인 신약에서도 예수를 통해 나타난 하나님의 사랑을 기억해야 살아날 수 있습니다. 특히 하나님을 직접 체험하신 영적 존재인 역사적 예수께서 특별히 기억하라고 당부하신 사건이 무엇인지 찾아보는 것은 정말 소중한 일입니다. 하기야 예수의 말씀 모두를 기억하고 기념하고 오늘 자신의 상황에서 실천하는 것이 예수따르미의 마땅한 도리입니다. 다만 특별히 예수께서 우리에게 기억하라고 당부하신 말씀이 있다면, 그것에 더욱 주목할 필요가 있습니다.

기독교 역사가 기억해야 할 사건

다음의 두 사건은 모두 예수의 죽음과 연관된 것이어서, 이 사건에 대해 우리의 기억이 더욱 초롱초롱해야 할 것입니다.

먼저 예수는 한 여성의 행적을 기억하고 기념하라고 강조하셨습니다. 이 여성은 창녀였던 듯합니다. 인생의 밑바닥을 헤매며 자기 몸을 상품으로 팔아 비참하게 살아온 천한 존재였습니다. 그런데 여인은 예수를 끈질기게 추적했습니다. 그리고 그에게 감히 근접해보려고 모험을 시도했습니다. 비상한 신앙 벤처 정신을 지녔던 모양입니다.

여인은 자기 몸을 팔아 소중하게 모은 값진 향유가 담긴 옥합을 갖고 예수께 접근했습니다. 자기 전 재산을 들고 예수를 찾아온 것이지요. 게다가 여인이 도저히 근접할 수 없는 경건한 종교지도층의 집에 묵고 계신 예수를 비상한 각오로 찾은 것입니다. 예수를 보자 여인은 그 앞에서 눈물을 흘리며 전 재산인 옥합을 깨트립니다. 그리고 소중한 향유를 예수께 쏟아 부었습니다. 종교의 위선으로 가득했던 그 집안이 갑자기 헌신의 향기로 가득 차게 되었습니다. 예수의 제자 중에는 이것을 의미 없는 낭비로 본 사람도 있었습니다. 시비를 걸고 싶은 사람들이 한둘이 아니었을 것입니다.

예수는 이 천녀賤女의 고상한 행위를 말리거나 막지 않으셨습니다. 그의 죽음을 준비하는 것, 그의 장례를 미리 치르는 것으로 받아들였기 때문입니다. 이것은 남성만으로 이뤄진 최후의 만찬보다 더 감동적인 헌신과 결단의 순간이었습니다. 예수는 바로 이 여인의 헌신적 행적을 기억하라고 당부하셨습니다.

한데 기독교의 역사를 보면 예수의 이 기억명령이 망각되어 왔음이 명백해집니다. 초대교회가 조직화되고, 남성들의 권위주의가 본격적으로 제도화되면서 이 여성의 행적은 실종되고 말았습니다. 기독교는 이 여성의 행적만 잊은 것이 아니라 예수의 당부도, 예수의 말씀도, 역사적 예수의 삶도 함께 모두 잊어버렸고 또 잃어버렸습니다.

기독교가 로마의 국교로 정착되면서는 역사적 예수 전반에 대한 기억력 상실증이 더욱 심화된 듯합니다. 사도신경을 보면 역사적 예수는 빈칸으로 남아 잊혀졌음을 대번에 알 수 있습니다. "…동정녀 마리아에게 나시고 본디오 빌라도에게 고난을 당하사 십자가에 못 박혀 죽으시고…" 예수는 나시자 곧 죽는 것으로 되어 있습니다. 밥상 공동체를 직접 펼치셨고 무상의 치료 행위로 절망의 질병을 몰아내셨던 역사적 예수의 삶과 말씀은 증발되고 말았습니다. 이것을 바로 예수 치매증이라고 한다면 지나친 말일까요?

떡과 잔에 담긴 깊은 의미

이제 예수의 최후 만찬을 생각해봅시다. 죽음을 예감하신 예수께서 제자들을 모아 함께 만찬을 나누셨습니다. 이때 그분은 떡을 떼어주면서 떡을 떼는 뜻을 기억하고 기념하라고 당부하셨습니다. 그리고 잔을 나누면서 역시 잔을 나누는 깊은 뜻을 항상 되새기라고 권면하셨습니다. 기억력이 살아있는 한 예수의 이 같은 명령을 우리는 우리 삶에서 올 곧게 기억하고 해석하고 실천해야 할 것입니다. 예수따르미의 삶이 바로 이 삶이기 때문입니다.

떡을 떼는 것은 예수의 자기 비움을 뜻합니다. 떡은 먹기 위해 존재하는 것이지요. 떡이 먹히지 않은 채 스스로 오래 존재하는 것은 무의미합니다. 썩어 혐오스러운 오물이 되고 말지요. 떡은 항상 남들에게 먹혀야 합니다. 예수는 남에게 먹힘으로써 그들을 살린 떡입니다. 이 같은 말씀은 당시 상황에서는 혁명적 발상이기도 합니다.

예수 당시까지 유대 근본주의자들이 믿었던 하나님은 자기를 채우는 강한 하나님이었지요. 남들 위에 군림하여 무서운 심판을 내리는 절대자였지요. 그런 뜻에서 유대인의 하나님은 즉자적 신卽自的 神이라 하겠습니다. 즉자적 존재는 결코 자기 자신을 비우지 않습니다. 오히려 남을 빈털터리로 만들어 자기를 살찌웁니다. 한데 떡이 되신 예수는 남을 위해 자기를 철저히 비우시는 대자적對自的 존재입니다. 예수가 대자적 신의 모습과 본질을 친히 보여주신 것입니다.

게다가 그 떡을 나누어주셨습니다. 이 나눔은 자기를 비우는 사람들이 개별적 존재로 살아갈 것이 아니라 공동체적 유대를 갖고 살아가라는 뜻입니다. 참다운 공동체란 원래 대자적 공동체요, 스스로 비우는 공동체입니다. 그러기에 예수의 몸, 예수의 떡이라고 자처하는 교회가 스스로 비우기는커녕 더 많이 채우고 더 많이 키워서 자기 자식에게까지 그것을 확장시키려는 것은 예수의 당부를 까맣게 잊어 먹었거나 그 명령을 짐짓 거부하는 짓과 같습니다. 한마디로 심각한 신앙치매에 걸린 증거입니다.

더욱이 예수는 떡을 자기 몸이라고 하셨는데, 몸은 유기체로서 각 부분 간에 긴밀한 연결이 되어 있습니다. 각 부분이 따로 놀게 되면 몸은 병들고 망가지게 됩니다. 물론 부분들 간에 차이는 있습니다만, 그 차이는 결코 차별의 구실이 될 수 없습니다. 또 되어서도 안됩니다. 게다가 부분의 고통은 반드시 전체의 고통으로 이어집니다. 그래서 몸은 하나입니다. 그러기에 하나 되지 못하고 끊임없이 분열되어온 교회나 교파가 있다면 예수의 최후만찬을 심각하게 망각한 때문이라 하겠습니다.

잔의 나눔도 마찬가지입니다. 잔은 예수의 피라고 했습니다. 피 나눔은 곧 생명 나눔입니다. 피로 맺은 공동체를 이뤄야 합니다. 한데 이 피는 생물학적 피가 아닙니다. 그것보다 한 차원 높은 피입니다. 남의 피를 흘리게 하는 것이 아니라 남을 위해 흘리는 피이므로, 거기에는 감동적 자기희생의 뜻이 담겨 있습니다. 그리고 자기 피 흘림을 통해 남의 피 흘림을 막는 깊은 박애정신이 담겨 있습니다. 자기희생을 통해 참된 평화를 이룩하는 힘이기도 합니다. 평화 지키기에는 남의 피를 흘리는 무력이 필요할 수도 있지만, 평화 만들기에는 남의 피가 아닌 자기희생의 피가 먼저 필요합니다. 이것도 숭고한 자기 비움이라 하겠습니다.

그렇다면 성찬식을 주기적으로 거행하는 교회와 교인들이 남의 피를 흘리게 하는 온갖 세속적 분쟁과 갈등을 못 본 체하거나, 오히려 그것을 조장하고 있다면, 이미 깊은 신앙치매증에 걸려 있음이 틀림없다 하겠습니다. 안타깝게도 오늘의 기독교 신앙치매증에 걸린 신자들을 보면, 그들은 냉전 증오에 사로잡혀 그것을 더욱 부추기면서, 동족 간에 피 흘리는 일을 권장하는 듯합니다. 예수따르미들이 남북 간의 냉전대결과 냉전 증오를 당연히 거부해야 할 까닭이 바로 여기에 있습니다.

영적 치매를 방지하는 지름길

그러면 어떻게 해야 할까요? 어떻게 해야 기억력을 회복할 수 있을 까요?

먼저 우리 신자들이 예수 치매증에 걸린 것을 스스로 인정해야 합니다. 정신병 환자도 자기가 정신병에 걸렸음을 시인한다면 치료가 보다 쉬워진다고 합니다. 자신이 치매 증세를 지니고 있음을 아는 것이 치유에 우선적으로 필요합니다. 정말 심각한 치매 증세야말로 자신이 결코 치매에 걸리지 않았다고 믿는 것입니다.

또한 신앙 치매는 뼈아픈 회개를 통해서 치유될 수 있습니다. 지난 교황이 가톨릭교회의 죄를 회개했듯이, 개신교도 그간 심각한 신앙 치매증에 걸렸음을 통회 자복해야 합니다. 특히 역사적 예수에 대한 기억을 교리를 앞세워 지워버린 잘못을 통회해야 합니다. 그리고 잊혀진 여성 마리아의 결단을 기억하고 기려야 합니다. 옥합을 깨고 예수께 헌신했던 감동의 순간을 회상할 수 있어야 합니다.

한 걸음 더 나아가 지난 2천 년 가까이 교회 안에서 저질러진 온갖 성차별의 관행을 깨트리는 결단과 실천으로 이어져야 합니다. 성만찬에 임할 때마다, 즉자신卽自神을 믿어온 우리의 잘못을 회개하고, 스스로 피 흘려 비우시고 스스로 자기 몸을 내어놓으신 예수의 사랑을 체험할 수 있어야 합니다. 그리고 떡과 잔을 나누면서 대자신對自神의 몸과 피를 나누는 기쁨을 맛보아야 합니다.

지금은 한국 크리스천들이 진정한 예수따르미로 거듭나야 할 때입니다. 이를 위해 먼저 신앙치매와 예수 치매증을 통렬한 회개를 통해 치유해야 합니다. 성만찬은 바로 그 치유의 시간이며 바로 그 통회의 시간입니다. 치유 받는 은총의 시간입니다. 기억과 회상, 그것도 사랑에 대한 기억 없이는 영적 치매가 치유될 수 없습니다. 그러기에 그분을 기념하고 그분의 삶을 살 때 영적 치매는 들어설 자리가 없습니다. 우리의 육신은 죽어 없어지나, 관계는 썩지 않고 영원히 존재합니다. 특별히 사랑의 관계는 영속합니다. 예수 사랑은 영원한 관계이기에 그것을 잊어버리는 것은 모든 것을 상실하는 것과 같습니다.